빛깔있는 책들 ●●● 268

충남 지역 마을지 총서 ⑨ 홍성군 광천읍 옹암리

홍성 독배마을

토굴 새우젓으로 이름난 옛 포구마을

글·사진 | 충남대학교 마을연구단

김필동, 유보경, 권선정, 이연숙, 권병욱, 김현숙, 박종익

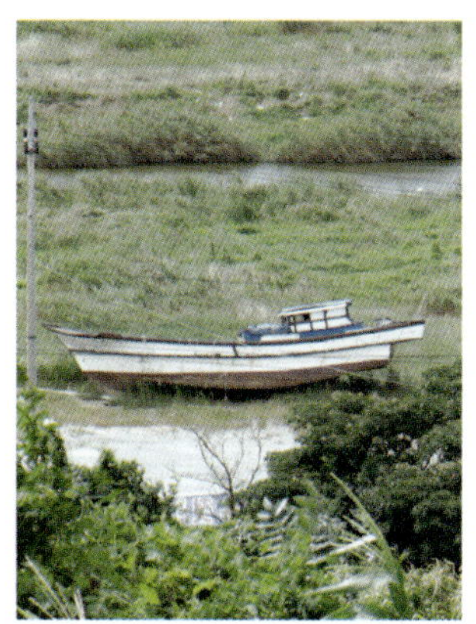

대원사

| 저자 소개

김필동
충남대학교 사회학과 교수. 마을연구단 연구책임자. 문학박사 (사회학)
'총론 : 토굴 새우젓으로 이름난 옛 포구마을' 집필

유보경
충남대학교 충청문화연구소 연구교수. 문학박사 (사회학)
옹암리 조사팀장. '토굴 새우젓이 익는 옹암리의 경제' 집필

권선정
충남대학교 충청문화연구소 연구교수. 교육학박사 (문화 · 역사지리학)
'자연환경과 인문경관' 집필

이연숙
충남대학교 충청문화연구소 연구교수. 문학박사 (한국근세사)
'마을의 역사적 전개' 집필

권병욱
충남대학교 충청문화연구소 연구교수. 사회학박사 (사회학)
'사회생활과 문화' 집필

김현숙
충남대학교 충청문화연구소 연구교수. 문학박사 (한국근대사)
'포구취락과 포구상업의 잔영(殘影)' 집필

박종익
충남대학교 충청문화연구소 연구교수. 문학박사 (민속학)
'민속과 구전자료' 집필

머리말 6

총론 : 토굴 새우젓으로 이름난
옛 포구마을 10
옹암포의 형성과 발전 / 옹암포의 쇠
퇴와 마을의 변화 / 토굴 새우젓 마을
로 거듭나기 / 마을 주민과 사회조직 /
옹암리의 경관과 문화 / 토굴 새우젓
마을의 전망

자연환경과 인문경관 19
지리적 위치 / 마을의 인문경관
/ 마을의 지명

마을의 역사적 전개 36
마을 연혁 / 옹암포구의 정치 · 사회 ·
경제석 기반 / 옹암포구의 형성과 성
쇠 / 마을사람들의 삶과 기억 / 옹암포
와 보부상

토굴 새우젓이 익는 옹암리의 경제
65
'옹암포'의 경제활동 / 가구별 경제
활동 / '새우젓' 경제 / 영세한 농업
/ 옹암리의 미래

사회생활과 문화 89
인구와 가족구성 / 성씨집단과 친
족관계 / 마을의 공식조직과 마을
운영 / 마을의 비공식조직 / 새마을
운동과 협력의 관행 / 교육과 종교
/ 마을의 전망

포구취락과 포구상업의 잔영(殘影)
131
포구취락의 형성과 특징 / 옹암포
의 상가와 보부상

민속과 구전자료 158
민간신앙 / 세시풍속 / 구전자료

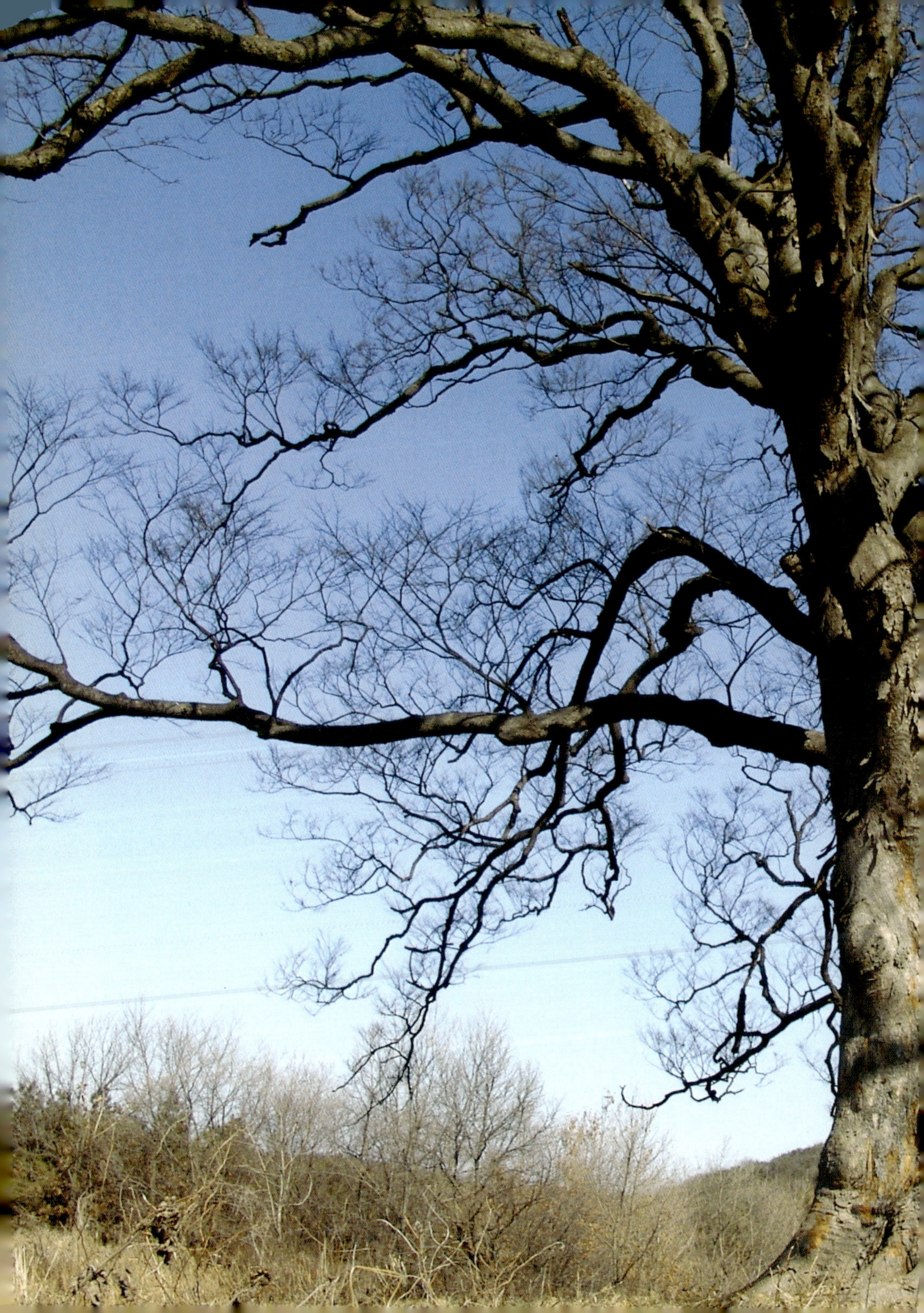

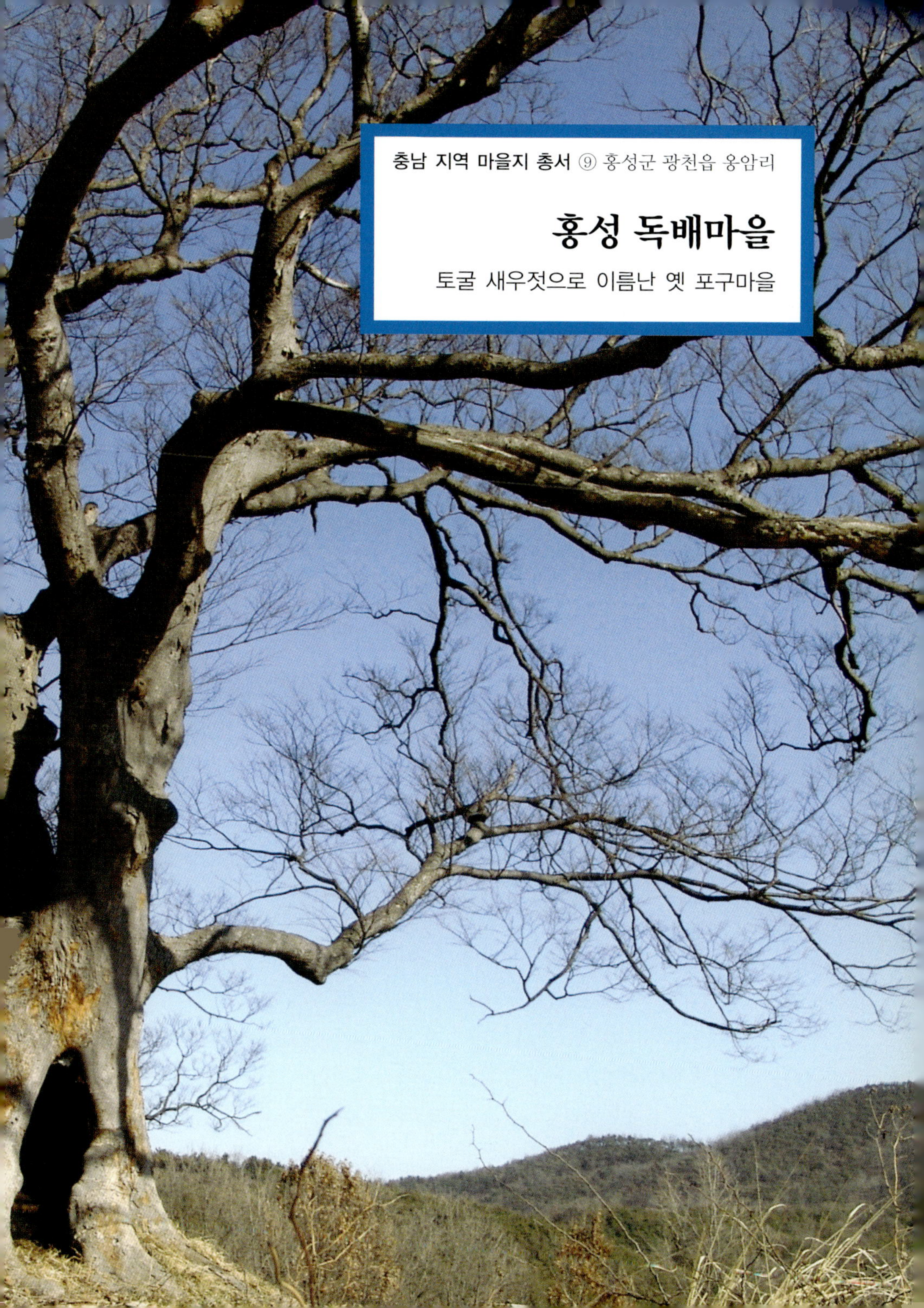

충남 지역 마을지 총서 ⑨ 홍성군 광천읍 옹암리

홍성 독배마을

토굴 새우젓으로 이름난 옛 포구마을

머리말

마을이 사라지고 있다. 지금부터 40년 전인 1966년 한국의 농가인구는 약 1,540만 명으로 인구의 절반을 상회했지만, 2008년 현재는 약 330만으로, 전체 인구에서 차지하는 비중은 7%에도 채 미치지 못한다. 많은 마을에 빈 집이 늘어나고 있고, 주민들의 평균 연령이 60세가 넘는 곳도 적지 않아, 앞으로 10년, 20년 뒤가 되면 수백 년 혹은 천년 이상의 생애를 가진 수많은 마을들이 수명을 다하고 이 땅에서 사라지게 될 지도 모른다.

마을은 한반도의 역사가 시작된 이후 20세기 중엽에 이르기까지 대부분의 사람들이 거주해 온 생활의 공간이었으며, 또 민속·의례·신앙 등 전통적인 문화를 만들어 온 문화의 공간이었다. 조선시대 선비들이 생활하면서 정신문화를 창출해온 곳도 도시라기보다는 농촌 마을이었다. 따라서 마을이 사라진다는 것은 전통적인 한국 문화의 뿌리가 사라진다는 것을 의미한다. 이에 대한 아쉬움과 함께 전통문화 보존의 필요성이 제기되는 것은 당연하다.

그러나 마을은 전통문화의 뿌리인 것만은 아니다. 마을은 현재 한국사회 인구의 대부분을 구성하고 있는 도시인들의 삶의 뿌리이자 성장 배경이며, 동시에 그들이 삶에 지칠 때 찾게 되는 정신적 고향이기도 하다. 나아가 마을은 성장과 개발의 이면(裏面)에 반목과 파괴를 심화시켜 온 근대문명의 한계를 넘어 새로운 미래를 전망할 때 우리가 돌아보는 대안이 될 수 있다. 그러므로 마을은 우리 선조들과 오늘을 사는 어른들에게만 중요한 것이 아니라, 자라나는 우리 아이들과 앞으로 태어날 후손들에게도 소중한 것이다. 그런 마을이 사라지고, 이제는 학문적 조명에서조차 소외되고 있음은 아쉬운 일이 아닐 수 없다. '마을 연구'와 '마을 조사'의 중요성과 시급성은 여기에서 출발한다. 더구나 충남지역의 마을 연구는 경상도나 전라도에 비해 매우 빈약한 상황이기 때문에 그 중요성은 더욱 크다고 할 수 있다.

충남대학교 충청문화연구소에서는 이런 문제의식에서 2004년 '마을연구단'을 조직하고, 한국학술진흥재단의 지원을 받아 충남지역 마을연구에 착수하였다. 마을연구단에서는 충남지역에도 다양한 유형과 지역적 특징을 지닌 마을들이 많이 존재한다는 점을 감안하여, 전체적으로 충남지역 마을들을 대표할 수 있는 9개의 마을을 선정하여 3개년에 걸쳐 매년 3개 마을씩을 공동으로 심층 조사하고, 공동연구원들이 각 마을을 주제로 한 연구 논문들과 함께 마을의 역사와 현재의 모습을 담은 '마을지'를 꾸미기로 하였다. 15명의 공동연구원들과 십 여 명의 보조연구원(학생)들은 이를 위해 각 마을을 공동 또는 개인별로 수시로 방문하면서 자료를 모으고, 수많은 마을 주민들을 만나 인터뷰를 진행했다. 연구원들은 마을의 모습을 전체적으로 조망하기 위하여, 지리, 역사, 경제, 사회, 일상생활, 민속 등 각 분야에 걸쳐 조사를 실시하였다. 또한 마을의 과거와 현재의 모습을 좀 더 생생하게 전달하기 위해서 지난 시절의 기록과 사진을 모으고 오늘의 마을 경관과 주민들의 활동을 폭넓게 사진에 담아 마을지에 수록하였다. 또한 집필에 있어 필자들은 가급적 평이한 문체를 사용함으로써, 연구자나 일반인들은 물론 각 마을의 주민들도 쉽게 읽을 수 있도록 배려하였다. 이러한 작업들은 이 책의 필자들이 중심이 되어 이루어졌지만, 다른 공동연구원들과 학생들도 많은 힘을 보탰음은 말할 것도 없다. 3차년도 연구의 일환인 옹암리 마을지도 이런 과정을 통해 탄생되었다.

옹암리는 홍성군 광천읍의 남쪽 끝에 위치하고 있는 마을이다. 마을 중앙에 독같이 생긴 바위가 있었다고 해서 '독배(독바위) 마을'로 불린 옹암리는 원래 서해가 만을 형성하며 내륙 깊숙이 들어 온 옹암포구를 중심으로 형성된 마을이었기 때문에, 장시와 상업이 발달한 마을이었다.

광천장에서 지근거리에 있던 옹암리는 광천장을 중심으로 하는 지역상권 형성과정에서 그 배후 장시로서의 역할을 담당하였으며, 광천장이 전성기를 누렸던 일제강점기부터 1970년대까지도 번성한 포구마을의 모습을 유지하였다. 장시가 열리는 당일과 장 안날에는 육지와 섬에서 들어오는 많은 유동인구들로 마을은 북새통을 이루었다. 따라서 옹암리는 경제적 기반이 없는 사람들에게 다양한 노동 기회를 제공하였고, 이는 타 지역 사람들을 끌어들이는 요인이 되었다.

그러나 갯고랑에 토사가 쌓여 뱃길이 좁아지게 된 1970년대 중반부터 기능이 급격히 약화된 옹암포구는 1990년대 후반 배가 드나들던 강 어구에 방조제가 만들어지면서 폐항되었다. 지금은 어느 곳에서도 포구의 흔적을 찾아보기 어렵지만, 포구를 중심으로 형성된 상업지구의 흔적은 옹암리와 인근에 위치한 의식리 곳곳에서 확인할 수 있다.

포구가 폐항되면서 마을의 상황도 급격히 쇠락하였다. 그러나 옹암리는 쇠락의 쳇바퀴에 머물지만은 않았다. 마을 뒤편의 '당산' 아래에 위치한 수많은 저장토굴 덕택으로 옹암리는 최근 10여 년간 '토굴 새우젓'이라는 특산품의 유일한 유통경로로 자리매김하면서 침체국면에서 벗어날 수 있었다. 행정기관과 주민들은 지역축제를 개최하여 저장토굴과 '토굴 새우젓'의 상품을 홍보하는 데 성공하였고, 이를 기초로 지역의 상권을 특화한 것이다. 새우젓으로 상권을 재구성하면서 옹암리와 광천의 지역경제는 상당한 정도 활력을 찾고 있다. 향후 수입새우젓과 새우젓 소비감소에 대응하여 일정한 경쟁력을 유지하는 것이 이 지역의 과제가 되고 있다.

옹암리를 조사하고 마을지를 편찬하는 과정에서 집필자들은 많은 분들로부터 도움을 받았다. 무엇보다도 옹암리 마을주민들이 보여준 전폭적인 신뢰와 협조를 잊을 수 없다. 수많은 마을 어른들과 청년, 부인들이 인터뷰에 응해주셨고, 집에 보관하고 있던 자료나 사진들을 꺼내 주셨으며, 거듭되는 확인과정에서도 귀찮은 내색을 하지 않고 성의껏 질문에 답해주셨다. 그 중에서도 김용봉 마을 노인회장님, 김종관 이장님, 박정일·김정만 전이장님, 서용녀 부녀회장님은 우리가 마을을 방문할 때마다 만사를 제쳐놓고 적극적인 협조를 아끼지 않으셨다. 우리가 비교적 짧은 기간 내에 이만한 정도의 마을지를 편찬할 수 있었던 것은 이분들을 포함한 마을주민들의 전폭적인 도움 덕택이다. 이 자리를 빌어 깊은 감사의 말씀을 드린다.

광천읍사무소의 읍장님을 비롯한 직원여러분과 홍성군 문화관광과의 직원 여러분, 그리고 광천읍에 거주하는 몇몇 어른께도 깊은 감사의 말씀을 드린다. 이분들은 마을에 관한 각종 기본 자료들을 제공해 주셨고, 옹암리와 인근 마을과의 관계에 대한 소중한 증언을 해주심으로써 우리가 마을 사정을 객관적인 입장에서 이해하는 데 많은 도움을 주셨다. 특히 대한노인회 광천읍분회의 최종돈 회장님은 조사의 초기 단계부터 마을지 집필에 이르는 전 과정에 걸쳐 이루 헤아릴 수 없을 만큼 많은 도움을 베풀어 주셨다. 마을 곳곳과 인근 지역을 직접 안내해 주셨을 뿐만 아니라, 소장하고 계신 수많은 자료와 사진들을 제공해 주셨고, 옹암포구와 보부상에 얽힌 많은 옛날 얘기들을 들려 주셨기 때문에, 최회장님은 실로 옹암리 마을지의 공동집필자라 해도 과언이 아니다. 더욱이 최회장님은 마을지 출판을 위한 보조금 주선에도 각별한 도움을 주셨다. 이 모든 도움에 깊이 감사를 드린다.

아울러 집필자들은 공동연구를 함께 해 온 마을연구단의 다른 공동연구원 선생님들과 연구를 보조해 준 학생들에게도 감사의 말씀을 드린다. 이 책이 부족한 가운데서도 장점이 있다면 그것은 오로지 함께 연구에 참여하신 이분들의 도움 때문이라고 생각한다. 특히 연구책임자의 입장에서는 집필자 중에서도 옹암리 조사팀장으로 연구단과 마을 및 관계기관간의 주된 연락 창구 역할을 하면서, 수합된 마을지 원고의 편집에도 책임 있는 역할을 수행해 준 유보경 박사의 노고를 특별히 기록해 두고 싶다.

마지막으로 우리는 옹암리 마을지의 출판이 한국학술진흥재단의 연구비 지원과 함께 홍성군의 출판보조금 지원으로 비로소 가능하였음을 밝혀 두고자 한다. 특히 옹암리 마을지의 문화적 가치를 높이 평가하시고 각별한 관심과 재정적 지원을 아끼지 않으신 이종건 홍성군수님께 연구단의 이름으로 깊은 감사의 말씀을 올린다.

2008년 가을
집필자들을 대표하여 김 필 농 석음

총론 : 토굴 새우젓으로 이름난 옛 포구마을

옹암리는 현재 행정구역상 충청남도 서북부에 위치한 홍성군의 광천읍에 속하는 마을로 광천읍의 남쪽 끝에 위치하고 있다. 조선시기 내내 보령 관할이었으나 1914년 행정구역 개편으로 홍성군 광천에 편입되었고, 청촌(靑村), 양촌(陽村), 음촌(陰村) 및 석포리(石浦里)의 일부가 병합되어 옹암리가 되었다.

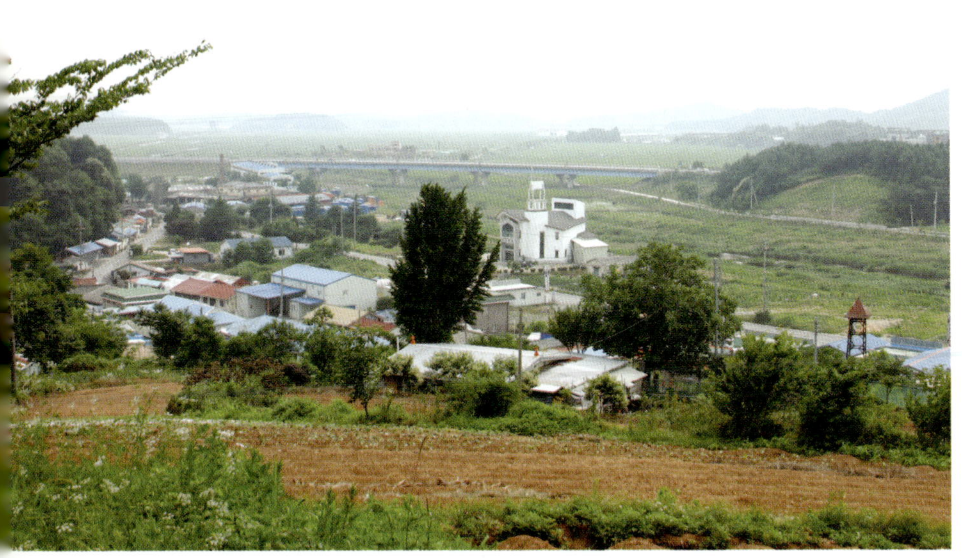

당산에서 내려다 본 마을 모습(하옹 방향)

옹암은 서해가 만을 형성하며 내륙 깊숙이 들어 온 옹암포(甕巖浦)를 중심으로 형성된 포구마을이었다. 따라서 전형적인 상업마을의 특성을 보여준다. 역사적으로도 '옹암'이라는 지명은 이미 19세기경부터 역사적 문헌 곳곳에 나타나 있는데, 장시와 상업이 발달하였던 곳으로 기록되고 있다. 이 책에서 우리는 역사적 기록과 마을 주민들의 증언을 통해 '독배(독바위)마을'이라고도 불리우는 이 마을이 걸어온 자취를 살펴보고, 현재의 마을 모습을 담아내고자 한다.

옹암포의 형성과 발전

옹암포가 처음 생긴 시기는 정확하게 확인되지는 않지만 아마도 18세기 말 이후인 듯하다. 18세기 말까지만 해도 옹암보다 훨씬 안쪽에 있는 광천읍의 '소암리'와 '덕정리'까지 선박출입이 잦았는데, 19세기 들어와 이곳이 더 이상 포구 기능을 할 수 없게 되면서 옹암포가 본격적으로 광천의 문호 역할을 하게 된 것으로 짐작된다.

옹암포는 과거 충청남도의 가장 큰 시장의 하나였던 '광천장'의 발전과 함께 번성을 누렸다. 특히 1887년 군산개항, 1923년 충남선(忠南線) 개통, 그리고 1931년 장항선의 개통으로 교통의 요충지로 부각되면서 광천의 위상은 더욱 확고해졌다. 이처럼 광천은 서해안 내포(內浦) 지역의 경제 중심지이자 육해로의 교차점으로, 많은 물산이 집산·배분되던 곳이었다. 광천장에서 지근거리에 있던 옹암은 광천장을 중심으로 하는 하나의 지역상권 형성과정에서 광천장의 입구, 또는 배후 장시로서의 역할을 담당했던 것으로 추측된다. 옹암포의 전성기는 일제강점기부터 시작되어 1960년대, 1970년대 초까지 이어졌다.

옹암포에서도 선박들이 배를 대는 지점인 부두(埠頭)는 시기에 따라 이동한다. 1950년대 중반까지는 옹암리(현재의 마을회관), 1960년대에는 보령의 의식마을, 1970년대 중반 이후에는 오천으로 이동하였다고 한다. 옹암포의 갯고랑에 토사가 쌓여 뱃길이 좁아지면서 부두가 이동하게 된 것이다. 이에 따라 포구를 중심으로 한 상업지구는 옹암리뿐 아니라 의식리까지 확대되었다.

포구와 시장으로 인한 많은 유동인구의 출입은 상업의 발전을 가져왔는데, 옹암리에서는 도서민들을 상대로 한 음식점, 여관, 주막이 성업하였고, 1960년대 이후 포구가 의식마을로 이전되면서 의식리에는 선박수리 · 제조업이 들어섰다. 이는 곧 목재, 주물 및 기타 선박제조와 관련된 공장들의 설립으로 이어져 이른바 '포구산업지구' 가 형성되었다. 이곳에는 경찰지서, 항만지서, 어업조합, 매표소, 상가, 약방, 소주도 매상, 석유판매점, 선구점(船具店), 상점 등이 들어서 성업하였다. 1970년대 중반 부 두가 오천으로 옮겨 갔을 때도 도서지역 사람들은 버스를 타고 옹암리로 와서 숙박을 하고 상점을 이용하였다고 한다.

한편, 옹암리는 물류가 집산되고 유통되는 곳이었기 때문에 운수업이 성행하였다. 포구가 번성했던 당시인 1950~1960년대 뱃짐을 하역하는 노동조합원(항운노조)이 80~90명에 달했고, 하역한 뱃짐을 운반하는 화물차, 리어카와 손수레, 지게를 이용 하는 소규모 운반업도 활발했다.

장이 서는 날에는 각종 상인들이 모여들었는데, 그 중 봇짐장사와 도붓장사(행상) 들이 많았다. 이들은 지역 곳곳으로 다니면서 이 지역에서 구입한 상품을 유통시키는 역할을 하는 보부상들이었다. 이 마을에 일찍이 육군상무사(六郡商務社) 임소(任所) 가 있었고, 옹암리 인근에 보부상들의 임시 숙소 겸 치료소 역할을 했던 '홍도원(紅 桃源)'이 있었던 것으로 미루어 보아 이곳이 보부상들의 근거지였음을 짐작할 수 있 다. 이렇듯 포구의 입지는 경제적 기반이 없는 사람들에게 무궁무진한 노동 기회를 제공하였고 이러한 이유 때문에 일거리를 찾아 이 마을로 전입하는 사람들이 많았다. 마을은 장날이면 많은 인파들로 북새통을 이루었다.

옹암포의 쇠퇴와 마을의 변화

이렇게 번성하던 옹암리는 1970년대 중반 이후부터 포구 기능이 급격히 약화되다 가 1990년대 후반에 이르면 완전히 폐항되기에 이른다. 농업기반공사가 물길이 들어 오던 어귀에 방조제(보령방조제)를 쌓았기 때문이다.

옹암포의 기능이 쇠퇴하게 된 배경을 둘러싸고는 다양한 논의들이 있는데, 가장 중요한 이유는 1970년대 후반 이후 근대화의 물결 속에서 진행된 교통체계의 변화, 다시 말해서 전통적인 해상교통 위주에서 육상교통 중심으로 바뀌는 상황이라고 할 수 있을 것이다.

　　옹암포 기능이 쇠퇴하면서 마을의 상황도 급격히 쇠락하였다. 길가에 즐비하게 늘어서 있던 주막과 여관 등 포구상업에 종사했던 대다수 주민들은 다른 경제적 기회를 찾아 마을을 떠났고, 마을에 남은 주민들도 다른 생계수단을 찾지 않으면 안 되었다. 마을 주민들은 공사장을 전전하는 일용노동자로, 소작인으로, 또는 외지 상인들의 새우젓에 간질을 하여 토굴에 보관해 주는 보관업에 종사하면서 어렵게 생계를 유지할 수밖에 없게 되었다.

토굴 새우젓 마을로 거듭나기

　　포구가 쇠퇴한 후 마을은 얼마동안 침체를 겪었지만 옹암리는 쇠락의 쳇바퀴에 머물지만은 않았다. 마을 뒤편의 '당산' 아래에 위치한 수많은 저장 토굴 덕택으로 포구가 쇠퇴한 뒤까지도 이 마을에는 '새우젓'이 남게 되었는데,[1] 최근 10년 남짓한 기간 동안 마을과 주민들은 토굴 새우젓의 생산과 판매를 활성화 하면서 새로운 변화를 겪고 있다.

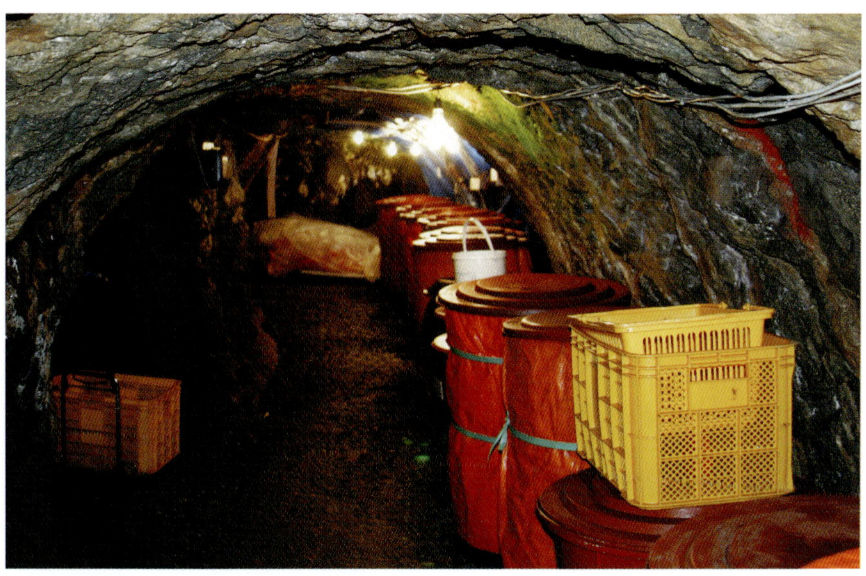

토굴 속에서 숙성중인 새우젓

1980년대만 해도 마을 주민들이 외지 상인들의 새우젓을 가공하고 이를 보관해주는 보관업자에 머물렀다면, 1990년대 이후에는 토굴새우젓의 생산과 직접 판매로 영역을 확대하면서 새우젓은 이 지역의 명실상부한 전통상품으로 떠오르게 되었다.

2006년 현재 광천지역의 새우젓 생산량은 전국 생산량의 35%, 연간 판매액은 90억 원으로, 새우젓은 지역경제에서 중요한 부분을 차지한다. 상당수의 주민들이 새로이 '새우젓 경제'에 관련되면서 주민들의 생활수준도 향상되었다. 이에 따라 옹암마을에는 출향하였던 젊은 층들이 귀향하는 현상도 드물지 않게 보인다.

마을 주민과 사회조직

이 마을에서 오랫동안 세거한 주민들은 많지 않다. 마을에는 4대 이상 살아온 토박이를 찾기가 어렵다. 이는 이 마을이 포구 상업지역으로 노동 기회를 찾아 일시적으로 모여드는 유동인구가 많았던 데다가 포구 기능이 쇠퇴하는 1970년대 후반 이후 주민 상당수가 마을을 떠났기 때문일 것이다. 주민들은 옹암리를 일컬어 '봄에 들어 왔다가 가을에 나가는 동네'였다고 회고한다.

옹암리의 인구는 마을이 아직 번성기였던 1972년 당시 331가구, 인구는 1,855명에 달했다. 그러나 가구 및 인구수는 1980년 이후 지속적으로 감소하여 2006년 현재 196가구에 470명이 거주하고 있다. 1980년대 이후 급격한 인구감소는 옹암포의 기능 쇠퇴에 따른 것으로 짐작된다. 그러나 다른 농촌마을에 비하면 젊은층(40~50대)의 비율이 높은 편이다. 이러한 현상은 최근 10년 동안 광천지역 전체적으로 새우젓상점이 번성한 것과 관련이 있다.

옹암리의 마을조직을 살펴보면 다른 일반 농촌마을과 다르지 않게 대동회, 청년회, 부녀회, 노인회 등이 구성되어 있다. 새우젓 상인들이 조직한 상가번영회의 조직은 상업마을로서의 특징을 반영하고 있다.

그러나 앞에서 강조한 것처럼 예전부터 이 마을 주민들은 농업보다는 상업에 주로 종사하였기 때문에 조직 구성원 간 협력의 전통이 비교적 약한 편이다. 농업을 주요 생계수단으로 하는 인근 마을(노동 등)에서는 주민 간의 결속력이 강하고 교류도 활발한 편이지만, 새우젓 상인이 많은 옹암마을의 조직들은 다소 침체되어 있고 어느 정도는 형식적인 측면들을 보여준다.

옹암리의 경관과 문화

광천이나 옹암포는 많은 인구가 모여드는 열린 공간이었기 때문에 다른 마을에 비해 비교적 개방적인 문화를 형성하였을 것으로 추측된다. 마을에는 포구에 들어오는 수많은 인구뿐 아니라 당시 활발했던 금광업 종사자를 대상으로 한 고급술집(기생집)이나 여인숙 등 유흥업이 성행했다. 또 해방 이전 옹암포에는 일본인과 중국인들이 상당수 거주하고 있었는데, 이들의 영향으로 옹암리의 동북부 지역에는 1920~1940년대에 걸쳐 근대식 상가건축이 활발하게 이루어졌다고 한다. 도로를 중심으로 근대식 상점 건물이나 점포병용 주택이 일찍이 들어섰는데, 오늘날까지 마을 곳곳에 이러

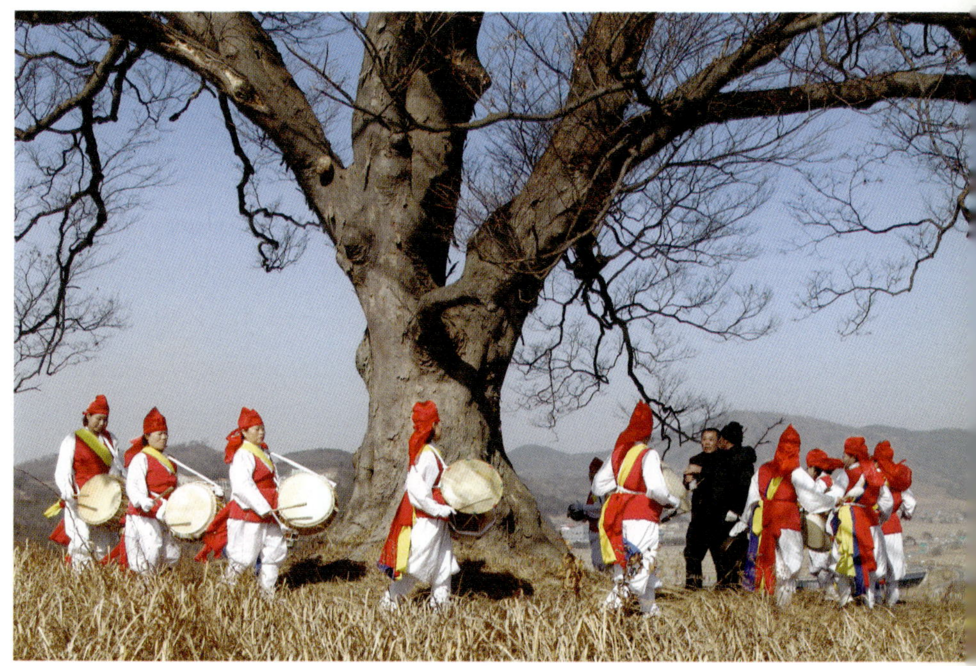

2008년의 당제 : 당산의 신목은 이 마을의 중심적 상징물이다.

한 건축물들의 흔적이 남아 있다. 그러나 옹암마을이 오늘날의 외형을 갖춘 것은 1960년대 후반 이후의 일인 것으로 보인다. 포구 기능이 점차 쇠퇴하기 시작하면서 바닷물이 들어오던 곳의 일부를 매립한 터에 새롭게 가옥들이 들어서면서 현재의 모습을 갖추게 된 것이다.

마을에서 특징적인 경관은 대부분의 주민들이 상업에 종사하였기 때문에 도로를 가운데 두고 양 옆으로 가옥들이 겹쳐져 늘어서 있는 가촌(街村)형태의 촌락구조와 상업기능과 주거기능이 병합된 점포병용 주택들이 많다는 점을 들 수 있다.

옹암리의 대표적 민속으로 당제가 있다. 1960년대 당제의 목적은 풍어와 해상안전의 기원, 그리고 마을사람들의 물질적 번영과 안전의 기원에 있었다. 기존의 당집은 당산 신목에 이웃해 위치하였는데, 포구 쇠퇴 후 당집이 헐리고 당제도 사라졌다. 그러나 1985년경 노인회가 중심이 되어 당제를 복원하였는데, 이는 폐항 후 마을사람들에게 불행이 잦아 이를 해소하고자 함이었다. 1986년에 구당사의 인근에 '옹암영산당(甕岩靈山堂)'이 재건되었고 당제도 부활되었다. 복원된 당제는 과거에 비해 간소화되었으며, 현재는 마을의 개발위원회가 주관하고 있다.

토굴 새우젓 마을의 전망

옹암은 한때 번성한 포구촌락으로서 전성기를 누렸지만 근대화라는 새로운 물결이 밀려오면서 전국적인 육로 교통망의 발전과 함께 입지상 이점을 대부분 상실하게 되었다. 그러나 일찍이 많은 새우젓이 거래되었던 옹암에는 수많은 저장토굴이 있었고 이를 기반으로 폐항된 뒤까지도 새우젓은 남게 되었다.

최근 10년 남짓한 기간 동안 광전과 옹암리는 '토굴 새우젓'이라는 특산품의 유일한 유통경로로 자리매김하면서 침체국면에서 벗어날 수 있었다. 행정기관과 주민들은 지역축제를 개최하여 저장토굴과 '토굴 새우젓'의 상품을 홍보하는 데 성공하였고, 이를 기초로 지역의 상권을 재편하였다. 최근 광천지역 전체적으로 새우젓 상점은 총 100개에 달한다. 새우젓 상가는 몇 곳에 단지를 형성하고 있는데, 광천읍의 재래시장(60), 옹암마을(30), 고속도로변의 특화단지(10)가 그것이다.

새우젓으로 상권을 재구성하면서 지역경제는 상당한 정도 활력을 찾고 있다. 이러한 변화는 가히 마을의 보물창고라 할 수 있는 저장 토굴의 존재, 자치단체의 정책과 주민들의 노력, 나아가 서해안고속도로의 개통(2000년) 등 여러 요인들이 복합적으로 맞물려 나타난 결과이다.

문제는 새우젓 점포의 난립과 외지에서의 값싼 수입 새우젓의 유통, 젊은층의 젓갈에 대한 선호도의 약화 등으로 장기적으로 새우젓 소비가 감소할 수 있다는 데 있다. 그러나 옹암에만 존재하는 저장토굴과 이곳에서 숙성된 토굴 새우젓 상품에 대한 지속적인 홍보와 다양한 상품화 및 유통전략을 모색한다면 앞으로도 경쟁력을 유지할 수 있을 것으로 보인다. 이는 상인조직(번영회와 상인조합)과 자치단체의 정책적 역량에 달려 있는 동시에 지역주민들이 해내야 할 몫이기도 하다.

현재 홍성군은 광천의 토굴새우젓에 대한 다양한 상품화 계획을 수립하고 이를 추진 중이다. 또한 홍성군은 광천에 '한우·돼지 먹거리 특구' 조성을 추진 중에 있는데, 이는 축산단지인 홍성군의 브랜드 마케팅 효과를 극대화하기 위한 것으로, 이 먹거리 타운과 광천 토굴 새우젓이 연계되는 시너지 효과를 기대할 수 있다. 이밖에 홍

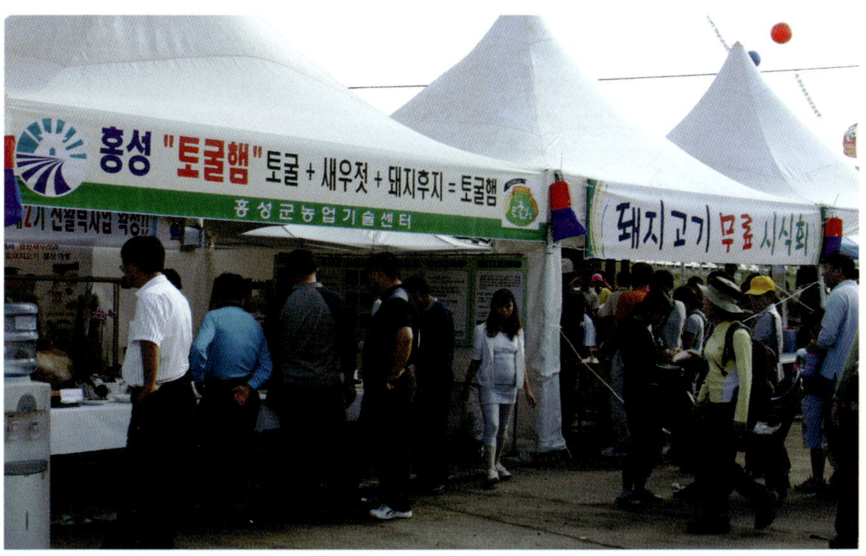

광천 토굴 새우젓 축제 : 새로운 응용 상품의 개발도 시도되고 있다.

성군은 특색 있는 지역 내 향토자원을 개발하고 이를 산업화하기 위한 전략의 일환으로 토굴 새우젓 산업 활성화를 위한 체험관 조성 사업도 계획하고 있다.

이런 노력들은 지역 활성화를 위해 반드시 해야 할 일이지만, 관 주도로만 흐를 때 생기는 문제점도 없지 않다. 특히 옹암리의 새우젓 상인들은 최근 10여 년째 개최되고 있는 '광천 토굴 새우젓 축제'가 광천시장 중심으로 진행되고 있어 자신들은 소외되고 있다는 데 대한 불만을 토로하기도 한다. 광천의 새우젓이 옹암리의 토굴에서 비롯된다는 점에서 이런 문제점을 해결하는 것은 홍성군이 일차적으로 감당해야 할 몫이다. 그러나 옹암리 주민들의 보다 적극적인 참여와 연구도 필요하다. 이 점에서 '독배마을' 주민들의 행동은 바야흐로 그 시험대에 올라 있다고 하겠다.

(김 필 동)

주(註)

1) 1981년 당시에도 옹암리 주민의 90% 이상이 젓 가공을 주된 수입원으로 삼고 있었고(「중앙일보」, 1981. 11.11) 이에 따라 새우가 잡히는 계절과 김장철에는 전국 각지에서 상인들이 마을로 모여들었다 한다.

자연환경과 인문경관

지리적 위치

　옹암리(甕岩里)는 1980년부터 시작된 충남 서해안의 서산 A(간월호), B(부남호) 지구 간척사업으로 잘 알려진 천수만(淺水灣)의 동남쪽, 보령시 천북면과 오천면의 경계에서 서해가 내륙으로 깊숙이 만입된 끝자락에 위치하고 있다. 서해로부터 들어

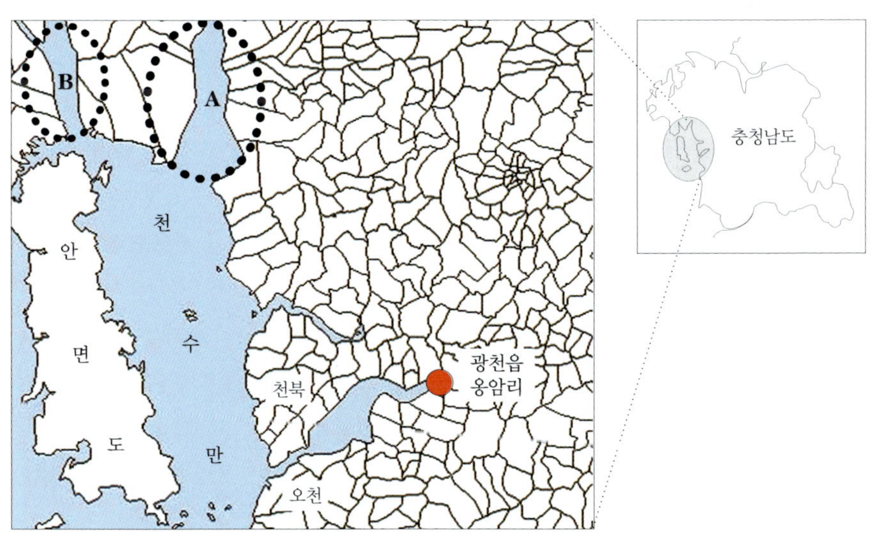

천수만(A – 간월호, B – 부남호)과 옹암리

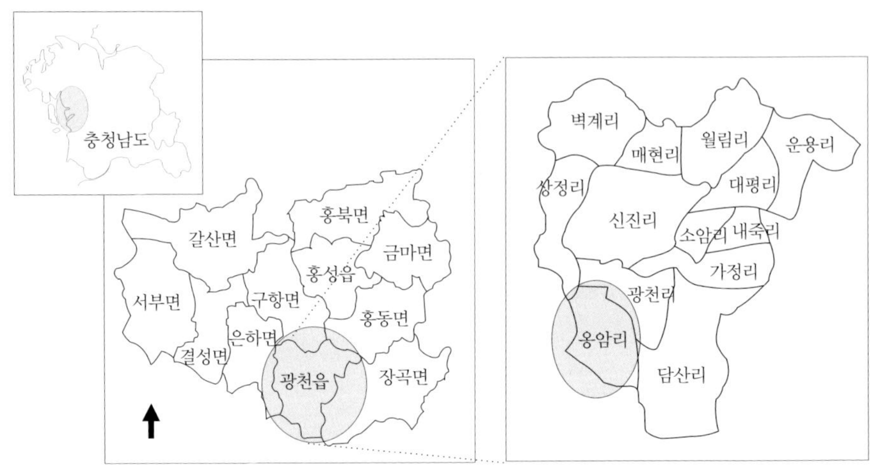

충남 홍성군 광천읍의 위치　　　　　　광천읍 옹암리

온 바다 물길의 길이만도 무려 13㎞에 달한다. 흔히 옹암리를 포함한 광천지역을 내륙 산간에 자리 잡은 촌락으로 잘못 알고 있는 것도 이러한 지리적 특성과 관련된다고 할 수 있다.

옹암리로 물길을 갈라준 천수만은 역사적으로 고려시대부터 조선시대에 이르기까지 삼남지역의 세곡을 한양의 경창으로 운반하던 주요 해상 교통로였다. 요즘 식으로 구분하자면 해상고속도로였다고 할 수 있는 것이다. 따라서 서해에서 옹암리로 만입된 천수만의 물길은 내륙과 해양을 잇는 고속도로의 지선 역할을 수행했다고 함 수 있다. 이렇듯 바닷길과 육지길을 연결하는 광천 옹암리의 지리적 위치는 근대화, 산업화 과정과 맞물려 진행된 교통체계의 변화, 즉 전통적인 해상교통 위주에서 육상교통 중심으로 바뀌는 상황 속에서 엄청난 변화를 겪을 수밖에 없는 주요한 조건이 되었다고 할 수 있다.

현재 행정구역상 옹암리는 충청남도 서북부에 위치한 홍성군의 광천읍에 속하는 마을이다. 홍성과 보령, 청양을 경계 짓는 오서산(鳥棲山, 790.7m)에 기대어 자리 잡은 광천읍은 옹암리를 포함해 13개 법정리(가정리佳亭里, 월림리月林里, 내죽리內竹

里, 신진리新津里, 대평리大坪里, 상정리湘井里, 벽계리碧溪里, 매현리梅峴里, 담산리淡山里, 소암리所巖里, 광천리廣川里, 운용리雲龍里)로 이루어져 있는데, 동쪽으로는 장곡면, 서쪽으로는 은하면, 남쪽으로는 보령시 청소면, 그리고 북쪽으로는 구항면, 홍동면에 접해 있다.

지형적으로 광천읍 동남쪽에는 차령산맥의 지맥인 오서산이 홍성군, 청양군, 보령시의 분수령을 이루고 있고, 천수만으로 흘러드는 광천천이 읍의 중앙부를 지나며 내죽평야와 상정평야를 형성하고 있다. 그로 인해 광천읍의 여러 마을들은 산지와 구릉이 혼재된 지형적 특성을 보이고 있는 것이다. 그러면서 얼마 전까지만 해도 해안 포구촌락 같은 특성을 유지하고 있었던 것이다.

광천시장에서 그다지 멀지 않은 광천읍의 남쪽 끝에 위치한 옹암리는 본래 마을 가운데에 큰 항아리(독)처럼 생긴 바위가 있어서 '독바위', '독배' 또는 '옹암(甕岩, 瓮岩, 瓮巖)'이라고 불렸다 하는데, 지금은 그 자리에 가옥이 들어서 있다고 한다. 처음 옹암리 답사를 하며 마을 구석구석 항아리만한 독바위를 찾으려 애썼던 일이 있는데, 사라지기 전에는 마을 지명을 결정지을 정도의 랜드마크(landmark)로써 옹암리의 특징적인 경관으로 유지되어 왔었던 것으로 짐작된다.

역사적으로 옹암리는 보령군 청소면에 속했던 지역이었는데, 1872년의 <보령부지도>와 <결성현지도> 등에서 그 지명을 확인할 수 있다.[1] 특히 옹암리를 관할에 두고 있지 않던 결성현[2]의 지도에도 옹암포가 표기되고 있는 것으로 보아 과거 옹암포를 중심으로 하는 이 지역이 사람과 물산이 집중되는 교통의 결절지로 역할 했었음을 짐작할 수 있다. 이렇듯 유지되던 옹암포 일대는 1914년 일제에 의한 행정구역 통폐합에 의해 청촌(靑村), 양촌(陽村), 음촌(陰村), 석포리(石浦里)의 일부가 병합되어 홍성군 광천면에 편입되었다가 뒤에 읍 승격(1942년)에 따라 현재의 광천읍 옹암리가 되었다.

이들 옹암리의 여러 마을들은 광천읍 동남쪽에 우뚝 솟은 오서산으로부터 아차산, 수리고개(수리너머재)로 이어지는 산 맥세의 끝자락을 따라 천수만으로 이어지는 광천천과의 사이에 군데군데 그 터를 틀고 있다. 그 중 옹암포구가 있었던 현재의 마을회관을 중심으로 상옹과 하옹 마을이 남북으로, 그리고 상옹과 하옹의 남쪽과 북쪽에 각각 석포(돌개)와 음촌, 양촌마을이 길게 늘어서 있다.

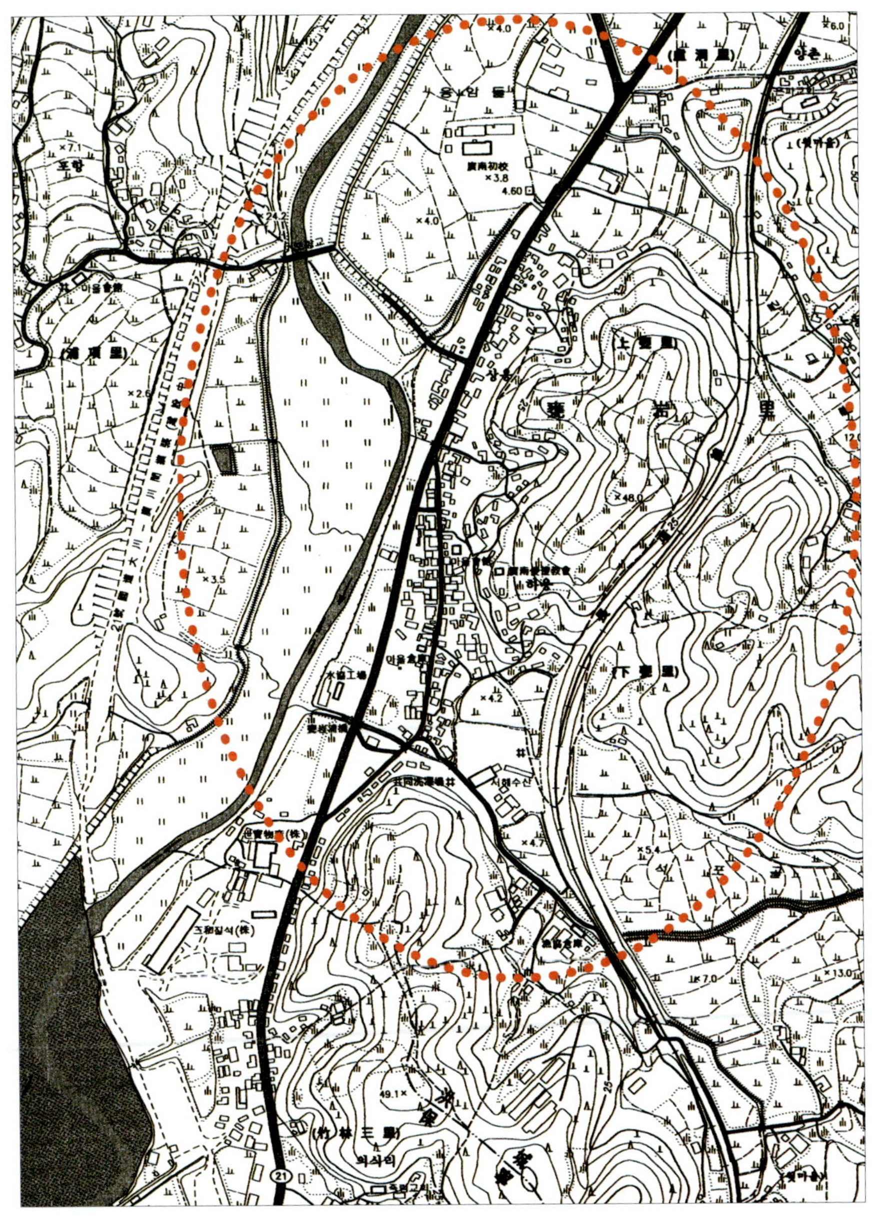

옹암리 일대 지형도(1 : 5,000)

옹암리는 「천수만과 옹암리」 지도에서 보듯이 서해가 만을 형성하며 내륙 깊숙이 들어 온 거의 끝부분 옹암포를 중심으로 형성된 포구촌락이라고 할 수 있다. 물론 현재는 2000년 오천 – 천북을 잇는 보령방조제 건설로 인해 바닷물이 들어오지 않게 되어 마을 도로변을 따라 길게 늘어선 토굴 새우젓 상점들만이 지난날의 모습을 짐작케 할 뿐이다. 그래서인지 촌락의 형태상 옹암리는 옹암포와 석포를 끼고 지나가는 광천-보령 간 21번 국도를 따라 형성된 가촌(街村)의 형태를 띠고 있다.

마을의 인문경관

옹암리와 마찬가지로 교통의 요충지나 결절지에 자리 잡은 마을들은 수많은 사람들과 다양한 물산이 모이게 마련이다. 그렇기에 옹암리 마을의 인구 구성이 어떠했는지 확인해주는 자료나 현재까지 전해지는 이야기가 충분치 않더라도, 옹암리가 한국 사회에서 쉽게 확인되는 종족촌락이나 반촌의 모습이 아니었음은 어렵지 않게 짐작할 수 있다. 때문에 옹암리 마을의 특성을 살펴보는데 있어서 관심가질 요소들은 보통의 농촌촌락이나 반촌, 또는 종족촌락 등에서 확인되는 것과 어느 정도 구분될 수밖에 없을 것이다.

이렇듯 마을을 구성하는 다양한 요소들을 경관이라고 하는데, 마을 사람들은 경관을 통해 자신들의 삶터를 꾸미고 의미를 부여하게 되는 것이다. 따라서 마을에서 경험할 수 있는 다양한 경관들은 단순한 경험 대상 이상의 마을의 특성을 엿볼 수 있게 하는 의미 있는 실마리가 된다. 그렇다면 옹암리의 특성을 드러내주는 경관 요소가 무엇인지 주목할 필요가 있다. 여기서는 옹암리의 과거에서부터 현재까지의 시간의 흐름 속에서 확인되는 다양한 자연, 인문경관들을 중심으로 마을의 특성을 구성해보고자 한다.

포구촌락

우선 포구촌락으로서 옹암리의 특성을 살펴볼 수 있는 경관 요소로 '옹암포(瓮岩

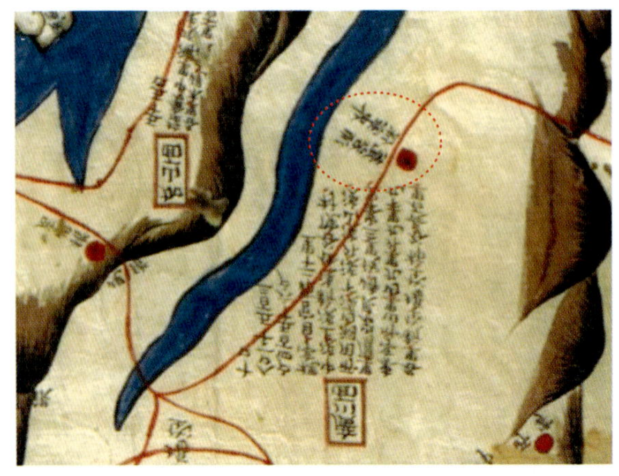

1872년 〈결성현지도〉 상의
옹암포

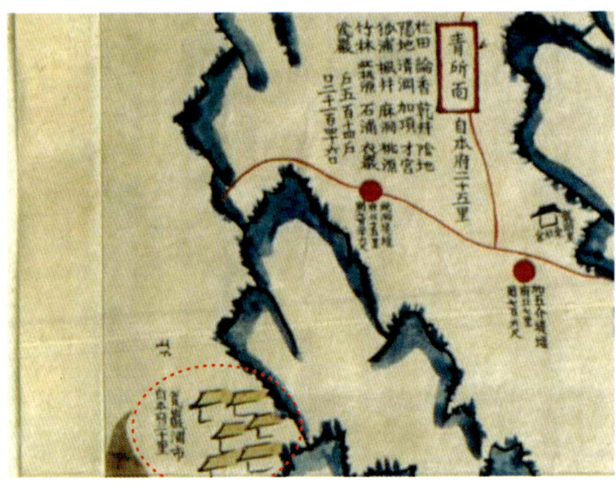

1872년 〈보령부지도〉 상의
옹암포시

浦’, ‘석포(石浦)’ 등과 같은 지명에 주목할 필요가 있다. 지명은 사람에게 있어 이름과 마찬가지로 마을의 특성을 엿볼 수 있게 하는 1차적 요소라고 할 수 있다.

　현재의 옹암리는 앞서 말한 바와 같이 1914년 옹암포 주변의 청촌(靑村), 양촌(陽村), 음촌(陰村), 석포마을 일부가 통합됨으로써 등장하게 된다. 따라서 그 이전에 등장하는 ‘옹암포(瓮岩浦)’, ‘옹암(瓮巖)’ 또는 ‘옹암포시(瓮巖浦市)’라는 지명 등은 옹암포구 그 자체를 말하거나 아니면 포구를 중심으로 형성된 현재의 상옹, 하옹마을

일대를 말하는 것이 아니었나 한다. 말하자면 과거 지리지나 지도에 등장하는 옹암포나 옹암, 옹암포시는 현재의 옹암리에 포함되는 일부 지역이라고 할 수 있다.

그런데 포구(浦口)는 흔히 배가 들고 나는 입·출구를 말한다. 그럴 때 옹암포나 석포라는 지명은 바로 서해에서 내륙 깊숙이 들어온 뱃길이 닿던 물길의 가장자리를 말한다고 할 수 있다. 이러한 포구촌락으로서의 역사가 2000년 보령 방조제의 건설로 인해 내륙으로 변한 현재까지 그 지명으로 유지되고 있는 것이다.[3]

이렇듯 포구촌락으로 유지되던 옹암리는 자연스럽게 바닷물이 들어온 갯골 주변의 간석지를 매립하게 된다. 광천의 옹암리까지 물길을 내주며 안면도로 둘러싸인 천수만은 그 이름에서도 알 수 있듯이 수심이 10m 내외밖에 안 되는 얕은 바다인 관계로 일찍부터 간척의 역사를 경험하였다. 일제강점기부터 현재에 이르기까지의 해안선 변화를 살펴보면 과거 해상고속도로였던 천수만의 간척이 얼마나 대규모로 진행되어 왔는지 쉽게 확인할 수 있다.

이러한 상황은 서해에서 내륙으로 깊숙이 만입하는 옹암리까지의 천수만 물길도 예외는 아니었다. 일제시대부터 1960년대, 80년대, 그리고 현재까지 옹암리 일대의

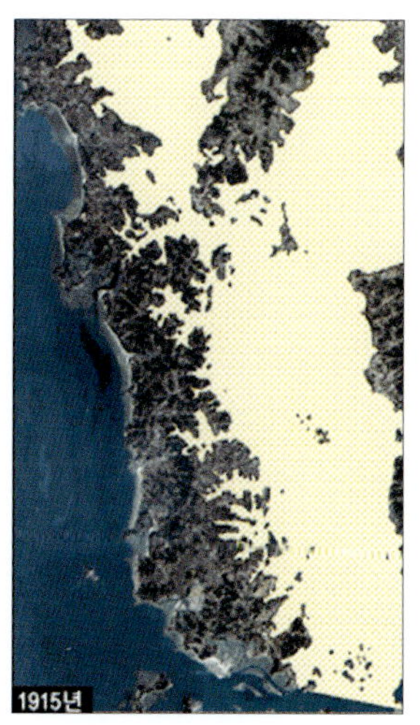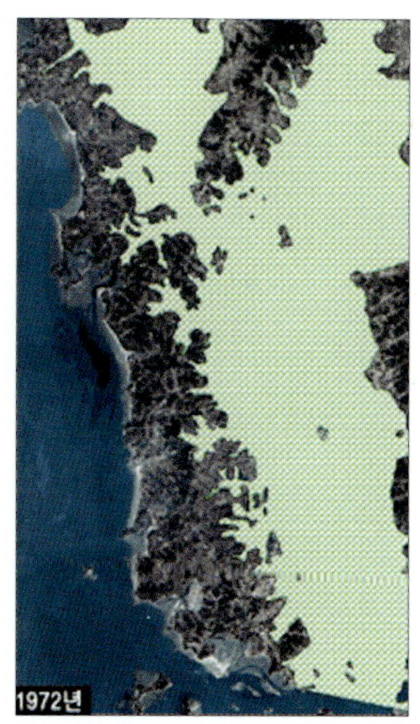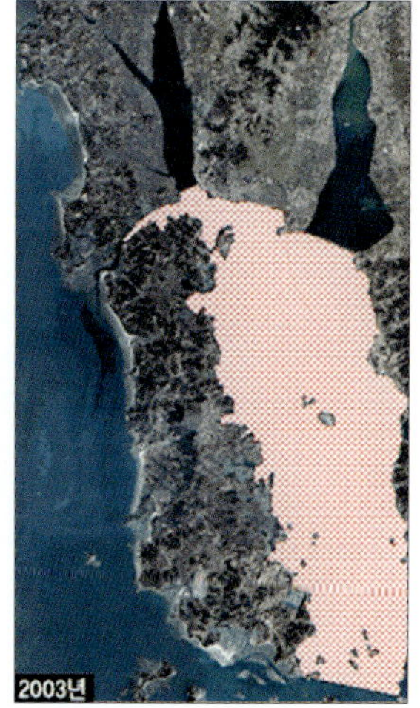

천수만의 해안선 변화(http://cheonsu.kordi.re.kr/)

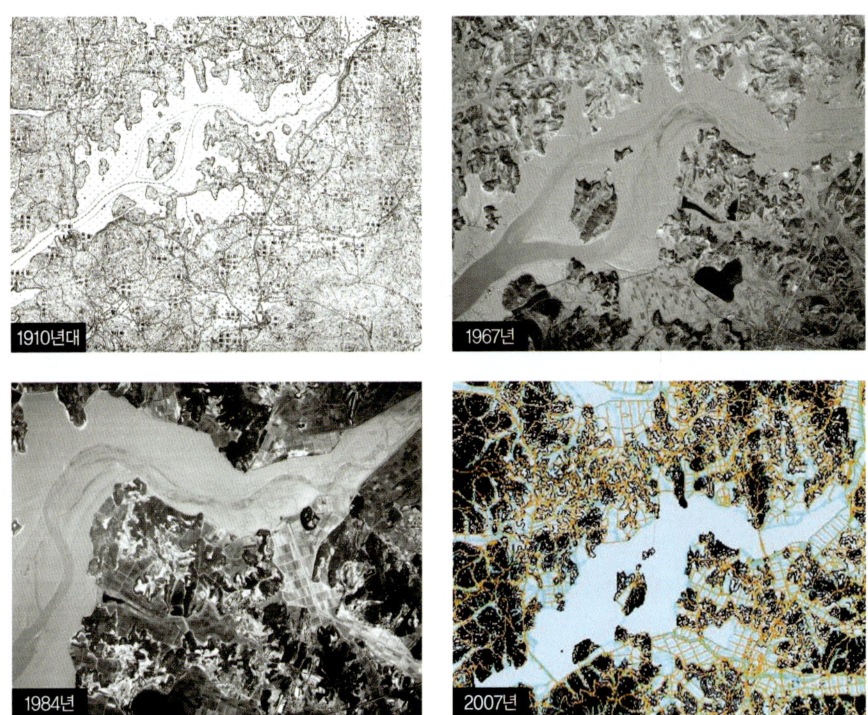

옹암리 일대의 해안선 변화

지형도와 항공사진 등을 통해 해안선 형태를 살펴보면 그 변화를 여실히 확인할 수 있다. 초기에는 광천까지 내륙으로 만입되는 천수만의 간석지가 서해상의 천수만에 못지않게 아주 복잡한 해안선 형태를 보이고 있다. 그러던 것이 점차 뱃길이 되는 갯골 주위로 거의 직선 형태의 제방이 쌓여지고 동시에 매립이 진행되어 온 것이다. 현재 옹암리 앞에 새로 건설된 도로도 이전에는 바닷물이 들어왔던 곳인데 제방을 쌓고 매립을 하여 육지로 만든 것이다.

그런데 옹암포가 언제부터 이렇듯 포구로 유지되고 심지어 장시가 들어설 만큼 성장하게 되었는지는 정확히 확인되지 않는다. 옹암포 인근 광천장(4, 9일장)은 이미 1700년대 후반부터 『동국문헌비고』(1770)나 『임원경제지』(19세기 초)등의 문헌에 등장할 정도로 충청도 서부 지역의 큰 장시였다고 할 수 있다. 그에 반해 광천장으로부터 기껏 2~3km 거리에 있던 옹암포 장시는 <1872년 보령부지도>에 '옹암포시'라는 명칭이 등장하는 것으로 보아 적어도 19세기 중반까지는 개설된 것이 아닌가 하는 추측을 해볼 수 있다. 그래서인지 『홍주대관』(2002)에서도 19세기 전반 옹암장이 생겼다가 19세기 중·후반에 소멸했다고 소개하고 있다.[5]

그러나 조선 후기 장시의 지역적 분포나 증가와 관련된 일반적 상황, 그리고 지리적으로 광천장과 옹암포 간의 입지관계 등을 살펴보면, 오히려 옹암 장시의 개설 시기는 19세기 이전 또는 광천장의 개설·성장과 맞물리지 않았나 한다. 왜냐하면 임진왜란 이후 본격화 된 장시의 발전은 17세기 말~18세기 초에 이르러서는 산간지역에까지 장시가 들어설 정도였으며, 1700년대 중반 이후에는 장시의 지역적 분포나 상호연계가 일정한 시장망(market network)을 형성하기에 이르렀기 때문이다.[6] 이러한 시장망의 형성은 지역마다 하나의 큰 장시를 중심으로 인접한 마을의 장시와의 연계를 통해 시장권을 형성하려 했음을 말하는 것이다. 4·9장인 광천장을 중심으로 전날 장이 섰던 옹암장(3·8장), 그리고 인근의 홍성장(1·6장), 결성장(5·10장), 보령시 청소장(2·7장) 등이 도보가 주 이동수단이었을 당시의 일일생활권을 형성해 주고 있었던 것이다.

따라서 광천장으로부터 지근거리에 있던 옹암 장시는 광천장을 중심으로 하는 하나의 지역 상권 형성 과정에서 소위 '안장날'이라 하여 광천장의 입구 또는 배후 장시로써 그 역할을 담당했을 것으로 짐작해 본다. 특히 옹암 장시가 들어섰을 옹암포 일대는 물산과 사람의 집결지이자 교통의 결절지라는 지리적 특성을 전제할 때, 그 형성 시기는 주위의 다른 장시보다도 오히려 빠르지 않았을까 하는 것이다.

그후 19세기 말에 옹암 장시가 쇠퇴하였다고 하더라도 그것이 곧 옹암포의 쇠락을 의미하지는 않는다. 또는 옹암포가 쇠퇴하였기 때문에 옹암 장시가 소멸했다고 보기도 어렵다 왜냐하면 광천장의 출입구로써 가까운 거리에 있던 옹암 장시는 광천장이 상대적으로 커지면서 흡수, 통합되는 과정을 거쳐 결국 강경과 더불어 충남 제 일의 시장이 된 광천장의 관문으로 특화된 역할을 수행했을 것이기 때문이다.

가촌(街村) 형태의 취락구조

광천에서 보령으로 이어지는 도로를 따라 가다 보면 길가에 줄지어 늘어서 있는 여러 토굴 새우젓 상점들을 만나게 된다. 그러다가 버들가지처럼 두 갈래 길로 갈라지는 삼거리에 다다르게 되는데, 다름 아닌 과거 옹암리의 중심지에 접어들었음을 알려주는 신호다. 그곳으로부터 상옹마을과 하옹마을의 경계로 인식되는 마을회관을 찾으려면 제방을 따라 곧게 뻗은 새 도로가 아닌 살짝 왼쪽으로 비스듬히 갈라진 차선 없는 길로 방향을 틀어야 한다. 바로 과거 옹암포의 화려한 시절을 되새겨주는 옛 도로이다. 제방을 따라 곧게 뻗은 도로는 앞서 말했듯이 갯골 가장자리에 제방을 쌓고 매립한 땅에 새로이 건설된 것이다.

도로를 가운데 두고 양 옆으로 보통은 한 겹, 많아봐야 두 세 겹 정도 겹쳐진 가옥들이 눈에 들어온다. 한국 사회에서는 흔치 않게 경험할 수 있는 촌락의 형태로 이른바 길거리를 따라 길게 조성돼 있는 가촌(街村)이라는 것이다. 물론 촌락은 단순히 가옥들만의 집합이 아니다. 가옥에 부수되는 인구, 토지, 도로, 지명, 문화적 상징물, 그 외 일상생활의 토대가 되는 여러 환경적 조건 등이 복합되어 있는 것이다. 이러한

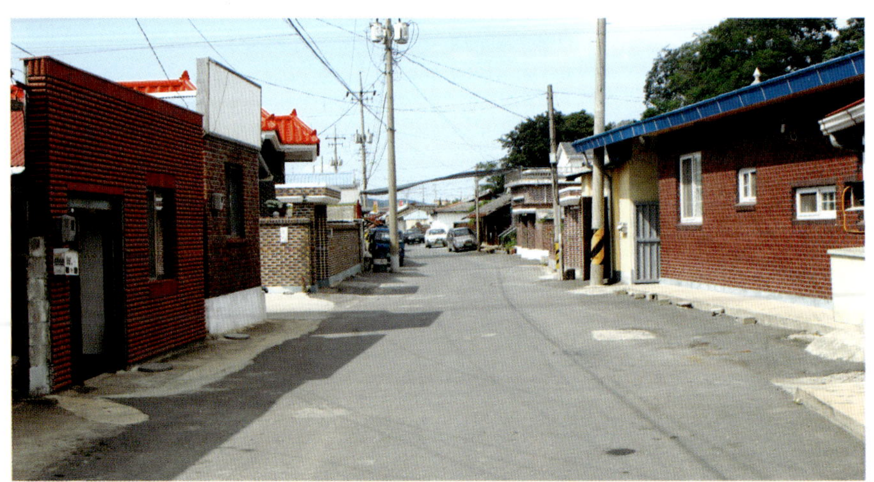

옹암리의 옛 도로

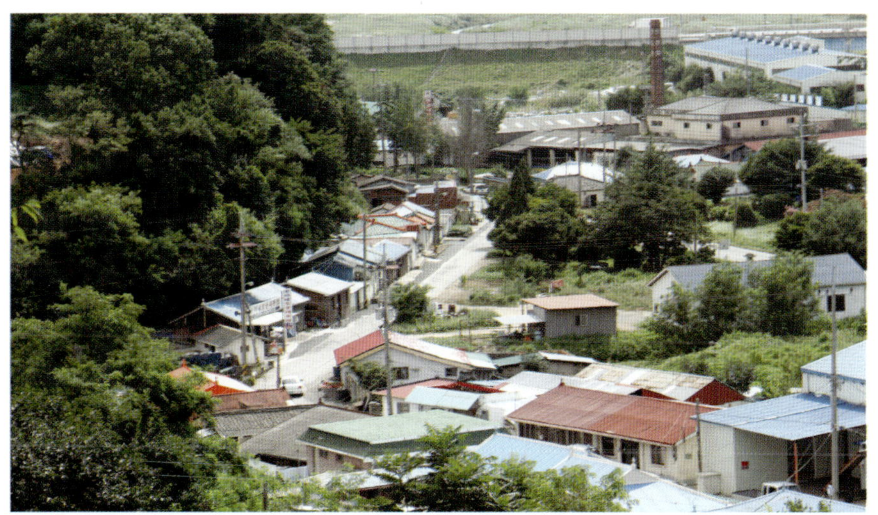

구 도로를 따라 형성된 옹암리 가옥배치

다양한 요소들의 결합으로 인해 촌락은 그 입지, 규모, 형태, 기능, 구조 등에서 지역적 차이를 보여주게 된다.

그런데 촌락의 구성 요소 가운데 중심이 되는 인문경관이 가옥이다. 이와 관련해 옹암리처럼 가옥 배치상 특징적인 촌락의 형태는 그것의 발생, 구조, 입지, 기능 등과 더불어 촌락의 특성을 이해하는 중요한 관심 대상이 된다.

보통 가옥들의 집합인 촌락을 그 평면 형태에 따라 구분할 때, 도로를 따라 가옥이 밀집하여 선(線) 모양으로 배열되어 있는 모습을 보이는 것이 가촌이다. 전남 광산군 비아면 비아리, 전남 장성군 장성읍 영천리, 전북 임실군 임실, 경남 산청군 산청, 평북 삭주군 구곡면 신안동, 황해도 평산군 금암면 한포리, 평남 중화군 상원면 상원 등이 그 예인데,[7] 대개 가촌은 상업적 기능이 중심이 된다.[8] 따라서 구 도로를 따라 가촌 형태로 밀집되어 있는 옹암리의 촌락 형태는 과거 이곳이 옹암포구를 중심으로 형성된 상업지역이었음을 짐작케 하는 특징적 요소이다.

구 도로를 따라 늘어서 있는 옹암리의 가옥들 중 하천 쪽의 것은 마을 뒤 당산 쪽을 기대 자리 잡은 가옥들보다 나중에 등장한 것인데, 포구 기능의 쇠퇴와 더불어 과거 바닷물이 들어오던 곳을 매립한 터에 자리 잡은 것이다. 그런데 흥미로운 것은 현재 광천의 지역 특산물이라고 하는 토굴 새우젓을 판매하기 위해 들어선 상점들이 곧게 뻗은 새 도로를 따라 또 하나의 옹암리 가촌을 형성하고 있다는 점이다. 즉, 해상과 육상 교통의 결절지로 역할 했던 과거 옹암포구의 가옥들과 현재 지역 특산물 판매에 관심을 집중시키고 있는 새 도로변의 상점들이 마치 약속이라도 한 듯 길게 늘어선 가촌 형태의 모양을 취하고 있는 것이다. 마치 과거 옹암 포구의 관성이 작용해서 현재 그러한 모습이 만들어진 것이 아닌가 하는 '장소의 관성' 을 떠오르게 한다.

토굴 새우젓의 특화 장시

조선시대 이래 천수만의 온갖 어염들이 집산되던 옹암포를 중심으로 형성된 옹암리는 1970년대 이후 옹암포로 이어지는 갯골이 좁아지고 그후 방조제가 건설되면서 점차 쇠퇴하게 된다. 물론 옹암리의 쇠퇴는 이곳을 포구로 유지시켜 주었던 천수만의 환경이나 방조제의 건설 같은 지역 여건의 변화만으로 설명될 수 없을 것이다. 그러

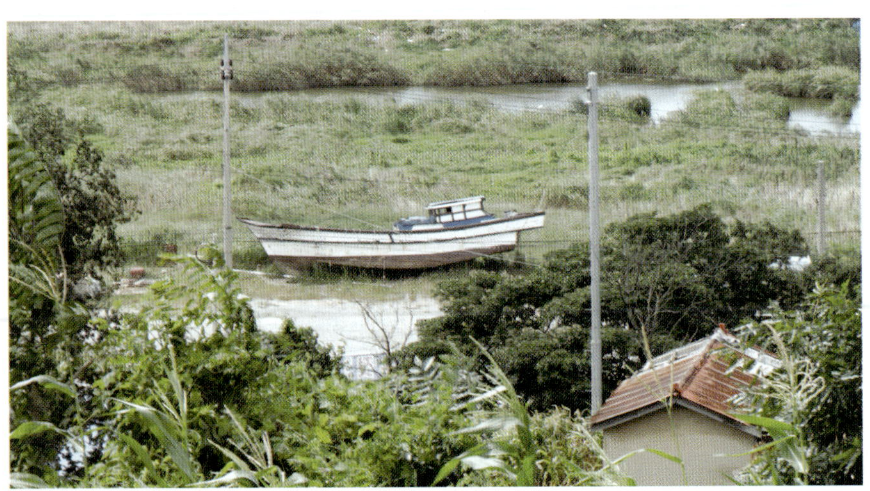

마을 앞 하천으로 올라온 배

토굴의 위치

① 우리토굴새우젓
② 대우토굴새우젓
③ 신광토굴새우젓
④ 오창래
⑤ 중앙토굴새우젓
⑥ 광일토굴새우젓
⑦ 박근묵
⑧ 최근호(광천시장 가게)
⑨ 고명화(광천시장 가게)
⑩ 윤씨네토굴새우젓
⑪ 마을회관(공동관리)
⑫ 이용호
⑬ 윤석찬
⑭ 김창남(광천시장 가게)
⑮ 박순환(윤아네토굴새우젓)
⑯ 노봉섭
⑰ 홍용산 1(사용 안함)
⑱ 홍용산 2(사용 안함)
⑲ 윤아네토굴새우젓
⑳ 김창만(광천시장가게)
㉑ 오창진

* 토굴 명칭은 그 위치를 확인할 수 있
  도록 마을 분들이 보통 소개해주는
  명칭이나 상점 상호를 달았음.

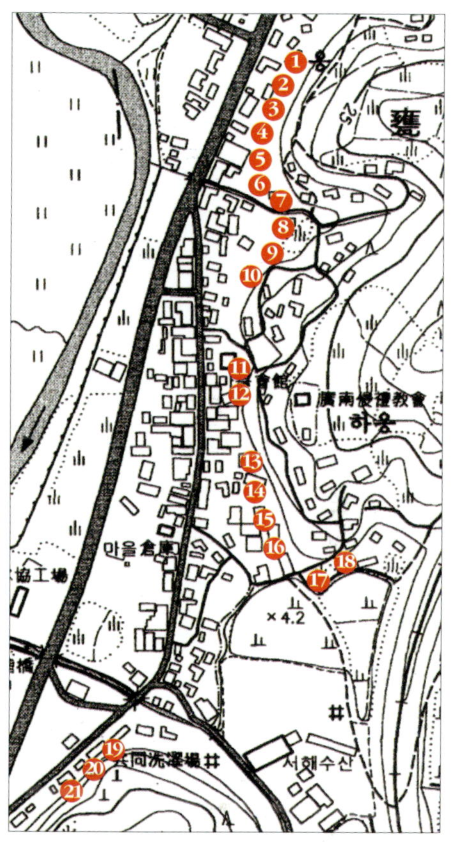

옹암리의 토굴 분포

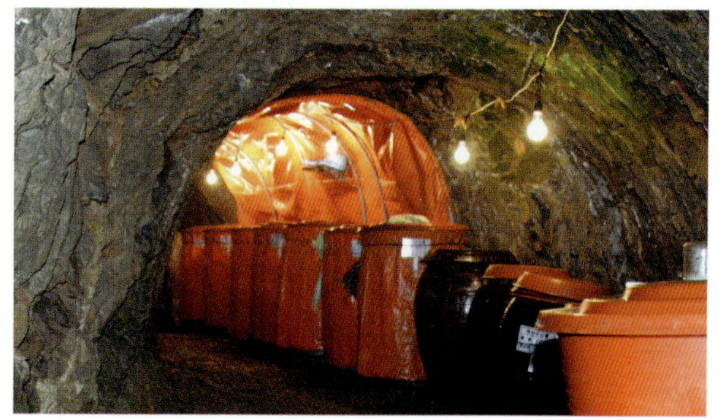

새우젓을 숙성시키는 토굴

나 이와 같은 옹암리 주변의 자연, 인문 환경의 변화는 육상교통이 중심이 되는 교통 체계의 변화나 도시화, 산업화 등과 같은 국토 전체적 차원의 변화와 더불어 옹암리를 더 이상 과거의 옹암리로 머무르지 않게 하였다. 마을 앞 하천 바닥에 멈추어 서있는 어선만이 과거 이곳이 뱃길이 머물던 포구였음을 기억하고 있는지 모르겠다.

이런 변화의 흐름에서 옹암리는 더 이상 쇠락의 쳇바퀴에 머물지 않았다. 그 한 예가 마을 뒤 당산의 '보물창고'라 할 수 있는 '토굴'을 이용한 새우젓 숙성이다. 현재 옹암리에는 약 20여 개의 토굴이 새우젓 숙성 창고로 사용되고 있는데, 그 시작은 1960년대 우연히 기존 폐광에 새우젓을 보관하기 시작하면서부터라고 한다. 이후 현 '윤씨네토굴새우젓'의 토굴을 시작으로 수십 개의 토굴이 옹암리와 인근의 의식리에 만들어지게 되는데, 그 위치 및 모양을 보면 가히 토굴박물관이라 할 정도이다. 즉, 도로를 따라 길게 늘어선 가옥 뒤편 당산에 작게는 50~100개에서 보통 200~300개, 그리고 많게는 500~700 드럼의 새우젓을 저장할 수 있는 다양한 규모와 형태(1자형, Y자형, ㅋ자형, 쇠스랑형, 갈고리형 등)의 토굴이 줄지어 있는 것이다.[9]

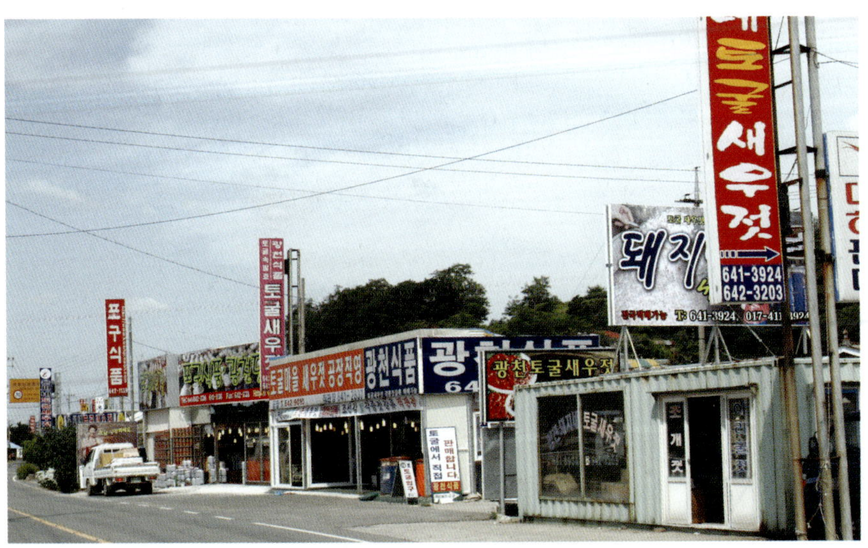

새 도로를 따라 늘어서 있는 새우젓 상점들

이후 토굴 새우젓 사업의 성장은 1980년대 접어들면서 전국으로부터 광천에 새우젓 상인들을 불러 모았다. 그리고 90년대 중반 이후부터는 지역의 고유한 지리적, 역사적, 문화적 특수성이 드러나는 지역문화, 지역축제 등과 맞물려 광천의 토굴 새우젓 판매를 위한 상점들이 광천시장 이외 옹암리 도로변에까지 들어서게 되었다.

마을의 지명

마을

▶ 독바위(독배, 瓮岩, 瓮巖, 甕岩) : 마을 가운데에 독(큰 항아리)처럼 생긴 바위가 있어서 '독바위', '독배' 또는 '옹암'이라고 불렸는데, 역사적으로는 보령군 청소면에 속했던 지역이었다. 그러던 것이 1914년 일제에 의한 행정구역 통폐합에 의해 청촌(靑村), 양촌(陽村), 음촌(陰村), 석포리(石浦里)의 일부가 병합되어 옹암리가 되었다. 독바위는 동시에 바위를 지칭하기도 한다.

독배 또는 옹암이라는 지명은 광천의 옹암리 외에 전국적으로 다수 확인되는데, 대전시 동구 내탑동 옹암리 · 경기도 용인군 수지면 상현리 · 인천시 연수구 옥련동 · 경기도 양주군 회천면 옥정리 · 경기도 옹진군 북도면 장봉리 · 경기도 의정부시 산곡동 옹암리 · 충북 진천군 진천면 삼덕리 · 전남 해남군 산이면 덕호리 · 전남 고흥군 동강면 죽암리 · 전남 해남군 삼산면 봉학리 · 전북 정읍군 입암면 천원리 · 전북 전주시 완산구 용복동 독배마을 · 경북 영주군 안정면 옹암리 등이 있다. 이들 마을의 공통점은 마을 영역 안에 큰 독모양의 바위가 있다는 것이다. 마을공동체 구성원들에게 있어서 이러한 바위는 일종의 장소 표상(landmark)으로 자리 잡아 온 것이 아닌가 한다.

▶ 하옹(下甕, 아래독바위, 독바이개, 옹암포 甕岩浦, 翁岩浦) : 독바위 아래 독바위개(옹암포)에 있는 마을.

▶ 상옹(上甕, 위독바위) : 독바위 위쪽에 있는 마을. 현재는 마을회관을 중심으로 위쪽의 상옹과 아래쪽의 하옹이 구별된다고 할 수 있다.

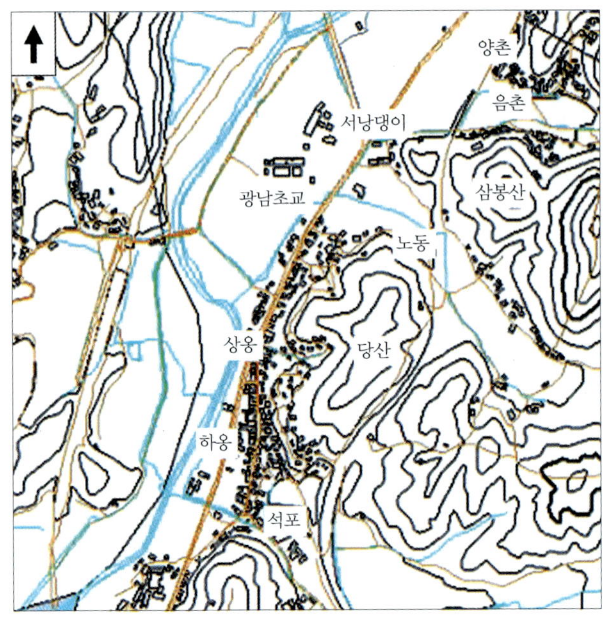

옹암리의 자연마을

▶ 석포(石浦, 석포리, 돌개) : 독바위개 남쪽에 있는 마을로 오서산에서 아차산으로 이어지는 큰 산세를 뒤로 하고 있다. 과거에는 이곳까지 바닷물이 들어와 배를 댈 수 있었다고 한다.

▶ 노동(蘆洞, 갈닷굴, 갈닷골, 갈대골, 깔다꿀어) : 독바위 동쪽에 있는 마을로 마을 앞 바닷가에 갈대가 많이 있었다고 한다.

▶ 음촌(陰村, 아래삼분이) : 노동 북쪽에 있는 마을로, 산봉우리 세 개가 나란히 있는 삼봉산 아래 있는 마을이라고 하여 '아래삼분이' 라고도 불린다. 음촌이라고 하는 것은 마을이 삼봉산 북서 사면 응달진 곳에 자리 잡고 있기 때문이다. 이에 반해 현재 광천리에 속하는 양촌(陽村, 삼봉 三峯, 윗삼분이)은 아래삼분이 위쪽 양달진 곳에 자리 잡고 있어 그렇게 불린다.

▶ 서낭당이(서낭댕이) : 아래삼분이 서북쪽에 있는 마을로, 예전에는 마을 뒷산에 있는 서낭당(성황당)에서 당제를 크게 지냈었다고 한다.

▶ 수리너머(당골) : 아래삼분이 동쪽에 있는 마을로 신당이 있었다고 한다.

고개

▶ 돌개너머재 : 석포(돌개)에서 당골로 가는 고개.

▶ 수리너머재 : 옹암리의 석포에서 담산리의 상담 마을로 넘어가는 고개.

(권 선 정)

주(註)

1) <보령부지도>에는 '瓮巖', <결성현지도>에는 '瓮岩浦' 로 등장한다.

2) 지금의 충남 홍성군 결성면 · 은하면 · 구항면 · 광천읍 · 서부면 일대.

3) 현재는 2000년 오천과 천북을 잇는 보령방조제의 건설로 바닷물이 들어오지 않음으로 인해 더 이상 배가 다닐 수 없게 되었지만, 1980년대 말까지만 해도 화물선과 여객선이 드나들었다고 한다.

4) 『동국문헌비고』는 조선 전체의 장시 분포를 처음으로 기록해주고 있는 문헌이다.

5) 홍주대관편찬위원회, 2002, 홍주대관 상 : 340.

6) 이재하 · 홍순완, 1992, 한국의 장시, 민음사 : 75-82.

7) 善生永助, 1933, 조선의 취락, 조선총독부.

8) 홍경희, 1984, 촌락지리학, 법문사 : 209-210.

9) 토굴의 위치 및 분포와 관련해 김용봉 · 오진규 · 임덕식 님, 그리고 특히 토굴의 모양 및 저장 규모에 대해 자세히 정보를 제공해 준 박순환 님께 감사드린다.

마을의 역사적 전개

마을 연혁

옹암리는 백제시기에는 결기군에, 신라 때는 결성군에, 고려 때는 보령현에 속했다. 조선 초엽에는 보령현이 군으로 승격되면서 보령군에 속했고, 조선시기 말엽에는 보령군 청소면 지역으로 조선시기 내내 보령 관할이었던 것이다. 1914년 일제의 행정구역 개편으로 청촌(靑村), 양촌(陽村), 음촌(陰村) 및 석포리(石浦里)의 일부를 병합하여 옹암리라 하여 홍성군 광천면에 편입되었고, 다시 읍 승격으로 광천읍 옹암리가 되었다. 이렇게 오랜기간 동안 보령군 관할이었기 때문에 옹암리의 생활권은 현재도 일정부분 보령생활권에 속하고 있다. 즉 옹암리라는 행정리명은 1914년에 처음으로 명명된 것이다. 다만 1872년에 간행된 <보령부지도>를 보면 '본부에서 20리 옹암포시'가 표시되어 있고 여러 가호가 채색화로 그려져 있다. 같은 해 간행된 <결성현지도>에도 광천면과 보령의 경계에 '옹암포'라는 지명이 적혀 있다. 이로 보아 옹암은 포구로서는 일찍부터 존재했음을 알 수 있다.

옹암리의 마을 규모는 조선시대의 경우 양촌, 음촌, 석포리의 가구, 인구수를 통하여 유추해 볼 수 있는데, 『여지도서』(1759년)에 음지변리(陰地邊里) 편호 25호, 남 40명, 여 59명, 양지변리(陽地邊里) 편호 45호, 남 80명, 여 87명, 석포리(石浦里) 편호 17호, 남 22명, 여 28명으로 기록되어 있다. 그리고 일제강점기에는 『한국수산지』(1911)에 100호 기록되어 있고, 『최신 한국지리』(1918)에는 111호로 조사, 기록되어 있다. 이를 바탕으로 보면 일제강점 초기의 옹암리(상·하옹, 노동, 양촌, 석포

마을을 포함) 인구 밀도는 그다지 높은 편이 아니었다. 그후 옹암리는 번성하여 1960년대는 상옹·하옹만 해도 200호가 넘는 큰 마을로 발전하였다.

옹암리는 마을 가운데에 독처럼 생긴 바위가 있다 해서 독바위, 독배, 옹암이라고 부른다. 옹암마을은 일제 때만 해도 충청남도의 가장 큰 시장의 관문으로서, 안면도를 비롯한 서해안 도서와 뭍을 잇는 하나의 숨통이었다. 그래서 광천장(4·9일)이 서는 날과 그 전날에는 150여 척의 어선과 장배가 드나들며 크게 번성을 누렸던 포구였다. 그러나 1960년대부터 선창 위쪽에서부터 사태로 흙이 흘러 내려와 매몰됨에 따라 자연 쇠퇴하여 폐항에 이르렀다.

옹암포구의 정치·사회·경제적 기반

조선 후기 장시권과 포구상업의 발달[1]

장시는 상인, 각 지역의 농민 수공업자 등의 생산자층에 의한 상품생산과 이들 상호 간의 직접교역이 이루어지는 정기시장이다. 장시는 16세기부터 전국에서 자연발생적으로 형성되었으며 17세기부터 정부의 장시에 대한 통제가 완화되었고, 18세기에는 전국 각지에 장시가 형성되었다. 또한 장시는 각 지역의 산업발달 정도, 인구수의 증감, 사회 지리적인 조건 등에 의하여 자연발생적으로 설립되고 소멸하였다.

18세기 중엽에 충청도는 장시의 출현이 빨랐고 장시밀도가 높은 편이었으며 장날의 차이를 통한 연계관계와 위계관계가 전반적으로 형성되었다. 이에 장날을 달리하는 대장(大場)이 출현하여 소장(小場)에 대한 집하·배급기능을 수행하고 있었다. 그리고 『동국문헌비고』(1770년)에 의하면 충청도 장시는 157개로 소백산맥과 차령산맥이 통과하는 산악 오지에 거주하는 일부 농민만이 하루 내에 장을 보기 힘들었다고 한다.

개항기의 자료에 의하면 차령 이서(以西) 지역의 중심적인 시장은 예산장(5·10일)이었다고 한다. 홍주장(1·6일)은 옹암포에 인접한 광천장(4·9일)이 번장하였기 때문에 그 영향으로 상업중심지로 성장하는 데에 제약을 받았을 것이다. 그리하여 차령산맥 이서 지역 장시의 시간적 공간적 분포를 보면, 홍주장은 광역의 유통권을 가지기 어렵고, 예산장이 대장일 가능성이 높고 광천장이 홍주군과 결성군의 원격지유통을 담당한 포구로서 번창하였을 것으로 보인다. 장시의 시간적 공간적 분포는 상품유통의 담당자인 상인에게도 영향을 미치는데 그것은 상인들에게 있어서는 자신들이 이동하는 교통의 요충지에 장시가 배치되는 것이 행상활동에 유리하기 때문이다. 그리하여 포구는 원격지 유통의 거점으로 그중 일부에 지역 주민의 교역을 담당하는 장시가 개설되었고, 곳에 따라서는 배가 닿을 때에 부정기적으로 소매 상업이 이루어지는 갯벌장이 열리기도 하였다.

광천장은 『결성읍지』(1757) 장시(場市)조에 읍장(邑場, 2·7장), 용와천장(龍臥川場, 3·8장)과 더불어 4·9장으로 명시되어 있다. 광천장 인근의 장시 연계망은 대교장(3·8일) - 광천장(4·9일) - 수영(2·7일)이다. 장시의 장날은 경제적인 요인으로만 결정되는 것은 아니고 음양오행설, 풍수지리설도 개입될 수 있다고 한다. 광천장 경우 오서산이 '금(金)' 자 형상을 하고 있다고 하는데 음양오행설에서 금은 숫자로 4에 해당하므로 오서산에 인접한 광천장이 4·9일에 열린다는 이야기가 전해오고 있다.

옹암장은 『임원경제지』(1830)에만 2·7일 장시로 기록되어 있고, 1872년 지방지도에 '옹암포시(甕岩浦市)'로 나타나 있다. 일반적으로 '포구'를 '포시(浦市)'로 표현하기도 하는데, 이는 포구의 기능이 일반적으로 장시의 기능을 함께 가지고 있음을 나타내고 있는 표현이다. 옹암장은 인접한 광천장의 포구로서 기능하였는데, 광천장이 번창함에 따라 그 여파로서 정기적인 소매상업과 배가 닿을 때에만 형성되는 부정기적인 소매상업이 이루어졌다. 이렇게 옹암과 같은 포구에 장시가 개설된 것으로 보아 당시 포구상업이 상당히 발전하였음을 알 수 있다.

조선 후기 장시권과 포구상업의 발달이라는 측면에서 볼 때 광천과 옹암은 행정 관할 구역은 다르지만 같은 장시권이었다. 옹암포는 광천장의 포구로서 광천장의 성쇠에 따라 그 부침을 같이하였다. 조선시대 이래 광천은 충청도 서해안의 대장시(大場市)로 강경과 더불어 충청남도를 대표하는 전통 장시였다. 광천은 1887년 군산 개항으로 군산항의 상권에 포함되었으며, 서해 도서지역의 관문인 옹암포구를 통하여 서해 도서지역과의 유통이 이루어졌다.

일제강점기 광천의 정치 · 사회 · 경제적 기반

일제강점기 광천[2]은 1887년 군산 개항, 1923년 충남선(忠南線, 홍성-광천) 개통[3] 그리고 1931년 장항선 개통으로 교통의 요충지였다. 이로 인해 군산항의 상권에 포함되어 옹암포구를 통하여 서해 도서지역의 물산이 집산되고, 집결된 물산이 철도를 통하여 배분되었다. 즉 광천은 서해안 내포지역의 경제중심지이자 육 · 해로의 교착점으로서 많은 물류가 집산, 배분되는 곳이었다. 이에 따라 광천은 일제시기부터 충남 상업의 중심지로서 정치, 사회운동이 활발하였다. 이와 짝하여 교육에 대한 관심이 높아 근대 교육기관의 설립도 일찍 이루어졌다.

광천 출신으로 1906년 민종식 의병에 지방부호의 창고를 열어 군량미를 제공한 바 있던 서승태(1854~1921)는 1907년 신문화를 배우는 것이 구국의 길이라고 생각하여 상정리 덕정에 사립 덕명학당(德明學堂)를 설립하였다. 사립 덕명학당은 제1차 조선교육령으로 1915년 11월 3일에 광천공립보통학교로 승격되었다.

1929년 광주학생운동의 여파로 동맹휴학운동이 각 지역에서 일어났는데, 광천공

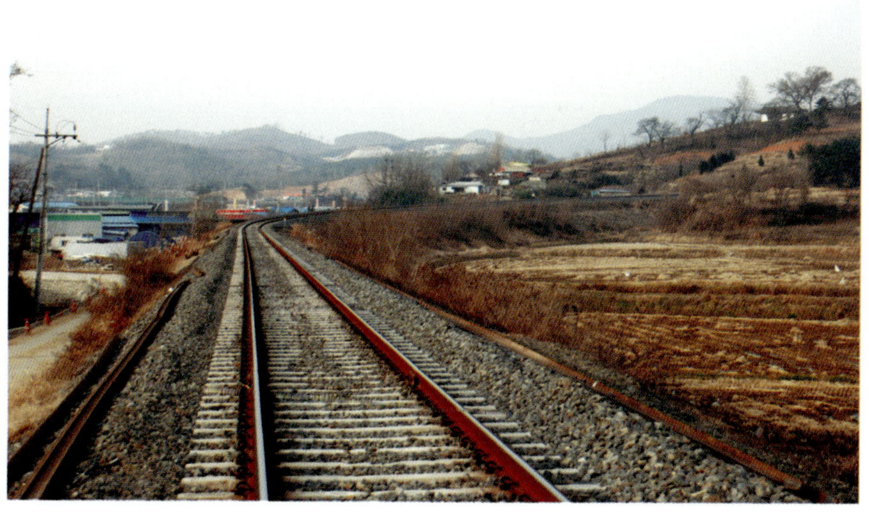

석포마을 앞 장항선 철도

립보통학교 학생 300여 명도 1930년 2월 18일에 8개의 요구조건을 제출하면서 동맹 휴학을 선언하고 만세 시위를 한 바 있다. 당시 홍성지역 동맹휴학의 일반적 경향이 1928년까지는 주로 일본인 배척과 민족감정 및 학내문제에서 비롯되었고, 1929년부 터는 일제의 식민지 교육정책과 식민지 통치방식에 저항하는 내용[4]이었음을 감안하 면 저간의 사정을 미루어 짐작할 수 있을 것이다.

1919년 3·1운동 당시에도 서승태는 독립만세 시위 거사를 주동하였다. 또한 3월 8일에는 이명종(李鳴鍾)과 박원식이 함께 광천시장과 옹암리에 대한독립을 주장하는 벽보를 붙여 지역 주민의 독립의식을 고취하였다. 다시 3월 18일에는 이명종과 성배 호가 서승태가 한글로 번역해 준 독립선언서를 광천리와 옹암리에 배포하고 면내 각 호에 배부하였다. 이명종은 옹암리의 이웃 마을인 보령군 청소면 죽림리에 살았고, 성배호(成培鎬)는 광천면 옹암리에서 양화점을 하였던 사람이다. 이 일로 6명이 공주 감옥에 수감되었다.[5]

또한 광천은 상업의 중심지로서 인구가 많고 물산이 풍부하였기 때문에 각종 사회 단체가 일찍부터 조직되어 활발하게 활동하였다. 광천에서 가장 먼저 조직된 것은 광 천 청년회이다. 광천 청년회는 1922년 8월에 회원 30명으로 설립되어 1928년 제1회 정기총회를 개최하면서 본격적인 활동을 전개하였다.

그 다음에 설립된 것은 형평사(衡平社) 광천지부이다. 조선형평사는 갑오개혁으 로 백정이라는 신분적 차별이 법률적으로 철폐되었지만 이후 실생활에서 차별이 여 전히 존재하자 1923년에 진주의 이학찬(李學贊), 강상호(姜相鎬), 장지필(張志弼) 등의 주도로 창립되었다. 창립 목적은 계급의 타파, 공평한 사회의 건설, 모욕적 칭호 의 폐지, 교육의 균등과 지위의 향상, 사회 참여 의의와 앙양, 동지의 화목·협력·상 조 등이다. 형평사는 백정이라는 기록을 호적에서 삭제할 것을 조선총독부에 요구하 는 활동을 하였다. 광천지부는 1925년 1월 2일에 창립되었고, 회원은 30명, 지부장 은 이종남(李宗男)이었다. 이밖에 1929년에는 광천 소년회와 광천노동조합이 설립 되었다. 또한 1931년 장항선 개통으로 광천의 정치 사회적 역할도 증대되었다.

이러한 광천의 교통과 사회조직, 활동과 맞물려 경제활동 또한 활발하였다. 광천 은 충청도 내포지역의 저명한 미곡집산지로 광천장의 거래품목으로 광천 쌀과 광천

대두(大豆)가 유명하였다. 그리고 광천지역 일대에 금광업이 발달하여 농경기에 일 꾼이 부족하여 곤란한 상태라고 지적될 정도로 농부들이 광산으로 모여 들었다.

광천지역의 경제활동은 1938년에 이르면 동아일보에 한 면을 통해 이 지역 소개 판을 낼 정도로 활성화 되었다. 광천지역의 경제활동에 대한 전면 소개판이 동아일보 에 게재된 것은 이미 1932년부터였다. 이는 일종의 광고 형식으로 해당 지역 유지들 의 후원으로 게재된 것이다. 이를 통해 당시 광천지역의 교육, 산업, 농업, 공산 뿐 아 니라 이 지역 대표 실업가들의 면면을 일부 확인할 수 있다.[6]

이렇게 일제강점기 광천은 충남의 상업, 유통의 중심지로 사회·경제·문화적으 로 활발한 활동을 전개하였다. 그것은 충남선, 장항선의 개통과 옹암포구의 발달로 가능할 수 있었다. 이처럼 광천과 옹암포는 상호 보완적 기능을 하면서 이 지역 유통 경제를 주도하였던 것이다.

옹암포구의 형성과 성쇠

옹암포의 형성

'옹암리' 라는 행정동리 명칭이 처음 등장하는 것은 1914년 일제에 의한 행정구역 개편 때부터이다. 그러나 옹암이라는 지명은 장시자료나 포구자료에서 이미 나타나 있다. 18세기 말까지는 광천까지 선박이 빈번하게 출입하였으나 19세기 들어 광천에 선박 출입이 어렵게 되었다. 1872년에 제작된 <보령부지도>와 <결성현 지도>에 '옹 암포구' 가 명시되어 있고 바닷물이 광천읍 소암리까지 들어왔음을 알 수 있다. 옹암 리에서 광천읍내를 지나 한참 더 들어가는 소암리 소용마을에는 '왕배나무' 가 있는 데, 이 나무에 배를 묶어 두었다는 유래가 있고 실제로도 조선 말기까지(19세기 말) 는 조류에 따라 다르지만 작은 돛단배들이 소암리까지 들어 왔었다고 한다(소암리의 위치는 지리편 광천읍 지도 참조).

옹암마을이 처음 생긴 시기는 알 수 없지만 대략 18세기경부터 이미 포구로 이름 이 나 있었다. 그러나 옹암리 하옹마을의 지형이 현재의 모습을 갖춘 시기는 1960년

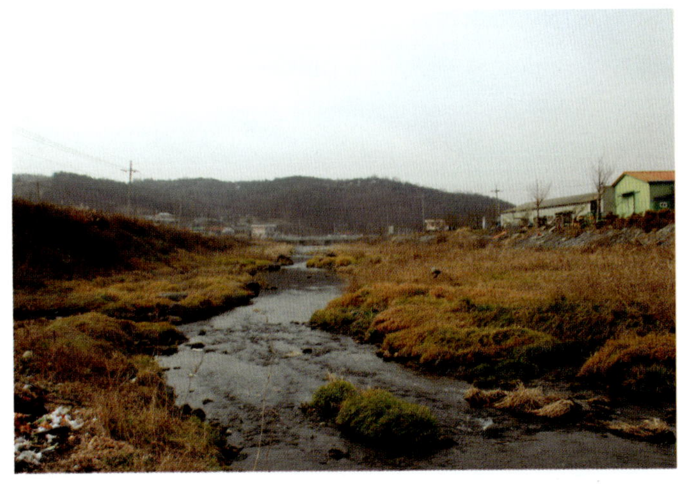

소암리 왕배나무
뱃길

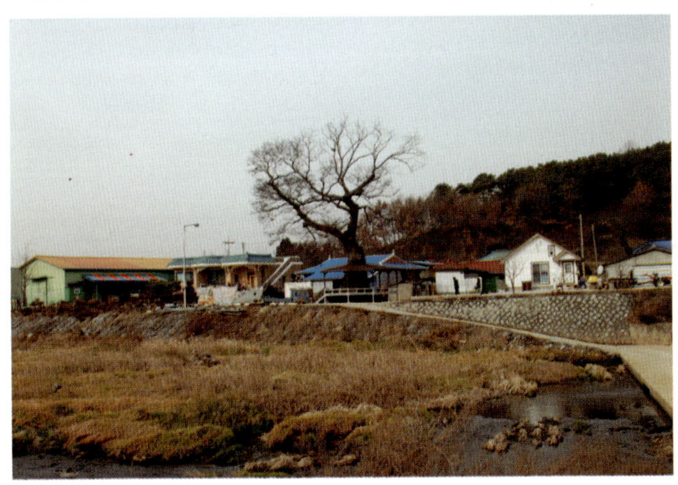

소암리 왕배나무

대 후반 이후로 보아야 할 것이다(상·하옹의 경계는 일상편 134쪽 지도 참조). 이는
마을의 주택 준공년도와 배 닿는 지점의 변화를 통해 알 수 있다.

옹암마을(상·하옹) 주택들의 건축 연도를 보면,[7] 19세기 2가구, 1910년대 11가
구, 1920년대 23가구, 1930년대 32가구, 1940년대 34가구가 신축되었다. 마을사람
들의 구술에 의하면 일제강점기에는 지금의 하옹마을에는 집이 없었고 당산 쪽에 집

이 10여 채 있었으며, 충남선(1923년 개통)의 철로를 준설하기 위해 석포 앞에 제방을 쌓기 전까지 석포마을 앞까지 바닷물이 들어 왔었다고 한다. 또한 "해방 전후시기에 오창석 씨 집 바위에서 낚시질을 하였고,[8] 1952년까지 마을회관 옆에 배를 대었으며, 옹암장(3·8장)은 물때에 맞춰 형성되었다가 사라지는 반짝장이었다. 혹은 광천장 전날에 섬사람들이 가지고 들어온 물건은 그날 거래되었다. 정시장은 아니었지만 섬사람들이 가져온 물건을 옹암에서 팔고 하룻밤 자고 광천으로 장을 보러 갔다"는 이야기를 종합해 보면 하옹마을이 형성된 시기는 1960년대 이후라고 볼 수 있다.

또한 마을 주민들의 형성은 딱히 어느 시기로 한정할 수는 없을 것 같다. 그것은 옹암에 사는 사람들은 터를 잡고 거주하는 사람들이 아니라, 일거리와 돈을 찾아 모여든 사람들이다. 이들 중 돈을 번 사람들은 나가고, 다시 다른 사람들이 찾아드는 일

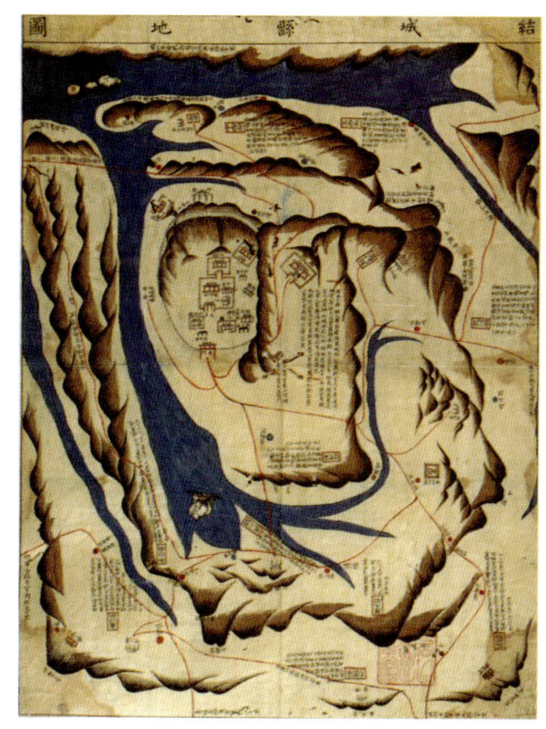

1872년 결성현 지도. 옹암포구의 모습과 당시 광천면지역까지 바닷물이 들어 왔음을 알 수 있다.

이 일상적이었기 때문이다. 이렇게 옹암의 주민 이동은 부단히 이루어져오다가 갯고랑이 막혀 포구로서의 생명을 잃게 되면서 포구와 관련된 일에 종사하였거나 경제기반이 없는 사람들은 떠나고 현재 마을사람들이 남아서 새우젓 가공을 특화하여 새우젓 장사를 하고 있는 것이다. 따라서 마을사람들 가운데 3대 이상 독배에 살아온 가구는 얼마 되지 않는다.

지금까지 내용을 종합해 보면 18세기 말까지 광천읍 소암리, 덕정리까지 선박 출입이 자유로웠고, 19세기 들어 광천이 더 이상 포구의 기능을 할 수 없게 되면서 옹암포가 광천의 문호 역할을 하게 된 것이다. 그후 옹암장은 19세기 전반에 개설되었고, 19세기 중후반에 소멸되었다가 다시 1907년에 다시 개시되었다. 그리고 1928년부터는 옹암어시장이 매일 개시되었으며, 1929년부터 1970년까지 보부상 옹암 임소가 설치되기도 하였다.

또한 정확히 어느 시기부터인지는 알 수 없지만(옹암장이 재개시되는 1907년부터로 추정) 옹암장은 광천장 안날(3·8일)에 배 닿는 곳과 옹암리 일대에서 형성되었다. 그후 옹암포는 광천이 군산의 개항과 철도 개통으로 충청남도 상업 중심지로 부상하면서 포구로서, 광천의 문호로서 전성기를 맞이하였다. 즉 옹암포구의 흥망성쇠는 광천의 그것과 궤를 같이 한다.

옹암포의 제1전성기 : 일제강점기

일제강점기 홍성의 주요 시장은 홍주, 광천, 용호, 상촌 등이었는데 그 중 광천장은 예로부터 예산 이남의 거점시장으로 물화가 집중되고 또 서울 – 장항간 철도인 '충남선'이 개통된 후 수륙의 교통편을 모두 구비하여 발전하였디. 그리하여 소선시대 번성을 누리던 결성 성호리 포구는 충남선, 장항선의 철로 개통으로 성호리 중심의 상권이 점차 철길을 따라 옹암포와 광천으로 옮겨 오면서 광천과 옹암포가 성황을 이루게 되었다.

일제강점기 광천을 중심으로 한 홍성은 경제거래관계상 지역별로 군산의 세력권과 인천의 세력권으로 구분된다. 천안으로부터 홍성을 경유하여 연안으로 나가 군산을 통하는 도로를 간선으로 하여 남부 광천, 대천, 서천의 연안지방은 군산의 상세 범

위에 속한다. 이렇듯 광천은 충청 서해안 지역 물류의 대표적 거점 역할을 하게 된 것이다.[9]

광천장에서 거래되는 품목은 보령, 남포, 오천, 청양, 홍주, 예산, 정산, 대흥, 해미의 각 지방에서 온 것으로 가장 큰 거래지역은 인천, 군산이었고, 특히 쌀은 군산으로 대두는 인천으로 보냈다.[10] 이 지방에서 생산하는 대두는 '광천대두'로 이름이 나 있다. 이처럼 광천은 인접군으로 이입되는 미곡의 중간집산지 역할을 하였다. 그 결과 광천장의 미곡 분배 여하에 따라 오천군 등 인접 도서지역이 크게 영향을 받았다고 한다.

옹암리는 포구지역으로 각종 선박의 출입이 끊이지 않던 지역으로 옹암 장시는 1907년에 다시 개시 되었다.[11] 일제강점기 초기 조선총독부 농상공부 간행 자료에 의하면 매년 3월부터 9월에 이르는 기간에는 하루에 7, 8척 정도 선박이 왕래하였고, 봄과 가을에는 수출입 관계로 일본 어선까지 수시로 왔다고 한다. 당시 옹암포의 모습을 『한국 수산지』(1910)와 일제강점기 초기 조선총독부 상공부 자료를 바탕으로 그려보자.

옹암리에는 호구 100여 호에 인구 370여 명이 거주했고, 선박 출입이 잦아 주막 20여 호, 잡화상 6~7호, 객주 1호 등이 있었으며 광천·결성 및 서해안의 산물이 집산되던 곳이었다. 일본 어선도 출입했으며, 이입품은 포목, 석유, 도기, 토기, 어류, 기타 잡화 등이었고, 이출품은 콩, 잡곡, 쌀 등이었다. 옹암리의 매매거래는 미곡, 어물, 면포가 주종을 이루었다. 옹암포에는 미곡 거래자 사이에서 두량(斗量)을 하는 자도 있을 정도로 옹암포 장시에 거래되는 미곡의 수량이 많았고 주로 군산으로 보내졌다고 한다.

봄, 가을 어업 성수기에 옹암포는 인근 각 도서로부터 어물이 입하되어 어류의 1년 매출고가 약 3만 원에 달하였다. 선어는 매년 3월부터 5월에 이르는 기간에 가장 많이 들어오는데 그 중 조기가 가장 많았다고 한다. 명태는 주로 7월부터 이듬해 2월에 이르는 사이에 가장 많이 들어왔다. 이외에 소금에 절인 고기, 젓어, 해조류 등이 거래되었다. 이 시기 객주는 3명 정도 있었는데 이들은 중선배를 몇 척씩 부리고 조기를 절여 말려서 엮어 팔기도 하였다. 이렇게 옹암포로 모여든 해산물들은 보부상들

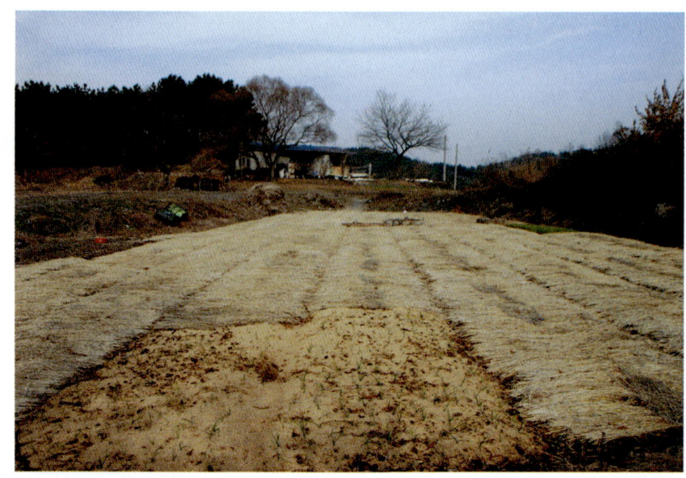

도야광산 전경

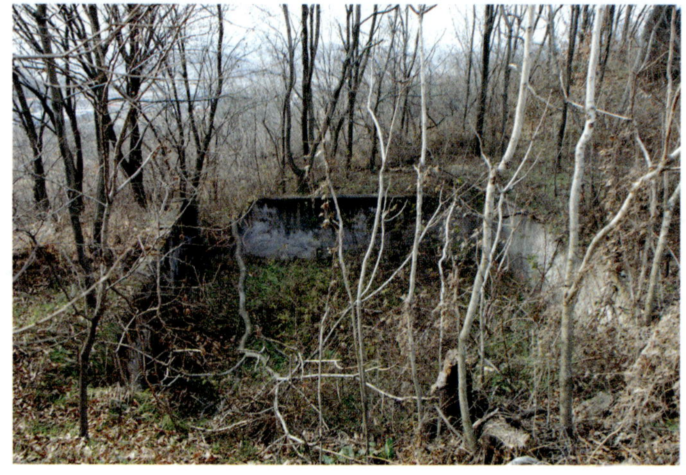

도야광산 흔적

에 의해서 팔려 나갔다. 그리하여 옹암포 어시장은 1928년부터 매일 개시(開市)되었고 언제부터인지 모르지만 6·25전까지는 야시(夜市)까지 있었다고 한다.

또한 당시는 오서산 일대에 금광업이 붐을 이루었는데 광천 일대도 예외는 아니어서 석포리와 옹암리에도 광산이 있었다. 옹암리에 있었던 광산의 소유주는 일본인 '도야(都野)'로 마을사람들은 그 광산을 '도야 광산'이라고 부른다.[12] 도야 광산으로 인해 옹암리는 광산 노동자들까지 들어와 살거나 출입하게 되었다. 현재 마을에는 폐광과 도야가 살던 집과 다이너마이트 창고가 남아 있으며 금제련소(마을사람들은 금방앗간이라고 부른다) 터도 남아 있다. 당시 광산 노동자들은 인근 마을에 거주하는 사람들이거나 광산에서 일하기 위해 옹암으로 이사해 오기도 하였다.

옹암포의 제2전성기 : 1950년대~1960년대

1950~1960년대는 옹암리가 포구로서 제2의 전성기를 맞은 시기이다. 그러나 이 시기는 토사의 유입과 조류의 영향으로 배를 정박시키는 곳이 점차 보령군 청소면 의식마을로 옮겨간 시기이기도 했다. 마을사람들의 기억으로는 1950년대 초반까지는 현재의 마을회관이 있는 곳에 배를 댔다고 한다. 그후 갯고랑에 토사가 쌓이고 조류의 영향으로 뱃길이 어려워지면서 배 대는 곳은 서서히 보령 의식마을 쪽으로 이동하였다. 즉 현재 교회자리에 잠깐 배를 댔다가, 1960년경부터 사리 때는 옹암포, 조금 때는 의식마을에 배를 대기 시작했으며, 이후 점차 의식마을에 배를 대게 되었던 것이다. 당시 의식마을의 배 대는 주변에는 주막과 검문소는 물론이고 상가가 조성되어 있었다. 그리고 홍성 어업조합이 이곳에 설립될 정도로 번성하였다. 현재 그곳에는 뱃머리를 묶어 두었던 초석과 검문소 건물, 어업조합 자리가 남아 있어 옛날 번잡했던 포구를 연상케 한다.

그러나 비록 부두(埠頭)는 의식마을로 내려갔지만, 옹암리는 여전히 장 보러 온 도서지역 사람과 외지에서 온 장사꾼, 일당 일을 찾아 온 사람들로 북적였다. 그것은 의식마을 부두 주변에는 주막만 있을 뿐이고, 포구 기반 시설이 없었기 때문에 옹암리로 와서 숙박하고 광천장을 보러 갔기 때문이다. 이러한 현상은 1970년대 중반 배 대는 곳이 오천으로 옮겨 갔을 때도 그러하였다. 광천장을 보러 오는 도서지역 사람들은 오천에 배를 대 놓고 버스를 타고 옹암리로 와서 숙박을 해결하고 광천장을 보러 갔다고 한다.

1960년대 후반에 옹암포에 배가 들어오지 않게 되자 갯벌을 부지로 북돋는 사업을 하였다. 정부에서 마을사람들에게 갯벌을 평당으로 품삯을 계산하여 주고 부지를 조성한 것이다. 이렇게 조성된 부지는 도유지로 있다가 개인에게 불하되었다고 한다.

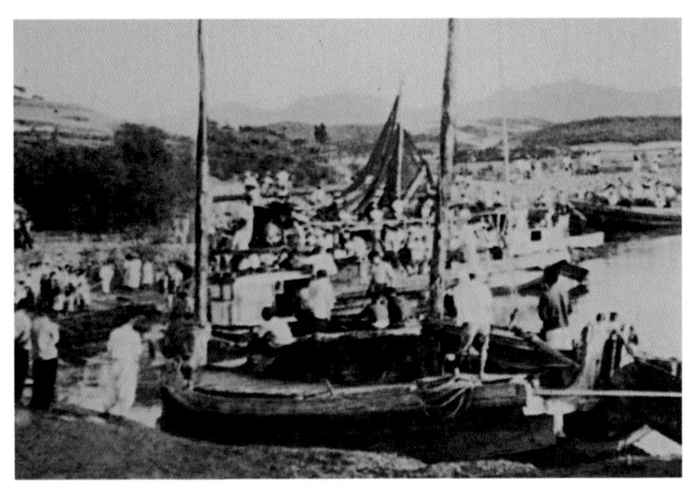

1960년 의식마
을 배대는 곳(최
종돈 소장사진)

　1960년대 제2의 전성기 시절 옹암리에는 크고 작은 객주가 10여 개 있었다고 한다. 객주는 판로가 없는 섬사람들의 해산물을 받아 팔아주는 중간상 역할과 어업 자금을 빌려주는 역할을 하였다. 객주의 규모와 종류는 다양하였다. 당고(절임 탱크)의 규모에 따라 객주의 사업 규모가 달랐고, 종류는 선어물, 건어물, 과일 등 취급품목이 다 달랐다고 한다. 이들 객주는 옹암포가 폐쇄되고도 1980년대 초반까지 존재하였었다고 한다.

　한편 옹암포는 도서지역 해산물 집산지로 서해안 일대의 배들이 들어와 하역작업 일이 많기 때문에 하역 노동자들이 많았다. 그리하여 1950년대 후반 경에 부두 노조를 결성하였다. 이때는 노동조합이 정식으로 인가를 받고 간판을 내걸지 못하였고 3년 후(다른 분은 1967~1968년 사이라고 함)에 전국 항운노조 장항지부 광천분회를 조직하였다. 재정비한 항운노조 광천분회는 대천, 오천을 포함한 것으로 노조원이 대천, 오천까지 파견을 나갔다. 그리고 노조원은 산재보험, 의료보험 혜택을 받게 되었고, 회원은 70~80명 정도였으며 70년대에 회원이 가장 많았다고 한다. 노동조합 조직은 분회장 – 부회장 – 총무(1명) – 작업반장(1명)이었다. 노동조합장(분회장)은 고세철 씨와 황금산 씨가 역임하였다.

노조원에 가입하고자 할 때는 조합에 먼저 들어 간 사람이 보증을 해줘야 들어 갈 수 있었다고 한다. 안장날(옹암장) 배가 들어 올 때에는 구역별로 조(10명씩 8개조)를 편성하여 노동력을 배치하였다. 당시 하역 노동자의 일당은 성과급으로 자신이 속해 있는 조가 일을 한 만큼 받았다. 또한 이때 하역일에 종사하는 사람 중에는 비조합 노동자도 있었다. 그렇지만 거의 같은 마을에 사는 사람들이어서 강압적으로 일을 하지 못하도록 하지는 않았다고 한다.

하역일은 주로 새우젓 통을 나르는 일이었는데 새우젓 통은 목도로 날랐다. 목도 기구는 목도집게와 목도채가 있는데 목도집게는 옹암리 대장간에서 개발 제작한 것으로 다른 지역에도 나누어 주었다고 한다. 목도로 새우젓 통을 나를 때에 목도소리를 하는데 이것은 발을 맞추기 위해서다. 4명이 한 팀이 되어 전(前)소리, 후(後)소리를 매겨가며 발을 맞추어 날랐다고 한다.

옹암 하역노조는 배가 들어오지 않게 되자 물동량이 적어 일거리가 없어지면서 생계유지조차 힘들게 되어 1989년에 해체되었다. 해체될 무렵까지 남아 있던 노동자는 5~6명에 불과하였다. 지금은 젊은 사람들 몇몇이 다시 노조를 결성하여 새우젓 통을 나르는 일을 맡아 하고 있다.

옹암포의 쇠퇴기

옹암포는 조수간만의 차이가 커서 배가 들어와 하루를 묵어야만 물 때를 만나 다시 나갈 수 있었다. 이러한 여건 때문에 도서민들이 광천과 옹암포에 머무는 시간이 많아져 광천과 옹암포의 경제가 활발하였던 것이다. 옹암포의 쇠퇴는 옹암포가 더 이상 포구로서의 기능을 하지 못하게 되면서 비롯되었다.

옹암포에 배가 들어 올 수 없게 된 이유는 여러 가지가 있다. 그 중 하나가 중앙대 총장을 역임하였던 임영신(1899~1977) 씨가 학교 운영을 위하여 옹암리 갯고랑에서 사금채취 사업을 벌인 것이다. 임영신 씨는 일찍이 1957년 영왕산업주식회사를 설립하여 유엔 한국재건기구(UNKRA)의 원조사업으로 들어온 바켈라인식 채금 선박으로 해저 15m를 준설하여 뻘이나 모래에 섞인 사금입자를 흡수함으로서 얻어진 금을 제련하여 돈을 버는 사업을 시작한 바 있다. 임영신 씨는 1962년에 '삼응광업소'로 이름을 바꾸고, 옹암리 앞 갯벌에서 사금을 채취하였다. 이때 사금을 채취하면서 갯고랑을 파헤쳐(?) 뱃길이 나빠지게 되었다. 그리고 선창 위쪽에서 산사태 등으로 토사가 유입되어 갯고랑이 메워지게 된 것이다.

또 다른 이유는 1970년 12월에 태안반도와 안면도 사이의 연륙교가 개통되면서 안면도 사람들이 서산장을 보러 다니게 되었다. 그리고 동력선이 보편화되면서 안전하게 대천항으로 입항이 가능해졌고 대천항에서 대천장으로 시내버스까지 다녀 섬사람들은 이제 옹암에서 하루 묵고 광천장을 보는 불편을 겪지 않고 대천장으로 당일치기를 할 수 있었던 것이다. 이러한 영향으로 옹암포가 쇠퇴하기 시작하여 육군상무우사에서 1971년에 옹암 임소를 철수하였던 것이다.

1960년대 후반에 의식마을에 있던 진양조선소가 옹암리의 현재 교회 자리로 옮겨어선 건조 사업을 하였다. 1971년에 정부는 어촌 선진화 계획을 수립하여 1년에 40척의 어선 건조비를 지원해 준 바 있다. 이 어선 건조 사업은 옹암포에서 시행되어 김충길 씨가 배 목수 감독으로 있으면서 40척의 어선을 건조하였다

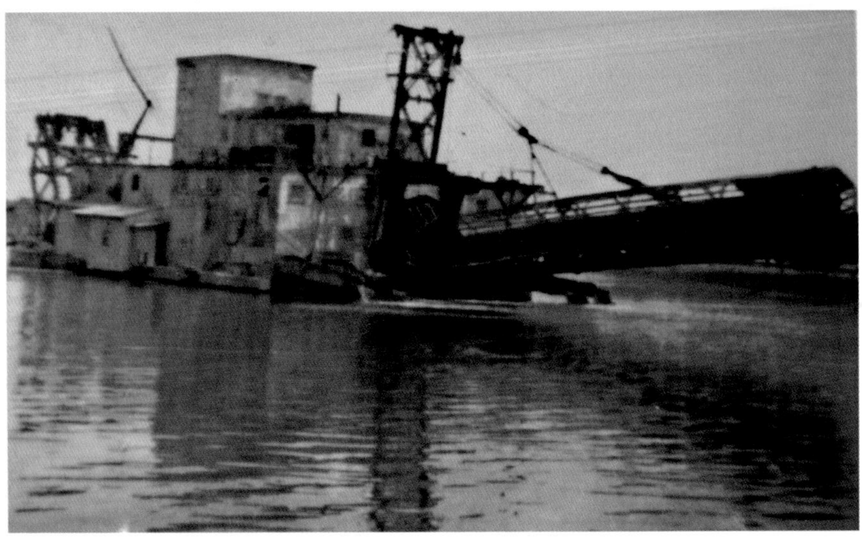

1960년대 사금채취선(최종돈 소장사진)

앞에서 말했듯이 이 시기에 조수간만의 차이로 배 대는 지점이 점점 옮겨져 1970년대 중후반까지 도서지역 사람들은 오천에 배를 정박해 놓고 버스를 타고 광천장을 보러왔었다. 그런데 옹암포 일대의 기반시설 변화(갯고랑이 막혀 배가 들어오지 못하는 상황)와 연륙교 개통(1970년), 대천항의 안전한 입항 등 주변지역 시설의 변화로 인하여 서서히 서산장이나 대천장으로 장을 보러 다니게 되었다. 결정적으로 보령방조제 물막이공사(1997년)로 도서지역의 장배와 고깃배가 들어오지 않게 되면서 옹암리의 경제는 물론 광천의 경제사정까지 침체되었다. 이에 따라 옹암리 사람들의 생업형태는 바뀔 수밖에 없었다. 길가에 즐비하게 늘어서 있던 술집, 밥집, 여관, 어구 수리점 등등의 일에 종사하던 사람들은 하나 둘 떠나고, 남아 있는 사람들은 안정적인 생계수단을 찾아야 했다. 그것이 바로 새우젓의 숙성과 유통이다.

독배마을의 변신 : 토굴 새우젓 마을로 특화

원래 새우젓은 조랭이(조쟁이, 항아리)에 저장하는데 여름에 부패하여 고랑젓이 되는 경우가 많았다. 이 고랑젓이 생기지 않는 방법을 고민하다가 윤병원(만길) 씨가 시험적으로 금광 폐광에 새우젓을 넣어 보았다. 즉 새우젓을 금광 폐광에 넣었다가 김장철에 가보니 잘 숙성되어 있었다. 그리하여 토굴을 개발하게 된 것이다.

1960년대에 처음으로 윤병원 씨가 토굴을 판 이후에 토굴의 효험을 체험한 마을 사람들은 토굴을 파기 시작하였다. 토굴은 돌이 많고 물이 많이 떨어지는 곳이 좋은 것인데 이러한 토질을 잘 고른 다음 기계의 힘을 빌리지 않고 순전히 사람의 노동력으로만 팠다고 한다. 그 당시에는 인건비가 싼 편이라 인력으로 토굴을 팔 수 있었지만 지금은 인건비가 너무 비싸서 토굴을 새로 파는데 채산성이 맞지 않는다고 한다. 현재 노인정 뒤에 있는 마을 공동 토굴은 1960년대 이후에 개인이 판 토굴이었는데, 이를 1970년대 후반에 정부 지원금으로 마을 공동 토굴로 매입하여 개보수한 것이다. 옹암리의 토굴은 타 지역에까지 그 효험이 알려지면서 다른 지역에서 사업하는 사람들의 새우젓까지 넣어 두게 되었다. 이렇게 시작된 새우젓의 가공과 유통, 도·소매 사업은 현재 광천-보령 간에 국도변에 새우젓 판매상들이 대규모로 입지하여 또 다른 옹암리 가촌이 형성되었다.

이상과 같이 옹암포의 흥망성쇠는 배대는 지점의 변화로 알 수 있다. 옹암포의 배대는 지점은 1952년까지 현재의 마을회관 앞이었다. 그 이후 현재의 교회 있는 곳으로 물러나 얼마 안 있다가 1960년경부터는 보령 의식마을로 서서히 옮겨갔다. 각 지점에 배를 대던 상황에서도 조류의 영향으로 조금과 사리 때에 배 대는 지점이 달라졌다고 한다. 사리 때 옹암포, 조금 때 의식마을이던 것이 사리 때 의식마을, 조금 때 진구비로, 사리 때 진구비, 조금 때 오천으로 차차 옮겨지다가 보령 방조제물막이공사로 완전히 폐항하게 된 것이다.

마을사람들의 삶과 기억

옹암포의 전성기를 살아 온 마을사람들이 기억하는 옹암포의 분위기는 마을은 항상 배와 사람들로 북적댔고, 돈이 많이 돌았으며 사람들이 바쁘게 움직였다는 것이다. 또한 옹암리는 사람들의 입출입이 잦았다. 즉 일거리를 찾아 들어 와 돈 벌기 위해 잠깐 머물렀다가 돈 벌어 다시 나가는 그런 마을이었다. 주민들 표현으로 '봄에 들어 왔다가 가을에 나가는 동네'였다고 한다. 따라서 마을에는 4대 이상 살아온 토박이를 찾기가 어렵다. 여기서는 마을 어른들의 기억을 통해 최근 100년간의 마을사람들의 삶의 자취를 살펴보기로 한다.

일제강점기

일제강점기 옹암리는 현재의 마을 형태가 아니라 바닷물이 깊숙이 들어와 배를 대던 포구로서, 현재의 하옹에는 당산 부근의 10여 채 가옥 외에는 집이 없었다고 한다. 일제강점기 초기의 옹암리는 인구밀도가 높은 편은 아니었으나 일제강점기 말(1930~40년대)부터 상주인구뿐만 아니라 유동인구도 증가하였다. 그리하여 가옥이 주로 지금의 상옹마을에 빽빽이 들어차 있어 골목길은 사람들이 겨우 비켜날 정도였다고 한다. 이때 마을에는 서해 도서지역에서 물건을 팔고 사러 오는 사람, 장배로 들어온 물건을 광천장으로 나르는 구르마를 운행하는 사람, 배에서 하역 작업을 하는 노동자들, 생선이 들어오면 엮는 사람, 이를 이고지고 팔러 다니는 사람, 술집, 밥집, 여관 등으로 지금의 마을모습과 전혀 다른 일거리와 사람들이 있었던 것이다.

그리하여 옹암리 사람들은 선술집, 기생집을 운영했다는 것이 전혀 부끄러운 과거가 아니라 '어머니가 선술집을 해서 그 집은 먹고 살만했다'는 식의 잘 살았던 과거로 인식하고 있다. 또한 일제강점기에 대한 기억도 일본의 압제로 살기 어려웠다는 식민지 백성의 한탄이 아니라 그때 옹암리는 '좋은 시절이었다'는 향수어린 추억으로 남아 있다.

이러한 옹암포의 '좋은 시절'을 보냈던 마을사람들의 기억에는 일제에 의해 행해졌던 부인들의 훈련도 옹암리가 좋은 시절이었음을 반증해 주는 추억으로 자리하고 있다. 일제는 각 마을의 부인들을 덕명학교 운동장에 모여 제식훈련을 시켰다. 당시 훈련에 참가했던 편씨 할머니는 "각 마을에서 모여 든 부인네들 가운데 옹암리 부인들의 행색이 제일 좋았고 훈련도 잘하였다"고 말한다. 이에 비해 인근 농촌마을 부인들의 행색은 형편없었고, 똘똘하지 못하여 훈련도 잘 하지 못한 것으로 기억하고 있다. 당시 훈련에 참가하였던 옹암리 부인들은 100여 명 정도로 많았고, 훈련에서도 1등을 하였다고 한다. 또 옹암리 부인 가운데서 잘 하는 부인들만 모아 옷배미(의식마을)와 옹암리의 경계에 있는 너른 공터에서 따로 훈련을 받기도 하였다고 한다. 부인들은 훈련을 위해 머리는 까미(?)하고 검정 몸뻬 바지에 흰 블라우스를 만들어 입고 다녔다. 이때 처음 몸뻬를 입었다고 한다. 훈련은 여름에서 가을까지 낮에 할 때도 있었는데 주로 저녁에 훈련을 받았다. 훈련은 시루대(?)가 나와서 시켰는데, 시루대가 머무를 숙소가 없어 방 2칸 있는 집은 무조건 한 칸씩 시루대에게 빌려줘야 했다.

1950~60년대

독배마을 사람들에게서 한국전쟁의 시작은 광천철교 폭파로 각인되어 있다. 광천철교 폭파는 광천의 우익세력이 노야 광산에서 쓰고 남은 화약으로 폭파했다는 설과 미군이 공중에서 폭탄을 투하하여 폭파했다는 설이 있다. 광천철교 폭파로 인민군들은 조랑말로 무기를 싣고 도보로 내려갔다고 있다.

인공시기의 독배마을 역시 인민위원회, 여성동맹, 청년단 등 각종 조직이 구성되어 몇몇 주민이 이에 참여하였다. 청년단은 도야가 살던 집에 간판을 붙이고 사무실로 사용하였다. 옹암리의 좌익세력 가운데에는 옹암사람도 있었고, 다른 지역 사람이 와서 활동하기도 하고 교사였던 사람도 있었다. 당시 민청단 조직부장은 심** 씨였는데, 그는 후에 광산으로 피신해 살다가 1·4후퇴 후에 마을로 돌아왔고, 정보부의 감시를 받으며 살다가 외지로 떠났다고 한다. 여맹위원장은 당시 어업조합 이사였고, 약방을 운영하면서 마을 유지로서 젊은 사람들이 많이 따랐던 사람의 부인이었다. 좌익으로 행방불명된 송** 씨는 일찍 좌익사상에 경도되어 있었고 높은 직책을 맡았었다.

인공기 마을 청년들은 좌익세력들이 참여할 것을 종용하고 부역에 나오라고 하여 이를 피신하기 위해 장사를 다녔다고 한다. 박** 씨는 아버지가 객주사업을 하여 경제적으로 여유가 있었지만, 새벽 일찍 천북면 하만리, 은하면 대판리 등지에서 무명을 사서 짊어지고 장항선을 타고 군산으로 팔러 갔다. 군산에서는 문종이를 사와서 천북과 은하를 다니면서 장사를 하며 돌아다녔다고 한다. 이렇게 장사를 하며 돌아다녀 좌익의 부름을 피할 수 있었다고 한다. 그리고 김** 씨도 좌익세력들의 종용을 피하기 위해 새벽에 소금장사 하러 나가서 밤늦게 들어왔다고 한다.

한편 우익진영의 조직으로 대한청년단이 있었다. 대한청년단은 해방 이후 조직되었고 박** 씨가 대한 청년단 옹암의 총무격인 직책을 맡아 총괄하였다.

한국전쟁 이후 1950년대 초반에 광산 바람이 불었다. 이득업 씨 아버지는 담산리와 도야 광산 밑에서 10여년 가까이 광산을 운영하였고, 이흥길, 황금산, 박성직 씨 등은 1960년대 광산을 운영하였다. 그리고 1962년 삼응광업소의 사금채취 사업이 있었다.

이렇듯 1960년대 옹암리는 도서지역 어선과 장배가 정박하는 포구로서 금광업, 사금채취로 돈과 사람들이 들끓었다. 당시 옹암리는 200호 정도가 살았는데 이 가운데 1/3은 집이 없어 곁방살이하였고 상·하옹에 이장이 별도로 있었다. 그리고 당시 독배 왈패, 깡패들도 있었고 광천 깡패들까지 옹암리로 내려와 섬사람들과 힘없는 사람을 괴롭혔다고 한다. 이러한 시절 옹암포와 도서사람들과의 관계를 둘러싼 많은 이야기들이 있다. 당시에는 섬 지역에 사는 사람들은 광천장을 보러 와서 조류의 영향으로 옹암포에서 하루를 묵어야 했었는데, 문제는 잠자리 해결이었다. 그래서 섬사람들은 옹암리에 친분이 조금 있는 사람이나 친절한 사람에게 하룻밤을 기대고자 하였다. 이에 반해 옹암리 사람들은 섬사람들이 하룻밤 신세지러 오면 가라고 할 수도 없고 난감하였다고 한다. 이점은 섬사람들에게 옹암리 총각들이 일등 신랑감이었던 이유 중에 하나이다. 그러나 옹암사람들은 육지에 사는 사람과 혼인하고자 하였고, 이에 반해 육지에서는 독배로 시집가면 장사만 한다고 꺼려하였다고 한다. 이렇게 서로에 대한 기대치로 통혼하고자 하는 지역이 달랐던 것이다.

또한 섬사람들은 가을에 고기가 많이 안 잡혀 생활이 어려워지면 아쉬운 소리를 하러 육지로 나왔고, 반면에 봄에는 물산이 풍부하여 육지로 나와서 아쉬운 소리를 하지 않아도 되었다고 한다. 이로 인해 당시 옹암리 사람들을 두고 "봄 잡놈!! 가을 아저씨!!!"라는 말이 있었다고 한다.

이렇게 옹암포가 한창 성황을 이루었을 때 얘기되었고 지금도 회자되고 있는 옹암마을을 둘러싼 다음과 같은 말이 옹암포가 얼마나 번성하였었고 유동인구가 많았었는지를 알려준다.

"옹암리는 봄에 들어왔다가 가을에 나가는 마을이었다."

"봄 잡놈!! 가을 아저씨!!!"

"독배에 시집 못가는 이년의 팔자!!"

새마을운동기

박정희 대통령은 5·16군사 쿠데타 직후부터 재건국민운동을 벌였다. 이 운동은 1961년 6월부터 용공사상의 배격, 내핍(耐乏)생활을 할 것, 근면정신의 고취, 정서관념의 순화 등의 7개항을 내걸고 이에 기초한 여러 가지 사업을 추진하였다. 6월 30일 재건국민운동은 시·군·구·읍·면 촉진회 회칙과 이·동촉진회 회칙을 제정, 시달하여 지구조직활동을 펼쳤다.

이에 옹암리에서도 촉진회가 조직되었는데, 마을 청년들로 구성된 봉사단체로 당시 옹암리 서기 일을 보던 김영순 씨가 촉진회장을 맡았고, 회원은 20여 명 되었다. 촉진회에서는 야학을 운영하였고 주변을 청소하였다. 그리고 읍사무소 촉진회에 가서 교육을 받기도 하였다. 야학은 리사무소에서 한글을 가르쳤다. 교사는 박정일, 이득업 씨 등 청년회 회원들이 교대로 맡았고 주로 부인들, 아가씨들이 와서 배웠다. 촉진회가 해체된 이후 10여 년 동안 마을에는 청년회가 없었다고 한다.

이후 옹암리에도 4H운동이 시작되었다. 4H는 Head(知), Heart(德), Hand(勞), Health(體)의 약칭으로 우리나라는 초등학교를 졸업한 13세~29세를 대상으로 하였다. 4H운동은 우리나라에 일찍 전파되었으나 마을 단위로 조직, 활동하게 된 것은 60~70년대이다. 1970년대 마을 입구에는 네잎클로버에 지·덕·노·체를 쓴 4H회 마을표지석이 어김없이 세워져 있었다. 옹암리에도 부상감의비 옆에 4H운동 표지석이 세워져 있다.

옹암리에 4H가 조직된 것은 1960년대 중반으로 회원은 남녀 30여 명이었다. 회원들은 코스모스 길도 조성하고 해바라기를 심는 등 마을 가꾸기 사업을 하였다. 그러나 옹암리 마을의 특성상 주민들이 터 잡고 살아온 뿌리가 약하고 상업이 발달하여 개인주의가 발달하여 4H 활동은 활발하지 못하였다. 다만 회원들이 1년에 2번 정도 모여 회의를 하였고 특별한 활동은 펼치지 못하였다. 그것도 창립회원들이 군대 가고 시집간 이후로는 없어지고 말았다.

이렇게 옹암리 청년들의 4H활동은 유야무야 지나갔고 뒤이어 새마을운동의 열기가 찾아왔다. 새마을운동은 강한 정부 시책이고 실질적인 사업 효과가 발생하였기 때문에 어느 정도 주민들의 호응을 얻을 수 있었다. 1970년대 초반은 이미 옹암포에 배가 들어오지 않고 간혹 사리 때 여러 날 정박할 배만 들어오는 상황이었지만 여전히 옹암리에 물산이나 유동인구가 많았다. 이때 불어 닥친 새마을운동은 옹암리 마을사람들에게 어떻게 다가왔을까? 마을사람들의 구술에 의하면 당시 옹암리가 잘 나가던 시절이어서 새마을운동에는 큰 기대를 하지 않았다고 한다.

새마을사업은 도로작업, 가옥철거, 지붕개량(초가 → 슬레이트), 빨래터 조성, 하수도 건설, 경지정리, 사방공사(나무심기) 등 다른 마을과 다름없이 주민들의 부역으로 일을 완수하였다. 부역이 있는 날 아침에 종이나 징을 울려 집합을 알렸으며 한 달에 7일정도 부역을 나와 새마을사업을 하였다. 불참한 사람들에게는 다른 방법으로 부역을 시켰으므로 대부분의 주민이 참여하였다.

옹암포와 보부상

보부상은 보상과 부상을 합하여 부르는 말로 고대사회 이래 상품집산지에서 구입한 일용 잡화물을 지방의 시장을 돌아다니면서 소비자에게 판 행상인(行商人)를 말한다. 보부상은 판매방식과 취급물종 등의 차이에 의해 보상(褓商)과 부상(負商)으로 구분된다. 보상은 상품을 보자기나 질빵에 싸들고 다니면서 지방 각 장시와 포구를 돌아다니며 물건을 파는 상인으로 일명 '봇짐장사', '항어장사'라 하며 부피가 작고 가벼우며 특정지역의 물품이나 비교적 값진 물건으로 직물·귀금속류와 잡화류를 취급하였다. 이에 비해 부상은 상품을 지게에 얹어 등에 지고 다니면서 판매하였으므로 '등짐장사'라고도 하였는데 가격이 비교적 헐한 물건을 팔았다. 부상은 주로 생필품을 취급하였는데, 어물, 소금, 통, 무쇠, 토기와 질그릇, 선재물(船載物), 과일 등이었다. 당시 사회에서는 이들을 '장돌뱅이', '선질꾼', '도부꾼' 등 천한 개념으로 불렀다.

보부상들은 개별 유통권과 긴밀한 관련을 맺으면서 활동하였다. 충청남도의 경우 19세기 말 보부상 조직은 크게 ① 예산·덕산·당진·면천, ② 아산·평택·온양·신창, ③ 홍주·결성·보령·청양·대흥·오천, ④ 부여를 비롯한 저산 8읍 등 4개 권역으로 대별되었다. 이 가운데 옹암포구에서 활동하였던 보부상은 홍주·결성·보령·청양·대흥·광천을 유통권으로 장사하였으며 이들의 조직을 '원홍주등육군상무우사'라고 하였다.[13]

보부상과 그 조직

원홍주등육군상무우사(元洪州等六郡商務右社)는 충청남도 서해안변에 인접하고 있는 홍성, 광천, 보령, 청양, 대흥, 결성 등 6군이 중심이 되어 하나의 상권을 형성하며 결성된 상무사 단체이다. 청금록(靑衿錄)에 의하면 철종 2년(1851)에 대흥에 사는 임인손(林仁孫)이 4월 조령(朝令)을 받고 처음으로 접장(接長)에 피선되었다. 당시 홍주, 결성, 보령, 청양, 대흥 등 5읍에 임방(任房)을 개설하고 소임(所任)을 감내할 사람을 택정하여 장시의 여러 업무를 관장케 하였다.

6군 상무사로 시작된 것은 1901년 당시 접장인 최덕주(崔德周)가 전래되어 오는 상무사에 관한 자료를 수집하여 청금록의 수보(修補) 작업에 착수하면서 일부 미비된 기록을 보충·보완하고 강주흠(姜周欽)이 영위(領位)에 취임하여 ‘원홍주육군상무사’로 이름지어 부르게 되었다. 6군상무사는 그후 1907년에 보령이 따로 분거(分去)하여 독자적으로 운영되기도 했으나, 1915년에 다시 합병하여 6군상무사로 이어 오게 되었다.

상무사는 원홍주등육군상무우사 관할 장시인 보령·오천·광천·옹암·홍주·결성·용호·갈산·평촌·화성·옥계·대흥·광시·운곡·청양·사양 등지에 본방공원(本房公員), 문서공원(文書公員), 집사(執事) 등을 두어서 장시의 상황을 살피고 운영하도록 하였다. 즉 상무사가 시장관리권을 가지고 있었다. 상무사는 본소(本所)와 임소(任所)를 두고 있으며 본소는 6군상무사의 임소를 총할하고 임소는 장시가 열리는 지역마다 설치되어 시장을 운영하게 하였다. 상무사의 최고기관은 ‘요중(僚中)’이라 불렀으며 매년 정기적으로 총회를 열었다.

보부상의 활동영역 : 옹암포를 중심으로

상무사는 1923년에 점차 변화해가는 시류에 따라 그 규모가 줄어들고 상호 간에 화목하던 옛 풍습이 사라져가는 것이 아쉬워 상부상조하는 기풍을 진작시키기 위해 상무상조계(商務相助契)를 설립하였다. 상조계는 우선 계원을 모집하여 출자하도록 하고 이를 계의 자본으로 삼았다. 장소는 홍성과 광천에 두어 각 계원의 출자금을 수합하도록 하였으며, 연 1회 수계(修契)하였다. 또한 계원 중에서 제반 사무를 담당할 임원을 두었는데 접장 1인, 서기 1인, 회계 1인을 각각 두고 집사 몇 사람을 선성하도록 하고 있다. 수합된 자금은 연 3할로 식리토록 하며, 만일 계원 중에 애경사가 있을 때는 종이와 촛불로 위로하도록 하였다.

보부상들 중에는 전국을 떠돌아다니면서 결혼을 못하여 자식 없이 사망한 자들이 많았는데, 옹암리 인근에는 이들을 장례지내 주고 제사도 지내 주는 제각(祭閣)이 있었다. 제각은 홍성과 보령의 경계인 보령군 청소면 진죽리의 장항선 철로와 도로에 연해 있는 홍도원(紅桃源)에 있었다. 홍도원은 조덕중이라는 보상의 임원이 평생 모

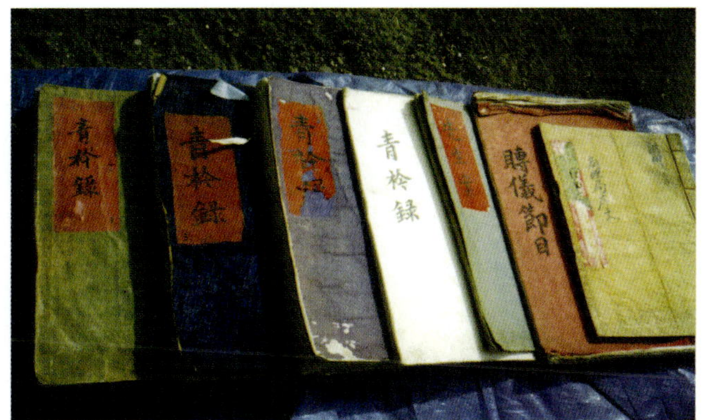

보부상 관련문서(원 홍주등육군상무사 관련 문서와 유품은 중요민속자료 30-4호로 지정이 되어 30-4-1에서 30-4-28까지 있다.(최종돈 소장 사진)

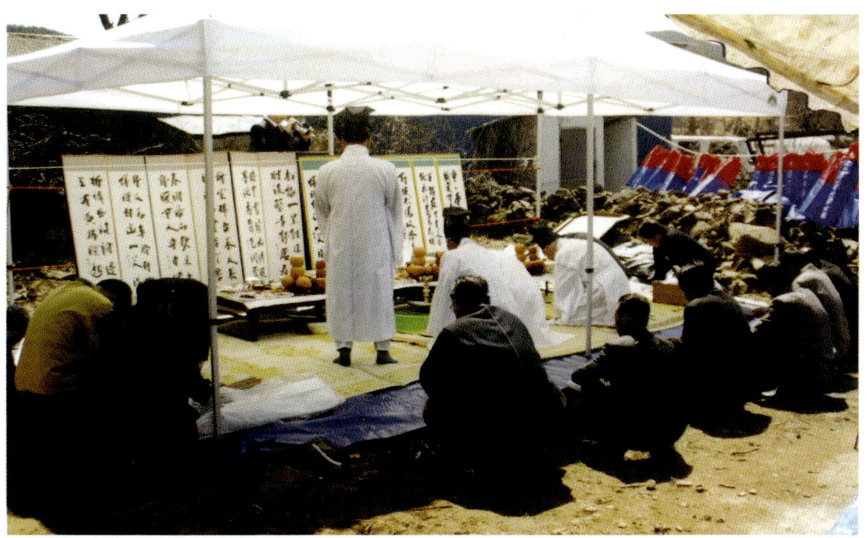

홍도원 제각 앞뜰에서 제사지내는 최근의 모습(최종돈 소장사진)

은 아차산 기슭의 과수원과 논을 기부하여 조성된 것이다. 이곳에서 나는 소출로 보상 중 연고자가 없이 사망한 사람이 있으면 거두어 이 산에 매장하고 전답을 붙여먹는 사람으로 하여금 벌초하는 편의를 제공하도록 하였다. 조덕중(趙德仲)의 이름은

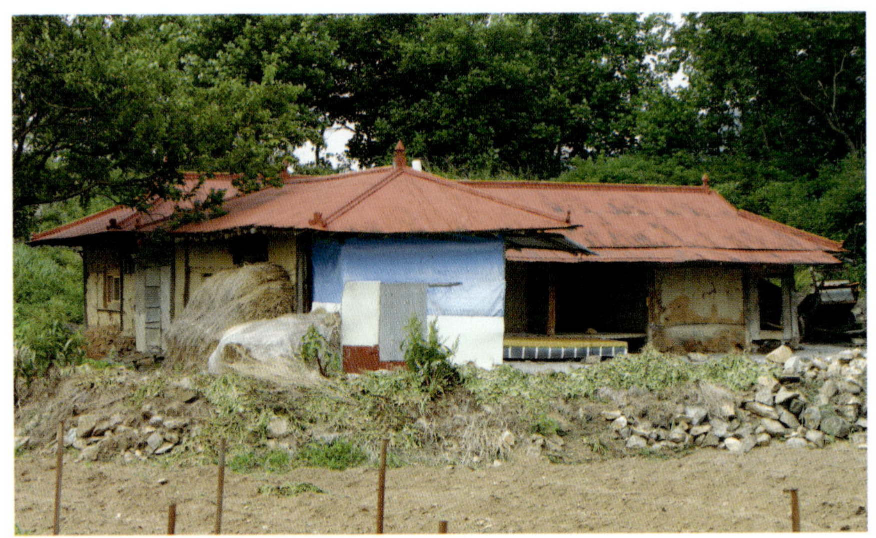

현재 남아 있는 홍도원의 제각 모습(홍도원은 보령시 청소면 진죽리에 위치한다). 이곳은 제사는 물론 보부상들의 임시 숙소 겸 요양소로도 사용되었다. 건물 뒤쪽 산록에 공동묘지가 있다.

조재수(趙在壽)인데 옹암 출신의 보상단 간부였고 덕중은 그의 호이다. 그가 사망한 후에도 홍도원은 계속 유지되었다. 700여 평(원래는 과수원 및 공동묘지로 사용된 산록을 포함, 1만평이라고 전한다)에 달하는 홍도원은 위령비와 2개의 제단을 갖추어 합동제사를 지내고 있다.

1932년 상무사의 접장인 김재고(金在稿)의 홍도원기금중건기(紅桃源基金重建記)[14]에 따르면, 홍도원에는 워래 초즙(草葺) 4동 18간이 있었다고 한다. 이 4동의 초즙은 주막(酒幕), 치료사(治療舍), 관리사(管理舍), 묘직(墓直) 등이었다고 한다. 그러나 현재는 'ㄷ'자형의 건물 중 일부만 홍도원을 지키고 있다. 이 건물 가운데는 제사지내는 곳이고 양 옆은 병자의 요양원과 임시 숙소로 사용되었다고 한다.

이 지역의 보부상들은 매해 한식 때마다 음식을 장만하여 홍도원에 찾아가 제단과 합동위령비에서 선배 보부상들의 제사를 지내곤 했고, 기타 명절에도 자주 찾았다고 한다.

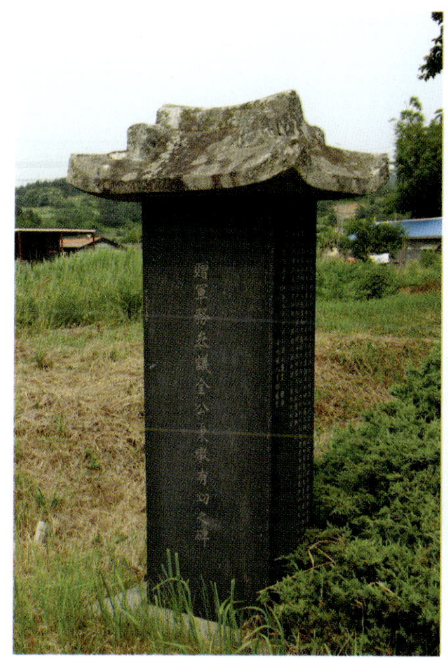
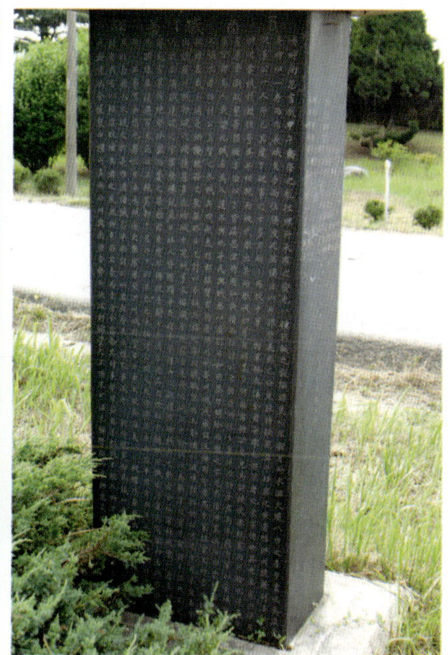

부상감의비 앞면   부상감의비 후면

　　한편 옹암리에는 '부상감의비(負商感義碑)'가 세워져 있다. 이 비는 1894년에 이 지역 일대의 보부상들이 동학농민군 토벌 전투 과정에서 숨진 부상반수(負商班首) 김병돈(金秉暾, 1842~1895)과 보부상들을 기리기 위해 1896년에 세운 비이다.

　　부상감의비는 말 그대로 '부상의 의로움에 감사하는 비'이다. 검은 대리석으로 된 비문의 전면에는 '증군무참의김공병돈유공지비(贈軍務參議金公秉暾有功之碑)'라 씌어 있고 후면과 우측면에 상세한 비문 내용이 있다. 후면 상단에는 부상감의비라 각인되어 있고 좌측면에는 기념비 설립에 참여한 이 지역 부상 간부진과 당시 전투에서 김병돈과 같이 사망한 이종욱(李鍾旭), 박정연(朴定連), 서봉우(徐奉祐), 양성학(梁聖學)의 이름과 설립 일시가 새겨져 있다. 이 비는 1896년 음력 4월 29일에 세워졌고 이설(李偰, 1850~1906)이 비문을 짓고 이석범(李錫範)이 글씨를 썼다.[15] 이 비

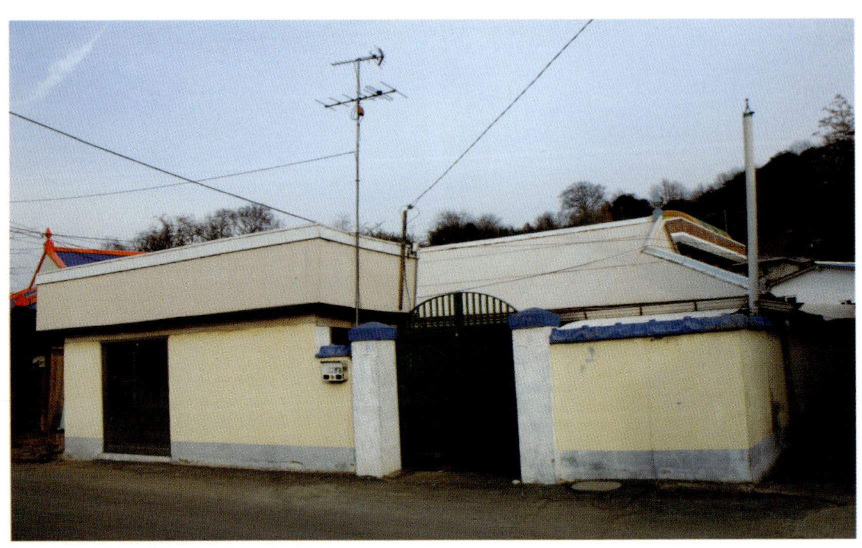

옹암 임소가 있던 곳

는 원래 광천읍 원촌리에 세워졌었는데, 옹암리로 옮긴 것이다. 이 비를 통하여 우리는 동학농민전쟁기에 이 지역 일대의 보부상들이 대거 동원되었던 사실을 알 수 있다.

보부상들에게 가장 수난기는 일제시기 징용될 때였다고 한다. 일제는 1942년부터 기업정리 즉 각 마을의 상점들을 일개 면의 몇 개로 정리하고 보부상들을 징용으로 끌고 갔다. 그리하여 이 시기는 시장이 되지 않아 보부상 최고의 수난기였던 것이다. 해방 이후에는 상무사가 부활하여 한국전생 직후에 경찰권이 확립되기 전까지 치안 유지를 담당하기도 하였다.

보부상 옹암 임방은 1907년 옹암장 개시 이래 1929년부터 1970년까지 있다가 1971년부터 소멸되었다. 당시 임방(현 조복석 씨 집)에서는 보부상들이 모여 쉬기도 하고 정보교환이 이루어졌으며 보부상들에게 도장을 찍어주고 세금을 받았다고 한다. 또 1950년대 말이나 60년대 초반까지 외지에서 들어와서 신발이나 옷을 파는 사람들에게 통행세를 받았다고 한다. 당시에는 도의원, 군의원, 면의원 지낸 사람들이

보부상 접장이나 임원을 맡기도 하였다. 옹암리 임소는 1950~60년대가 가장 활발하
였다고 한다.

(이 연 숙)

주(註)

1) 이헌창(「조선후기 충청도지방의 장시망과 그 변동」, 『경제사학』 제18집, 경제사학회. 1994)의 논문
을 참고로 정리하였다.

2) 광천읍은 홍성군의 남부에 위치하는 읍으로 본래 결성군 광천면지역이었으나, 1914년에 기존의 홍
성군, 결성군 및 보령시의 일부가 통합되어 홍성군이 되면서 홍성군 광천면이 되었고, 1942년에 광천읍으
로 승격되었다. 현재는 신진 · 광천 · 담산 · 가정 · 내죽 · 소암 · 매현 · 벽계 · 상정 · 옹암 등 13개리를 관
할하고 있다.

3) 『東亞日報』 1923년 11월 25일자 기사, 12월 2일 · 6일자 기사.
『일제침략하 36년사』 7 p.179

4) 정내수, 「일제강점기 홍성지방의 민족운동과 사회운동」, 『근대 이행기 지역엘리트 연구 Ⅱ -충남 내
포지역의 사례-』, 경인문화사, 2006.

5) 서승태는 의병 군량미 제공과 3 · 1만세 시위 주동으로 9개월 10일 동안 복역하였고 이명종은 1년 6
개월, 성배호는 1년을 복역하였다.

6) 조재곤, 「한말~일제식민지 시기 광천장과 옹암포의 유통경제」, 『한국근현대사 연구』 46, 한국근현
대사학회. 2008.

7) 이 책의 「포구취락과 포구상업의 잔영」에 있는 '옹암리 주택 준공년도' 표 참조.

8) 이득업 씨(35년생), 김정태 씨(43년생)의 구술.

9) 일제강점기 옹암리는 조재곤의 앞의 논문을 참조하고 마을 사람들의 구술로 구성한 것이다.

10) 1932년 7월 9일자 『동아일보』에는 "홍성의 인후인 광천시의 옹암포 / 어염시수가 모다 풍부하여 광천 미전은 충남제일"이라는 기사가 실릴 정도였다.

11) 육군상무사 『청금록』,

12) '도야' 의 원명(原名)은 아직 확인되지 않는다. 광천 사람들도 '도야' 라는 한자식 발음으로만 기억하고 있다. 시마노(島野)로 추정되기도 하지만, 확실하지 않다.

13) 보부상 관련 서술은 『보부상자료집』 속(민속원. 1998) ; 조재곤, 『한국근대사회와 보부상』(혜안. 2001)을 참조하였다.

14) 홍도원기금중건기는 1930년에 상무사 한산(閑散) 제료(諸僚)들의 갈망에 따라 역대 선생들의 유적을 계승하기 위해 1932년 봄에 공사를 마치고 작성한 기문이다.

15) 조재곤, 「'부상감의비' 와 보부상의 동학농민군 토벌」, 『아세아문화연구』7, 한국경원대학교 아시아문화연구소 중국중앙민족대학 한국문화연구소, 2003.

토굴 새우젓이 익는 옹암리의 경제

'옹암포'의 경제활동

홍성군 광천읍 '옹암리'는 천수만이 육지 깊숙이 들어오는 '옹암포'를 끼고 있던 포구마을이었다. 1999년까지도 갯골 연변에 폐선들이 방치되어 과거 포구였던 흔적

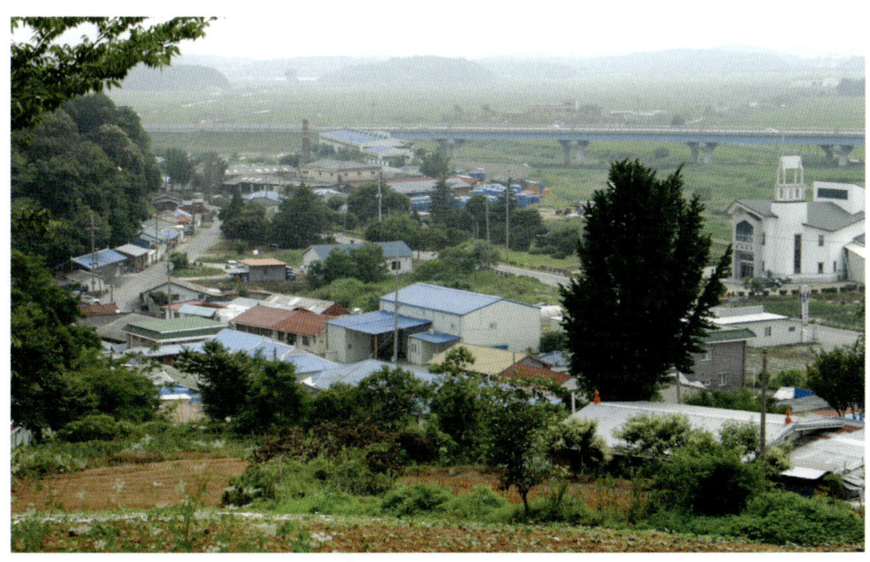

당집에서 바라본 마을 전경 : 마을 앞을 가로지르고 있는 다리가 보령과 광천의 경계를 이루고 있다.

이 남아 있었지만, 서해안고속도로의 건설과정에서 아쉽게도 이러한 흔적들은 거의 사라져 버리고 말았다. 현재의 마을은 포구로서의 흔적보다는 번화하지는 않지만 소박한 상업촌락의 모습을 보이고 있다.

'옹암포'는 안면도를 비롯한 서해안 도서의 하나뿐인 관문이었고 일제강점기 이래 충청남도에서 가장 큰 시장이었던 광천시장의 관문으로서, 4일과 9일의 장날에 수많은 어선(漁船)과 장배가 드나들었던 매우 번성한 포구였다. 당시 마을의 상황을 설명해주는 자료에 따르면 광천장의 전날인 3·8일(일명 안장날)에 도서 사람들이 포구에 들어와 이곳에서 농·수산물의 매매 등 시장이 형성되었고 다음날엔 광천장으로 이동하였다고 한다. 이곳으로 유입되는 인구수는 상당한 수준에 달했던 것 같다.

"배가 들어올 때 제방에 서는 장이 볼만한 것이다. 김, 마른고기, 해초, 굴, 조개젓 등의 해물과 섬에서 거둔 잡곡 등을 둑에다 풀어 헤치는 장은 3일장, 한차례 법석을 치르고는 4일장의 광천장으로 옮겨간다."(동아일보, 1971. 2. 18)

"연육교가 생기기 전까지 안면도의 생활권은 홍성군 광천읍과 태안읍으로 이분되어 있었다. 안면도의 남쪽 뱃길은 광천 독배로 유명한 옹암포로 이어졌으며, 당시 광천을 오간 '금강호'라는 20톤 정도의 객선이 있었는데 1회에 2백 명까지 탈 수 있었다. 장날이 되면 배의 선창까지도 장군과 짐 보따리로 가득했다. 광천장에 나가면 그 곳에서 하룻밤을 자고 와야 했다. 광천 등지로는 보리, 쌀, 김, 바지락 등이 나가고 외지에서는 포목, 기성복, 그리고 생필품들이 들어왔다."(경향신문, 1987. 1)

이렇듯 옹암포가 번성했던 당시 마을에는 상업을 비롯하여 다양한 경제활동이 이루어졌다. 주민들은 생선 및 새우젓 상업(도·소매), 선박을 대상으로 한 하역노동, 달구지와 리어카를 통한 배달서비스, 새우젓의 가공 및 보관, 행상, 어로활동에 이르기까지 다양한 노동에 종사했다.

"배가 들어왔던 옹암포는 하루 벌어 먹고사는 사람들에게 기회가 많았던 곳이야. 배들이 항시 들어와서 일거리가 끊이지 않았기 때문에, 이 마을에는 안면도, 북쪽에서 피난 온 사람들도 상당히 있었지. 나도 북쪽에서 이곳으로 피난 와서 새우젓 장사(도매)해 먹고살았고, 당시 땅 없는 사람들은 포구에서 생선을 떼다 팔거나 품팔이를 해서 먹고 살았어. 한창 때는 뱃짐을 내리는 하역노조원 수도 90명인가 80명이 넘었어. 달구지와 리어카 끌면서 물고기랑 새우젓 날라주고…."(김화진, 83세)

근대화가 시작되는 1970년대 이후 옹암포는 서해안의 대규모의 간척사업과 도로교통망이 확대되는 과정에서 선박의 왕래가 감소하여 점차 포구로서 기능을 상실하였고 급기야는 폐항의 운명을 맞게 되었다.[1] 이에 따라 옹암리와 광천지역의 서비스기능체들은 사양길로 접어들었고 광천시장(오일장)과 마을의 번성도 옛이야기가 되고 말았다. 포구 기능이 약화되면서 상당수의 사람들이 경제적 기회와 생계수단을 찾아 마을을 떠났고 마을도 침체를 겪게 되었다.

그럼에도 불구하고 마을에 새우젓의 집산·가공 기능은 지역적 관성으로 남아 있었다. 일찍이 많은 새우젓이 거래되었던 옹암에는 1960년대(1964~5년) 이후 특이하게 천수만의 자연해풍과 연간 14~15℃ 온도가 유지되는 토굴에서 새우젓을 보관하여 왔는데, 이렇게 많은 저장토굴의 존재야말로 포구가 쇠퇴한 후일까지 새우산지도 아닌 이 마을에서 새우젓의 유통이 지속될 수 있었던 이유이다.

1990년대(특히, 1995년 이후) 들어서는 광천시장과 옹암리(독배마을)를 중심으로 새우젓 점포가 대규모로 형성되어 '토굴 새우젓'의 유일한 유통경로로 자리매김하면서 새우젓 경제가 확대되고 마을은 경제적으로 활기를 찾고 있다.

가구별 경제활동

현재, 옹암리의 전체 가구수는 140호에 달하는데, 상당수의 주민들이 새우젓 가공과 판매업에 종사하고 있다. 마을에는 새우젓 관련 업종에 종사하는 가구가 60호, 액젓공장 3곳이 들어서 있다. 3개의 액젓 공장에는 상당수의 인부들이 고용되어 있고

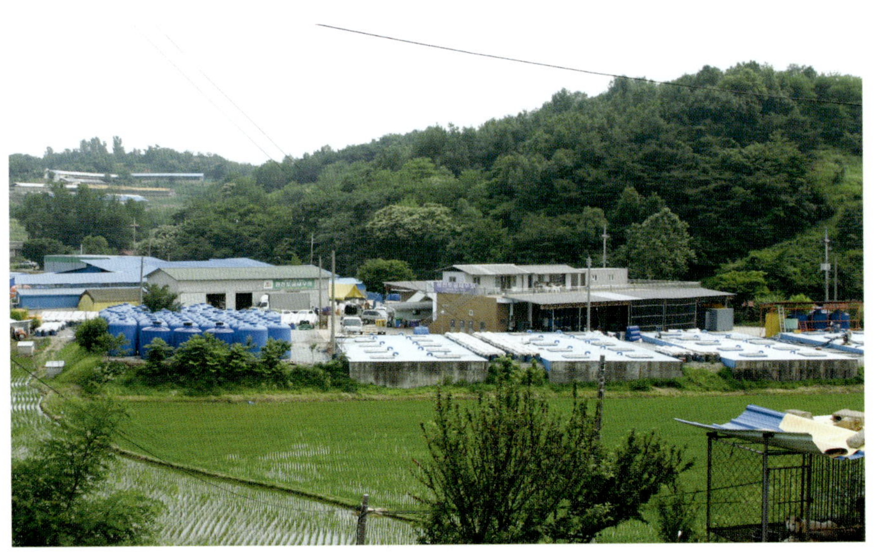

마을 안에 있는 액젓제조공장

이들은 새우젓과 관련된 여러 일에 종사한다.

반면 미작농업에 종사하는 가구는 약 20호에 불과하고 경지 및 토지소유 규모 모두 다른 농촌마을과 비교하면 현저히 영세하다. 이는 이 마을이 예전부터 포구로서 농지가 적고 일찍이 상업이 발달하여 전업농이 거의 없었기 때문이다.

경지가 소규모이거나 없고, 새우젓 점포도 없는 주민 대부분은 임금노동에 종사하는데, 일부는 건축 및 토목 공사현장에서 노동을 하고(약 20호), 일부는 마을의 공장에 고용되어 새우젓과 액젓 관련 노동을 한다. 마을의 공장에 고용되어 있는 임금노동자 수는 약 40~50명에 달하는데, 여성노동자가 대다수이다. 이들의 연령은 대부분 중·장년층으로, 70세 가까운 고령자도 있다. 그밖에 일부 여성들은 광천과 마을의 새우젓 상점에서 일정기간 동안 인부로 취업을 하기도 한다. 주로 새우젓 판매가 활발한 가을철 성수기에 한시적 취업을 한다.

‘새우젓’ 경제

옹암포는 농·수산물의 집산과 매매가 활발하였지만, 일찍부터 새우젓 장으로 이름을 떨쳐왔던 곳이다. 조선시대 말부터 서해안 일대의 고기잡이배들이 새우를 잡아 이곳에 들어오면서, 옹암은 우리나라에서 제일가는 새우젓 시장으로 자리 잡게 되었다고 한다. 1970년대 초반 포구가 기능할 당시에 이곳에서 집산·가공되는 새우젓은 전국 새우젓 시장의 70%에 달했다.

주목할 만한 사실은 포구가 쇠퇴한 후에도 새우젓의 가공과 보관이 지역적 관성으로 오늘날까지 이어져 왔다는 점이다. 포구기능이 쇠퇴한 1981년 당시 마을 주민의 90% 이상이 여전히 젓 가공을 수입원으로 삼고 있었기 때문에 새우가 잡히는 계절과 김장철에는 전국 각지에서 상인들이 모여들었다. 최근 10년 동안 광천과 옹암마을은 새우젓의 가공과 보관에서 나아가 판매단지를 형성하는 등 ‘새우젓’ 경제를 확대하면서 새로운 국면을 맞고 있다.

경제적 기반들 : 토굴과 축제, 그리고 교통망

저장토굴

광천지역에서 나타나는 ‘새우젓’ 경제는 포구로서의 입지, 토굴, 지역축제와 서해안고속도로의 형성 등 여러 효과가 맞물려 나타난 변화이다. 이 지역에 ‘새우젓’ 경제가 형성되고 오늘날까지 그것이 지속될 수 있었던 것은 무엇보다도 이 마을에만 존재하였던 특유한 저장토굴 때문이다.[2] 마을에서는 1960년 이래로 새우젓을 ‘토굴’에 보관하여 왔는데[3] 이러한 비법 때문에 포구가 막히고 삼십 년이 지난 현재에까지 새우젓이 남아 있게 된 것이다.

마을 뒤에는 ‘당산(堂山)’이라 불리는 야트막한 야산이 있는데, 이 산 아래에는 새우를 숙성시키는 토굴들이 무려 약 25개가 있다. 몇개의 토굴은 시간이 지나면서 폐쇄되었고, 현재 사용하고 있는 토굴은 약 20개에 달한다. 토굴은 일제시기에 존재하던 금광을 수선해서 만든 것도 있지만 대부분 새우젓 저장을 위한 목적으로 새로 만들어진 것이다. 마을에 있는 저장토굴들은 대부분 1960년대에 착굴되었다. 이곳은 해안가로 암반이 단단하지 않고, 물기가 많아 착굴이 용이하고 토굴 내 온도도 자연 해풍 덕택으로 연간 14~15℃를 유지하는 특성이 있어 새우젓의 숙성과 보관에 더없이 효과적이었기 때문에 상당수의 토굴이 만들어진 것이다. 오늘날엔 착굴작업이 이루어지지 않는다. 이는 개인적인 착굴작업이 허용되지 않을 뿐 아니라, 인건비가 비싸 경제성이 없기 때문이다.

현재 옹암리에서 사용하고 있는 토굴은 약 20개가 있다. 1개의 토굴이 마을공동 소유인데 비해 나머지는 개인소유이다. 새우젓 상점을 하는 주민들이 대부분의 토굴을 소유하고 있는데, 토굴 소유주는 독자적으로 토굴을 이용하기도 하지만 보통 토굴 내 곁가지들을 다른 사람에게 임대한다(지리편 참조). 토굴의 임차료는 토굴조건에 따라 다소 차이가 있지만 한 '가지'에 연간 2~4백만 원 수준이다. 한 가지를 1인이 이용하는 경우도 있지만 대개는 3~4인이 공동으로 이용하고 공동으로 비용을 부담한다. 토굴은 개인 간에 거래되기도 한다.

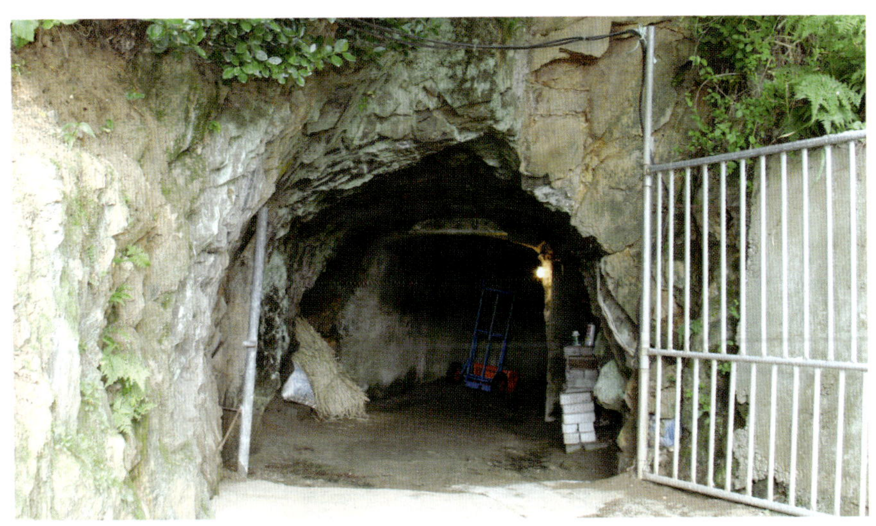

마을 공동으로 이용하는 토굴의 입구: 이 토굴은 마을회관의 뒤편에 위치하고 있다.

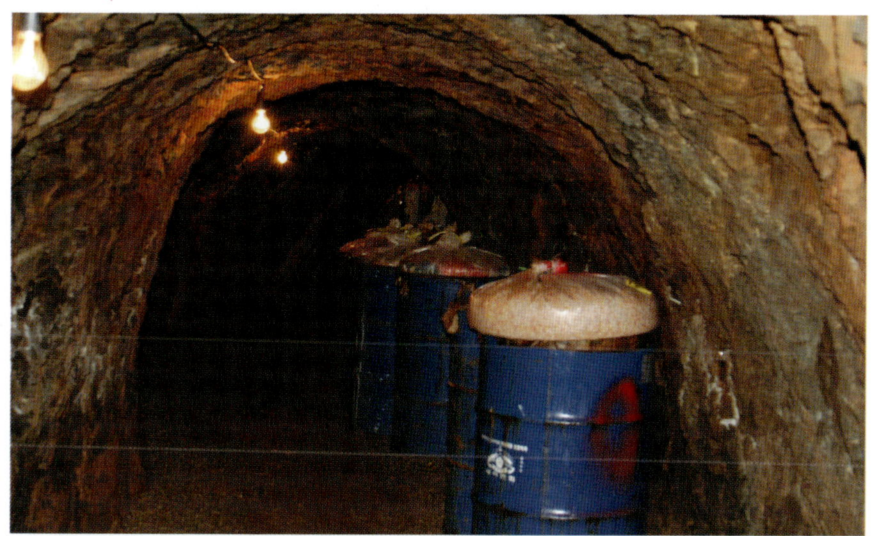

토굴 내에서 새우젓을 숙성시키는 모습 : 토굴에서 물이 떨어지고 있는 모습을 볼 수 있는데, 이러한 현상은 암반 자체에 습기가 많기 때문이다. 이러한 습기는 동굴 내 온도를 유지하는 역할을 한다.

새우젓축제와 교통망

지역경제를 활성화하려는 목적에서 개최하는 광천지역 축제로 '광천 토굴 새우젓과 조선 김 대축제'가 있다. 이 축제는 1996년에 시작하여 2007년 현재 12회째에 이르고 있는데, 매년 10월 13~17일 사이에 '광천시장'에서 열린다. '새우젓'과 '김'을 홍보하여 매출을 늘리려는 목적으로 홍성군과 상인조합, 지역 사회단체(번영회 등)가 협동하여 축제를 주관한다. 최근 축제 주최 측은 축제기간 동안 다양한 볼거리 행사를 기획하고 나아가 광천읍 인근에 위치해 있는 '오서산등반대회' 등 관광과 연계하는 등 축제의 경제적 효과를 도모하기 위해 부심하고 있다.

'새우젓축제'가 초기에 광천과 옹암마을에 미친 경제적 효과는 상당한 것이었다. 축제개최 이후 토굴 새우젓에 대한 공중파 방송사의 경쟁적 취재로 전국적으로 토굴과 새우젓의 홍보가 이루어졌고, 이를 계기로 토굴 새우젓에 대한 관심과 소비가 증

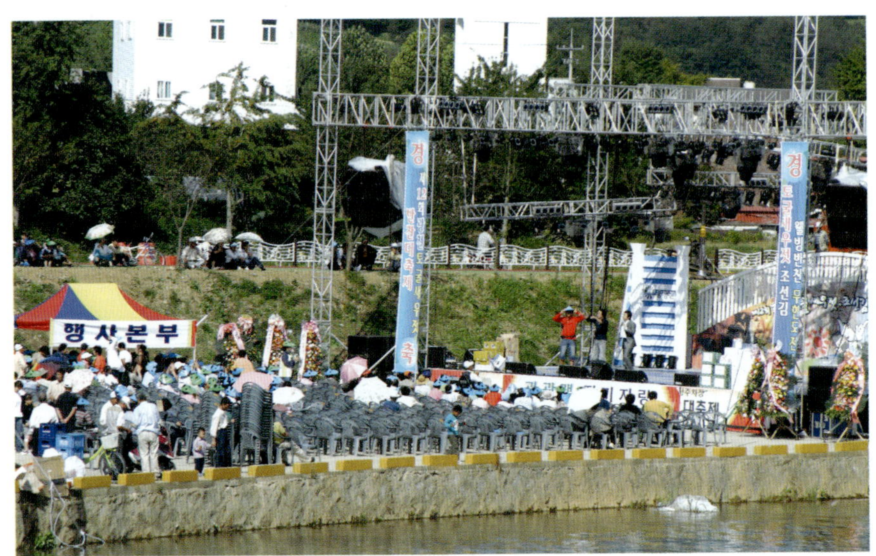

새우젓축제 행사무대 : 야외공연이 이루어지고 있다.

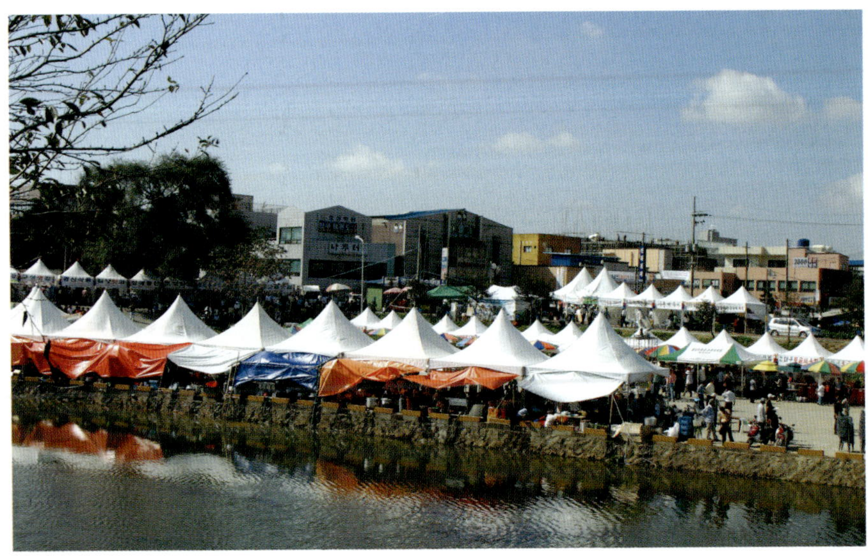

새우젓축제 : 새우젓축제 인파들을 대상으로 한 상점들이 가두에 늘어서 있다.

가하여 광천 전역에 걸쳐 새우젓 점포가 늘어나는 양상으로 이어진 것이다.

그러나 최근 새우젓 축제는 광천지역 전체적 축제라기보다는 광천시장에서 점포를 하는 상인들을 위한 행사로 그치는 경향이 있다. 옹암리의 새우젓 상들은 축제에 거의 참여하지 않고 있다. 이들이 축제에 참여하지 않는 데는 몇 가지 이유가 있다. 우선, 축제에 참여하려면 점포별로 일정한 비용을 지불해야 하는데, 지출한 비용 이상의 매출을 보장할 수 없는 데다 대부분 가족 중심적 운영을 하는 옹암리의 점포들은 축제에 참여하기 어려운 실정이기 때문이다. 축제가 열리는 시기는 새우젓 매출이 활발한 성수기여서 점포를 찾는 고객이 많아 추가 노동력이 필요한 시점인데, 마을로부터 다소 거리가 떨어져 있는 축제장까지 인력을 파견하기가 용이하지 않다.

따라서 축제를 둘러싼 새우젓 상인들의 태도는 지역별로 차이를 보인다. 특히, 축제 개최 장소(축제가 계속 광천시장에서 이루어짐)를 둘러싸고 지역상권 사이에('광천시장' 과 '독배') 다소의 갈등이 있는 것으로 보인다. 가장 많은 점포가 집중되어 있는 광천시장의 상인들이 주도권을 행사하는 경향이 있음은 말할 나위도 없다.

옹암리의 상인들은 새우젓축제로 인한 경제적 효과가 매우 간접적이라고 생각하며 시간이 흐를수록 축제에 대해 시들한 태도를 보이고 있다. 다만 새우젓에 대한 홍보효과를 기대하는 정도에 머물러 있다. 반면 광천시장의 상인들은 축제를 통해 매출의 직접적 상승효과를 경험하는 등 쏠쏠한 혜택을 누린다. 이러한 기대와 함께 광천시장의 상인들은 매년 축제 규모를 키우기 위해 노력을 기울인다.

한편, 서해안고속도로의 개통(2001. 12)과 홍성군의 '오서산' 개발정책은 등산 및 관광객들을 이 지역의 소비자로 유인할 수 있는 기반시설로 작용하고 있다. 주말에는 전국 각지에서 모여든 등산객과 나들이 인파, 피서 철에는 서해안 해수욕장의 관광객들 상당수가 자연스럽게 이곳을 거쳐 간다.

이렇듯 1990년대 중반 이후 광천 전역에서 나타나는 소위 '새우젓' 경제의 확대는 새우젓으로의 지역전통, 저장토굴, 자치단체의 정책(축제와 관광지 개발정책),서해안고속도로라는 교통망 등 여러 효과가 맞물려 나타난 변화로 볼 수 있다.

새우젓 점포의 형성과 증가

1990년대 중반부터 현재에 이르기까지 광천과 옹암리를 중심으로 새우젓 상점이 대규모로 형성되었다. 마을사람들은 새우젓을 가공하고 보관하던 데서 한걸음 나아가 토굴 새우젓을 생산하여 판매하는 데까지 새우젓 경제를 확대한 것이다. 마을의 광천 – 보령 간 국도변에는 새우젓 소매상들이 빼곡하게 들어서 가촌취락을 형성하고 있고 이곳에 약 30개의 새우젓 상점들이 있다.

최근 광천지역 전체적으로 새우젓 상점이 확대되고 있으며, 최근 2~3년 사이 점포 확대가 가속화되었다. 광천지역에 있는 새우젓 상가들은 단지를 형성하고 있는데, 광천읍의 재래시장(60), 옹암마을(30), 고속도로변의 특화단지(10)가 그것이다. 고속도로변의 특화 단지는 가장 최근에 형성된 단지이며, 이들 세 단지에 있는 새우젓 상가 수는 총 100개에 달한다.

마을에서 토굴새우젓 상점을 운영하는 가구 수는 약 60호에 달하는데, 30호는 마을에서, 나머지 30호는 '광천시장'에서 점포를 하고 있다. 마을과 시장에서 동시에

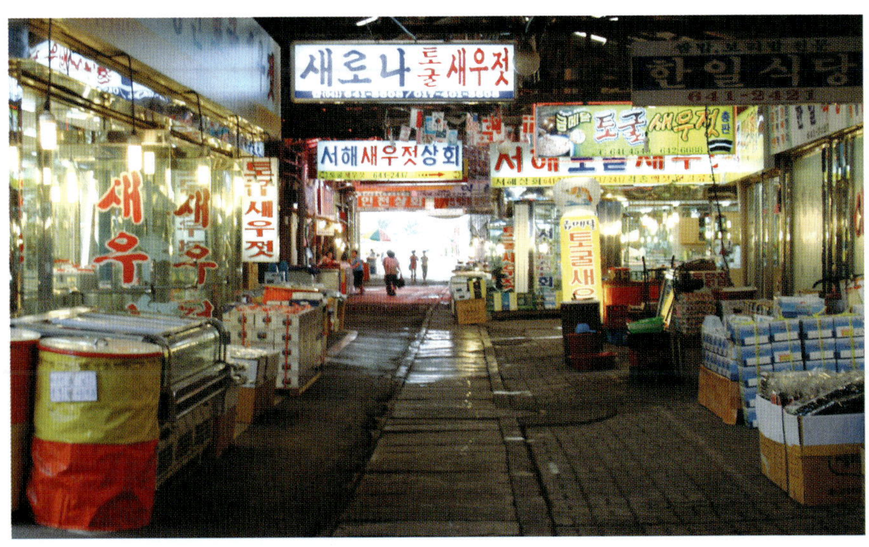

광천읍의 재래시장 안에 들어서 있는 새우젓 상가들

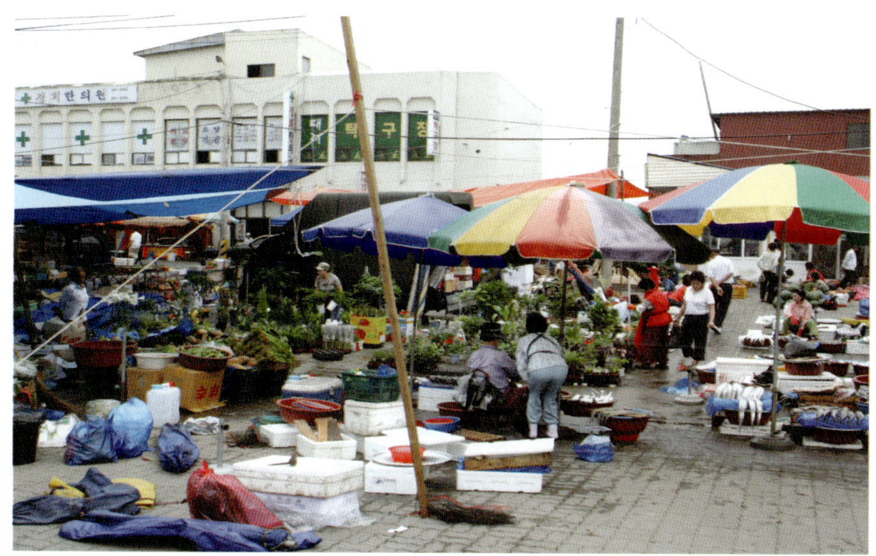

한때는 전국 3대 시장에 손꼽혔던 광천의 오일장 : 대부분의 농촌시장과 마찬가지로 오늘날 장세는 매우 약화되었다.

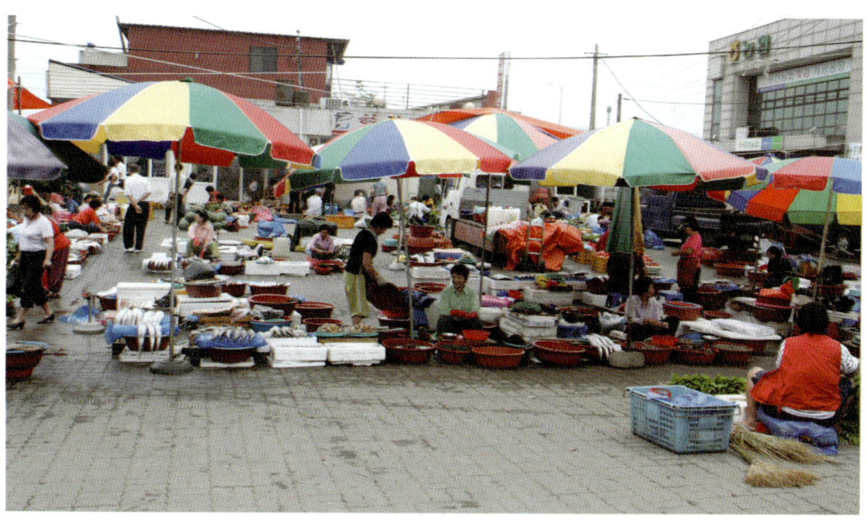

광천오일장의 어물전

점포를 하는 가구는 3호에 달한다. 새우젓 점포를 하고 있는 주민들은 상당수가 젊은 층인데(40~50대), 이들 중 상당수는 출향하였다가 귀향하여 부모의 점포를 물려받았거나 타관에서 이 마을로 전입하여 점포를 차린 것이다.

점포에서는 새우젓뿐 아니라 각종 젓갈과 액젓, 김을 판매한다. 상점에서 판매하는 새우젓의 종류로는 5월에 잡는 오젓, 6월에 잡는 육젓, 가을에 잡는 추젓, 겨울에 잡는 동백젓 등이 있으며[4] 그밖에 어리굴젓, 조개젓, 까나리액젓, 멸치액젓 등 각종 젓갈류를 판매하고 있다.

한편, 점포에서 새우젓과 함께 판매되고 있는 '액젓'과 '김'은 상점에 따라 공급처가 다양한데, '추자도'와 '목포', 혹은 마을의 액젓공장에서 상품을 공급받고, '김'은 광천읍의 김 공장과 서천 등지에서 공급받는다. 광천읍의 재래시장에는 서천에서 김을 들여와 이를 조미(가공)하는 공장들이 대량 입지해 있다. 옹암리에 있는 새우젓 상점 상당수도 이곳에서 김을 공급받는다.[5]

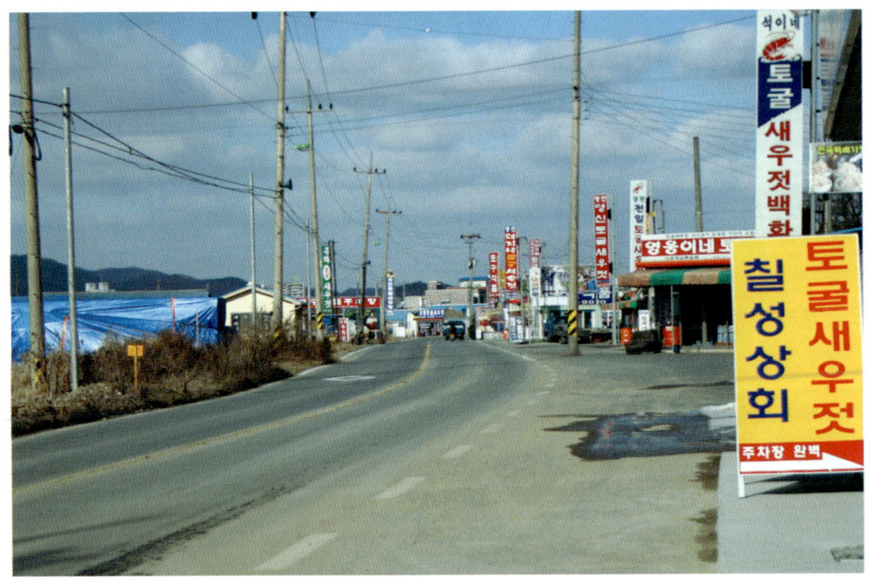

옹암리의 새우젓 상점들 : 길을 따라 수많은 새우젓 점포가 들어서 있다.

새우젓의 구입과 가공

옹암포가 기능을 할 때 주민들은 포구로 들어온 배에서 새우를 사들였지만 포구쇠퇴 후에는 육로(陸路)를 통해 새우젓을 사들인다. 마을의 새우젓 상들은 5~8월엔 '목포'와 '신안(지도)'에서, 겨울철엔 '강화도'의 공판장에서 직접 새우젓을 입찰해 사거나 그곳의 중매인들에게 상품을 주문한다.

새우가 본격적으로 어획되는 5~6월이 되면 점포주는 일주일에 1~2회씩(화·금요일) '목포'와 '지도'에 있는 수협공판장의 새우젓 입찰에 참여한다.[6] 이렇게 현지를 직접 방문하는 것은 좀 더 싼 값으로 품질이 좋은 오젓과 육젓을 사기 위함이다. 반면 새우젓 판매가 가장 활발한 가을철과 비수기인 겨울철에는 직접 입찰에 가지 않고 단골 중매인에게 주문하는 예가 많다. 주문된 상품은 화물차를 통해 이곳에 공급된다.

일부 점포는 현지에 가거나 중매인에게 주문하는 대신 대형 점포에서 외상으로 새우젓을 공급받아 이를 판매한 후에 대금을 지불하기도 한다. 자금과 경험이 부족하거나 일손이 부족한 점포들은 이러한 방법으로 새우젓을 사들인다.

한편, 다양한 노선을 통해 사들인 새우젓은 간단한 가공작업을 거친다. 가공과정은 사온 새우젓(드럼)에 1년 동안 간수를 뺀 소금으로 덧간을 하고(염도를 25도로 맞춘다), 이를 토굴에 넣어 3~4개월 동안 숙성시키는 것이다. 이것이 바로 '토굴 새우젓'이다. 숙성이 끝난 새우젓은 냉장고에 보관된다.

새우젓의 유통과 판매

새우젓의 판매는 연중 이루어지지만 가을철에서 겨울철로 가는 9~11월이 가장 성수기를 이룬다. 성수기에는 점포마다 방문 및 주문 판매가 많아서 대다수 점포가 가족과 친지뿐 아니라 인부들을 고용하기도 한다.

해에 따라 육젓의 유통 가격은 변동이 있으나 2006년 기준으로 한 드럼(250킬로)에 4~5백만 원 수준이다. 2003년에는 새우어획고가 저조하여 육젓 한 드럼이 일천만 원을 상회하였으나 2004년 이후 육젓의 유통 가격은 비교적 안정세를 유지하고 있다. 2006년 현재 판매되는 새우젓의 소매가격은 육젓 1kg에 3만~3만5천 원, 오젓은 2만 원, 추젓은 2만 원 수준이다. 까나리와 멸치액젓은 10kg가 2만 원에 판매된다.

한편, 광천지역의 새우젓 판매 양상은 시간의 흐름에 따라 일정한 변화를 보여준다. 첫째, 예전에는 마을 인근의 여성들을 대상으로 소량 판매가 이루어졌으나 최근에는 김장철이 가까워지면 인천, 평택, 천안, 온양, 충주 등 전국 각지의 고객들을 대상으로 판매가 이루어지고 육젓·오젓 등의 고급상품의 매출이 늘어났다는 점이다. 이에 따라 점포들은 판매 용기(容器)를 표준화하였다.[7]

둘째, 점포별로 차이가 있지만 단골이 형성되고 있다. 상당수의 점포는 단골들을 확보하고 있고, 이들은 단골을 유지하기 위해 나름대로 다양한 방식의 노력을 기울인다. 최근에는 택배제도의 발달 등 유통방식이 변화하면서 방문판매뿐 아니라 택배판매가 증가하는 추세에 있다. 단골들에 의한 택배주문이 늘고 있다는 것이다.

셋째, 관광버스 기사들과 연계한 판매가 늘고 있다. 어떤 점포에서는 관광버스 기사들과 연계를 갖고 적극적인 호객행위를 하기도 한다. 관광 철에는 이런 식의 판매가 좀 더 빈번하게 이루어진다. 점포 주인은 고객(손님)을 데려오는 버스기사에게 일정한 대가를 (수수료 혹은 약간의 향응) 지불한다.[8]

점포별 매출상황을 종합해 보면 연간 20~100드럼에 이른다. 대규모 점포를 제외한 상당수의 점포들은 연간 20~30드럼을 판다고 한다. 이는 10년 전과 비교하면 상당히 감소한 수준이라고 한다. 최근 5~6년 사이에 점포가 난립하면서 매출액은 감소추세라는 것이다. 최근 옹암리에서 4~5개의 점포가 운영상의 어려움으로 문을 닫기도 하였다.

옹암리의 새우젓 매출액이 감소하는 데는 점포의 난립 뿐 아니라 또 다른 이유가 있다. 서해안고속도로의 건설이 그것이다. 고속도로가 생기기 전에는 옹암리의 상권이 광천지역에서 가장 좋았다고 한다. 옹임마을이 국도(구도) 상에 위치해 있기 때문에 광천을 통해 서울이나 대전으로 향하는 차량은 자연스럽게 이 도로를 경유할 수밖에 없었던 것이다. 그리하여 당시 국도를 타고 서해안의 해수욕장을 오고가는 휴가철 피서객들이 이곳을 방문하였다고 한다. 그러나 고속도로가 생기고부터는 타격이 있다. 점포별 매출감소세는 차이를 보이지만 대부분 점포의 매출액은 감소했다고 한다.

"고속도로가 나기 전에는 장사가 더 잘 되었다. 지방도는 현재 국도를 꼭 경유하여야 했다. 봄철이면 '군산'으로 벚꽃 구경을 가는 관광인파들이 이곳을 거쳐 갔고, 백중사리 철엔 갈라지는 바닷길을 보기 위해 '무창포'로 가던 관광차들이 많이 들어 왔다. 여름철에는 '대천' 해수욕장으로 가고 오는 인파들이 많았다. 이땐 봄, 여름, 가을까지 모두 매상이 좋은 편이었다. 여름철 장사도 재미있었다. …(중략)… 우리 가게에는 관광차가 많이 들어 왔다. 내가 가게를 차린 게 1998년인데 아마 2000년경에 고속도로가 생긴 것으로 기억한다. 그 3년 동안이 번성기였다. 광천시장에서는 가을철만 장사했지만 독배마을에서는 겨울만 제외하고 봄, 여름, 가을까지 장사가 잘 되었다. 그때 만난 고객들 일부가 아직 우리 가게를 이용하기는 하지만 관광객들의 출입은 정말 많이 줄었다. 고속도로가 생기면서 장사가 예전만 못하다."(서용녀, 47세)

서해안고속도로와 '오서산'의 개발은 광천지역 전역에 외지인들의 출입을 증가시켜주는 기반시설이 되었지만 이는 상대적으로 마을에 비해 광천시장의 상권에 유리하게 작용한 측면이 있다는 것이다.

주민들에 따르면 향후 새우젓의 판로는 낙관할 수만은 없는 상황이라고 주장한다. 새우젓 점포의 난립으로 점포별 매출액이 감소하고 있는데다,[9] 기성세대나 노인세대와는 달리 젊은 세대들은 짠 맛을 가진 '젓갈'의 선호가 약한 편이고 직접 김치를 담그는 비율도 낮아 장기적으로 새우젓의 소비는 감소할 수 있다는 것이다. 또한 값싼 중국산 새우젓의 유입으로 다소 비싼 가격대를 유지하고 있는 토굴 새우젓의 소비가 둔화될 수 있다는 우려도 나온다.

2007년 12월 허베이 스피리트 호의 기름유출 사고 후 이곳을 찾는 관광객이 급격히 줄면서 마을의 새우젓 매출세도 뚜렷한 감소세를 보이고 있다고 한다. 또한 해양의 기름유출 여파로 새우어획량이 감소함에 따라 2008년에는 오젓, 육젓 가격이 급등하고 있다고 한다. 상품 가격이 급격히 오르면 일반적으로 매출이 감소하는 경향이 나타난나.

액젓 가공

옹암리에는 액젓공장이 3곳 있다. 각각의 공장은 설립시기에서 차이를 보이지만,

가장 오래 된 공장은 1970년대 중반에 설립된 것이라고 한다. 액젓공장은 멸치와 까나리 액젓을 제조하고, 새우젓을 가공하여 판매하는 일을 주로 한다. 멸치와 까나리 액젓은 직접 제조하고, 새우젓은 가공한 후 크기별로 선별하여 포장하고 판매하는 것이다.

이들 공장에서는 멸치와 까나리 액젓을 제조하기 위해 5월이 되면 액젓의 원료가 되는 까나리와 멸치를 구입한다. 까나리는 안흥, 안면도, 대천어항 등 서해안 일대에서 구입하는데 비해 멸치는 여수에서 주로 구입해 오는데, 대부분 물건을 대주는 단골 어부들을 두고 있다. 최근 까나리 어획이 줄면서 순수한 까나리 액젓의 제조를 하기보다는 대개 까나리와 멸치를 7:3 혹은 6:4의 비율로 섞어서 액젓을 제조하고 있다.

공장에서 액젓을 제조하는 과정을 살펴보면, 공장 내 '콘크리트 탱크시설'에 냉동된 상태의 멸치나 까나리와 소금을 7:3의 비율로 섞어 이를 1년 동안 발효시킨다. 소

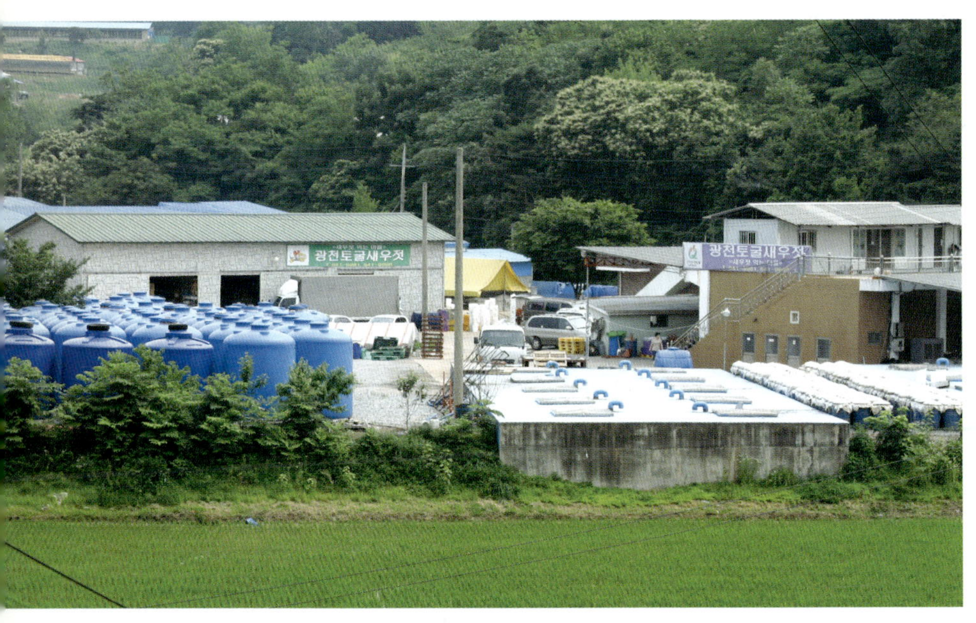

액젓 제조공장 : 우편으로 콘크리트 탱크와 좌편으로 플라스틱 탱크가 보인다. 이는 액젓을 제조하는데 사용되는 시설들로 자동화 되어 있다.

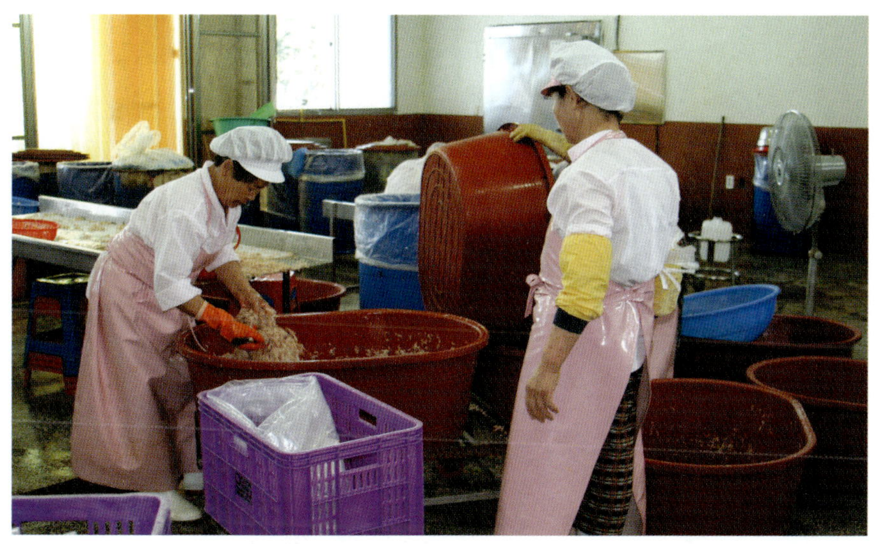

새우젓을 선별하기 위해 작업 중이다.

금은 대부분 남해안과 목포에서 구입하여 사용한다. 발효가 끝난 액젓은 2회 이상의 정제과정을 거쳐 맑은 액체상태로 걸러진다. 맑게 걸러진 액젓은 파란 플라스틱 탱크 안에 보관되며 다시 일정한 발효기간(약 60일)을 거쳐 다양한 용기에 자동포장 된다. 이러한 일련의 과정은 자동화되어 있다. 제조된 액젓은 0.6~10kg 사이의 용기에 자동 포장되어 판매처로 나간다.

한편, 새우젓의 유통과 가공과정은 일반 새우젓 점포와 크게 다르지 않다. 전남 '목포'와 '신안(지도)'에서 새우젓을 구입하고 이를 토굴에 1~3개월 넣어 숙성시킨다. 다소 덜 절여진 새우젓은 토굴에 1개월간 보관하여도 충분히 숙성한다. 숙성이 끝난 새우젓은 새우의 크기와 상태별로 분류하여 소포장하고 이는 유통업체에 공급된다.

"서해수산의 연간 액젓 제조량은 약 5만 톤에 달한다. 이렇게 제조한 액젓은 크기가 다른 용기에 포장하여 김치공장, 소매점, 개인고객, 교회 및 성당, 기타 유통업체에 판매하고 있

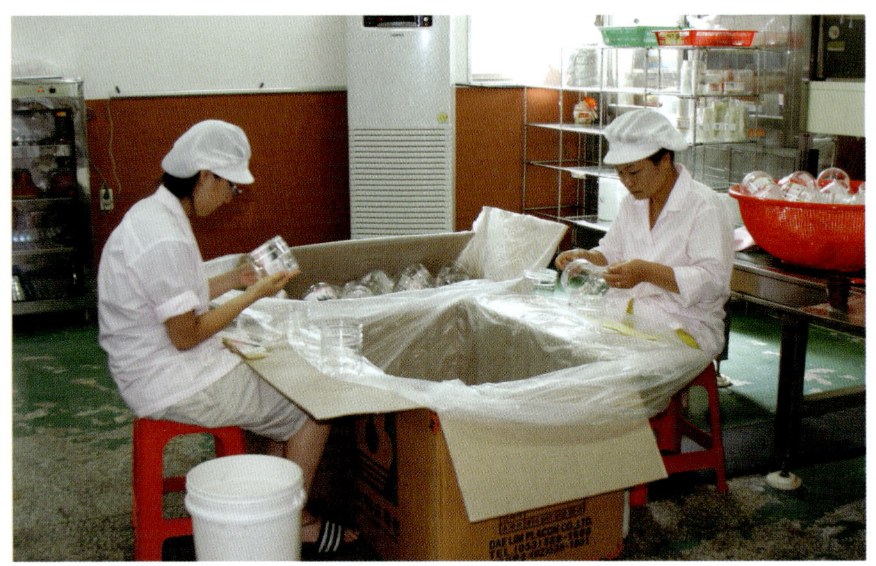

분류된 새우젓을 소포장하기 위해 용기 준비작업을 하고 있다.

다. 공장에서 예전에는 액젓 제조에 더 주력하였으나, 최근에는 새우젓과 액젓가공을 절반 수준으로 한다. 액젓보다 새우젓의 매출이 활발하고 수익도 많기 때문이다."(신경진, 43세)

액젓공장은 수십 명에 이르는 인부들을 고용하여 이러한 작업들을 수행하기 때문에 마을 주민들에게 경제활동의 기회를 제공해 주고 있는 셈이다. 공장에 취업된 인부들은 대부분 마을사람이고, 성별을 보면 남성에 비해 여성이 대다수를 차지하고 있다.

새우젓(수산물) 행상

옹암포가 번성했을 당시 마을의 여성들 상당수는(약 70%) '촌도부' 에 종사하였다고 한다. 경지를 소유하지 못한 가난한 가구에서 삶을 유지하기 위해 여성들은 생선과 새우젓을 함지박에 넣어 이를 머리에 이고 버스나 기차를 타고 대천, 천안, 온양, 도고, 삽교, 청양 등지를 누비고 다니면서 팔았다. 포구가 쇠퇴한 후까지도 상당수의 여성들이 도부장사를 했다. 오늘날 각지의 교통과 시장(마트 등)이 발달하면서 도부장사는 대부분 자취를 감추었지만 이 마을에는 아직 2~3명이 수산물 행상을 하고 있다.

> "광천에 있는 상회에서 물건을 떼서 신례원으로 가서 판매를 한다. 신례원에서만 장사한 지 33년이나 지났다. 지금은 신례원에 단골들이 많이 생겨서 장사하기가 수월해졌다. 파는 물건들은 젓갈, 조기 말린 것, 박대, 멸치, 김과 같은 젓갈류와 생선 말린 것, 건어물들이다. …(중략)… 옛날 옹암리에 배가 들어 왔을 때는 홍성장, 광천장, 예산장 등지로 물건(물고기)을 대주는 일을 하였다. 옹암리에 다라장사들은 최근까지 몇 명 있었다. 현재 2명은 나이가 들어서 장사를 그만두었는데, 한 분은 온양으로 장사를 다녔고, 다른 한 분은 천안으로 장사를 다녔다. 이들은 나보다 오랫동안 다라장사를 시작하였다. 다른 사람들은 나이 들어서 그만두었거나 다 죽었다. 신례원에는 장이 없어서 신례원 사람들은 예산장으로 물건을 사러 다녔다. 지금은 공장이 들어와서 사람들이 많아지고 경제력도 좋아졌다. 이전에는 장사가 잘 되었는데, 지금은 신례원에 마트가 4개나 있고 자가용이 많아지면서 장사가 예전만 못하다."(전영순, 74세)

영세한 농업

이 마을은 해안가로 예전부터 농지가 많지 않았고 상업에 종사하는 사람들이 많았기 때문에 전업농이 많지 않다. 이러한 마을의 특징은 오늘날까지 이어져 상·하옹 마을 전체주민 중 약 20호가 농업에 종사한다. 농업에 종사하는 농가는 약 20%, 채전을 하는 농가를 포함해도 30% 미만이다.

마을별로 농가는 '상옹'에 비해 '하옹'에 많은 편이다. 농가의 경작규모는 약 500~6,000평에 이르고 있으나, 평균규모는 약 900평에 달해 다른 농촌 마을에 비하면 경작규모가 협소한 편이다. 더욱이 농가의 상당수는 자신이 소유한 토지가 없이 경지 전체를 임차하여 경작을 하고 있다. 임차지는 200평당 쌀 80키로 수준이지만 경지 정리된 논의 임차료는 이를 상회하기도 한다.

경작규모가 협소함에 따라 이 마을에서는 농기계를 소유한 농가가 없다. 벼농사를 하는 농가는 모두 다른 마을('보령'과 '천북')의 전업농에게 기계를 임대하여 위탁경 작을 한다. 쌀 수확은 200평 기준으로 평균 쌀 3가마 정도를 소출한다.

소규모의 밭농사에 종사하는 농가는 약 15호에 달한다. 이들의 경작규모도 매우 협소하여 약 300평 미만의 텃밭에서 고추, 마늘, 꽤 등의 작목을 재배하는 수준이다. 이들 상당수는 독거하는 여성노인들로 부분적으로 자녀들에게 생계를 의존해야 한 다.[10]

이렇듯, 이 마을의 농가는 수적으로 적고 경지규모도 영세하다. 더욱이 임차지가 많아 농업비용이 크기 때문에 농업에만 의존해서 생계를 유지하는 전업농가는 드물 고 겸업농가가 일반적이다. 농가의 겸업형태는 정미소, 잡화점, 카센터, 새우젓 상점, 그리고 임금노동 등이 있다.

> "내 집사람은 공장에 다니는데 임금은 월 75~90만 원 수준이다. 김장철엔 야근을 하기 때문에 임금이 높은 편이고 평상시엔 75만 원을 받는다. 이 공장에 다닌 지는 거의 30년이 되어 간다. 집사람이 돈을 벌어오기 때문에 생계를 유지하는데 많은 도움이 된다. 농사 조금 짓는데 그것으로는 양식을 대는 정도이다."(노봉섭, 74세)

옹암리의 미래

'옹암포'는 1970년대 초반까지만 해도 광천장에(4 · 9일) 들어오는 선박과 사람 들로 인산인해를 이루었다고 한다. 따라서 마을에는 상대적으로 많은 노동 기회가 있 었고 특히 상업이 발달했던 마을이었다.

그러나 근대화라는 새로운 물결이 밀려오면서 전국적인 육로교통망의 발전과 함 께 입지상의 이점을 대부분 상실하게 되었다. 이에 따라 옹암리의 마을 경제도 위축 되었다. 마을사람들 상당수는 경제적 기회와 생계수단을 찾아 마을을 떠났고 마을에 남은 주민들은 생계수단이 빈약하여 대부분 극히 빈곤한 생활을 하였다.

새우젓 도매상은 소수에 그쳤고 일부의 주민들은 공사장을 전전하는 일용노동자로, 소작인으로, 또는 외지 상인들의 새우젓에 간질을 하여 (토굴)보관해 주는 보관업에 종사하면서 어렵게 생계를 유지하였다.

포구가 쇠퇴한 후 마을은 얼마동안 침체를 겪었지만 옹암리는 쇠락의 쳇바퀴에 머물지만은 않았다. 주목할 만한 점은 옹암리에서는 다른 마을과 달리 1960년대 이래로 새우젓 숙성과 보관에 특별한 효과가 있는 수많은 저장토굴이 있었기 때문에 포구가 막혀 삼십 년이 지난 현재에도 '토굴 새우젓'이 지역상품으로 존재할 수 있게 되었다는 것이다.

1980년대 만해도 마을 주민들이 외지 상인들의 새우젓을 가공하고 이를 보관해 주는 보관업에 머물렀다면 1990년대 후에는 토굴 새우젓의 생산과 직접 판매로 영역을 확대하면서 새우젓은 이 지역의 명실상부한 전통상품으로 떠오르게 된 것이다. 현재 광천지역의 새우젓 생산량은 전국 생산량의 35%, 연간 판매액은 90억 원으로 새우젓은 시장뿐 아니라 지역경제에서 중요한 부분을 차지한다.

광천과 옹암리 주민들은 지역축제를 개최하여 '토굴 새우젓'의 전통성을 부각하고 이를 특산품으로 하여 지역의 상권을 재구성하였고 이에 따라 지역경제는 다시 활기를 찾고 있다. 이러한 변화는 자치단체의 정책적 노력과 주민들의 노력, 나아가 서해안고속도로의 개통 등 여러 요인들이 복합적으로 맞물려 나타난 결과이다.

상당수의 주민들이 새로이 '새우젓' 경제에 관련되면서 마을의 생활수준도 향상되었다. 이에 따라 옹암마을에는 출향하였던 젊은 층들이 귀향하는 현상도 드물지 않게 나타나고 있다.

이렇듯 광천과 옹암의 사례는 농·어촌 지역의 상권이 산업화 및 도시화의 흐름 속에서 인구감소 및 고령화, 교통과 통신의 발달, 농산물 및 공산품 유통구조의 변화 등으로 보편적으로 위축되는 것이 아니라 지역요인에 따라 달리 변화될 수 있음을 보여준다.

그럼에도 불구하고 광천지역의 '새우젓' 상권이 도시화의 구조적 영향에서 비교적 자유로운 것은 아니다. 1990년대 중반 후 도심권을 중심으로 등장하는 대형 할인점,

백화점, 나아가 홈쇼핑 등 유통체계의 혁명은 소규모 지역시장을 위협하는 요인이며, 대도심과 소도심을 잇는 교통노선의 개발은 지역 간 관계에 중요한 영향을 미치는데, 대체로 도심에 유리하게 작용하는 경향이 보편적이기 때문이다. 결국 지역의 상권은 장기간 유지되기 어렵고 주변의 여건에 따라 쉽게 약화될 수 있는 것이다. 가령, 이 지역을 지나는 서해안고속도로의 노선은 옹암 보다는 광천시장의 상권에 유리하게 작용하고 옹암에는 다소 타격을 주었던 현상이 그것이다.

그럼에도 불구하고 이 마을에만 존재하는 저장토굴의 특징을 강조하고 새우젓 상품을 차별화 한다면 옹암의 토굴 새우젓은 일정한 수준의 경쟁력을 확보할 수 있을 것으로 보인다. 이는 부분적으로는 상인조직인 '번영회'와 '상인조합', 그리고 자치단체의 정책적 노력에 달려 있지만 부분적으로는 지역주민들의 몫이기도 하다. 서해안고속도로의 개통과 오서산 관광지의 개발은 관광객을 시장의 소비자로 끌어들일 수 있는 하나의 기반시설이 되고 있지만 이를 실현하는 것은 무엇보다도 지역주민들의 몫이기 때문이다.

"전통식품은 수요가 제한적이긴 하지만 수요가 없는 것은 아니다. 수요를 개발하기 나름이고, 여기에 노력을 기울여야 하는데 잘 안 되고 있다. … '토굴'이라는 상징을 이용하여, 난립한 상가를 깨끗하게 정비하여 마을의 전체 이미지를 새로 만드는 작업은 어떨까…"(신경진, 40세)

현재 마을차원에서 새우젓의 매출과 지역의 경제적 활성화를 위한 공동의 움직임이 활발한 수준은 아니지만 홍성군 차원에서 광천의 토굴 새우젓에 대한 다양한 상품화 계획을 수립하고 유통전략을 모색하고 있는 중이다. 홍성군은 2007년 광천에 '한우·돼지먹거리 특구'를 조성하여 먹거리 타운과 광천 토굴 새우젓을 연계시켜 판매한다는 계획을 추진 중이다. 아울러 홍성군은 특성 있는 지역 내 향토자원을 개발하여 향토산업을 고부가가치화 할 수 있는 기반을 확충하고자 농·수산 특화산업전문단지, 토굴 새우젓 산업 활성화를 위한 체험관, 전통 옹기마을 조성을 계획하고 있다.[11]

　　향후 수입농산물에 대응하면서 토굴 새우젓의 상품경쟁력을 향상시키고, 나아가 전통식품에 대한 수요를 창출하기 위한 다양하고 조직적인 노력이 전개되기를 기대해 본다.

(유 보 경)

주(註)

　　1) 옹암포는 1970년대 중반 이후부터 기능이 급격히 약화되었고 1990년대에 이르면 완전히 폐항된다. 농업기반공사가 농업용수 공급을 위해 홍보지구를 조성하면서 배가 드나들던 포구의 어귀에 방조제를 쌓았기 때문이다.

　　2) '토굴 젓'은 지하 7m 이하의 토굴을 만들어 새우젓을 오랫동안 저장하는 데서 붙여진 이름이다. 광천 토굴 새우젓의 비법은 바로 숙성 과정에서 신선한 적정 온도를 유지해주는 것으로, 토굴 속은 온도가 항상 섭씨 13~14도를 유지하므로 여기에서 숙성시킨 새우젓은 맛이 독특하고 신선하다.

　　3) 1960년대에 마을에서 새우젓 상인을 하던 윤병원(윤만길) 씨는 일정 때 마을의 금광에서 일하던 광산노동자 출신이었는데, 그 당시 산 중턱에 남아 있던 폐금광 안에 50~60개의 새우젓 독을 저장하는 시도를 했다. 폐금광 안에 저장한 새우젓의 보관 상태가 양호하고 맛도 좋아 다음 해에는 포구 가까운 곳에 토굴을 파서 이곳에서 새우젓을 숙성시키기 시작했다. 윤씨는 광산에서 일한 경험이 있던 인부들을 동원하여 직접 착굴을 하게 되었고, 3~5개월 동안 500드럼의 새우젓을 저장할만한 크기의 토굴을 만들었다. 이러한 소문은 마을사람들에게 퍼져나갔고, 이후 새우젓 상을 하던 주민들은 너도나도 착굴을 하여 새우젓을 보관하게 되었다. 몇몇 주민들은 6·25때 방공호로 이용되던 굴을 확장하여 토굴을 만들었다고 한다.

　　4) 동백젓은 새우 크기가 작고 좀 더 붉은 빛을 띠는데, 공급기간이 짧고 양이 많지 않은 데다 껍질이 얇아 보관하기가 용이하지 않아 요즈음은 대부분 상점에서 취급하지 않는다. 추젓을 가지고 동백젓이라고 속여 파는 경우도 많다.

　　5) 광천은 김 가공이 발달하였다. 안면도, 당진, 서천에서 생산된 김은 이곳 광천에 집결되어 가공된다. 이렇게 상품화 과정을 거친 상품은 서울의 중부시장에 판매되고 있다.

　　6) 5월이 시작되면 화요일과 금요일에 주민 몇몇이서 짝을 지어 차로 이곳을 다닌다. 보통 새벽 6시에

출발하여 오후 2~5시 사이에 공판장에서 새우젓을 사고 오후 6~7시 경에 귀가한다.

7) 광천지역의 모든 점포에서 판매 용기는 1~5kg들이 플라스틱 용기를 쓴다.

8) 점포의 관광버스와 연계한 판매 전략은 단기적으로는 점포의 매출향상에 도움이 되지만 장기적으로는 소비자의 부담을 크게 하여 결국 마을전체에 대한 신뢰를 실추시킬 위험이 있다.

9) 공무원 윤리강령에 의한 선물세트 금지규정에 따라 명절 때의 매출이 급감하였다.

10) 이 마을도 다른 마을처럼 노인가구가 많다. 여성노인 가구는 10여 호에 이르며 남성노인 가구는 4호에 달한다. 국민기초생활수급권자는 8명인데 모두 여성 고령자다.

11) 홍성군 장기발전계획(2007) : 성장 가능성이 높은 향토산업을 운영하는 기업을 향토전문기업으로 지정하고 이들 기업이 자력성장의 기반을 갖출 때까지 행정적·재정적 지원도 할 예정이다.

사회생활과 문화

인구와 가족구성

인구구성과 변화

옹암리는 옹암포구를 중심으로 어시장이 발달하여 서해안 해산물의 매매가 활발하게 이루어졌던 곳이다. 천안, 보령, 장항, 군산 등지에서도 많은 사람들이 왕래하였던 것은 그만큼 옹암리가 상업의 중심지였음을 반증하는 것이다. 특히 1923년과 1931년에 각각 홍성과 광천을 연결하는 철도가 개통되면서 옹암리는 서해 내포지역을 중심으로 하는 다양한 산물과 내륙의 공산품이 집산하는 상업의 중심지로 기능했던 것이다. 마을사람들에 따르면, 1960년대에 배가 들어오면 광천장보다 큰 장시를 이루어 장사하러 오는 사람들로 붐볐고 그들을 상대로 하는 술집에는 3~4일간 장고소리와 노랫소리가 끊이지 않았다고 한다. 뿐만 아니라 양조장이 있어 10여 명의 종업원을 고용하여 술 배달을 시켰으며 서해안의 섬사람들이 배를 타고 들어와 음성적으로 술을 거래하는 광경들이 목격되었다는 사실은 번성했던 옹암리에 대한 증언이다.

다음의 <표1>에서 보는 것처럼 1972년도 만 해도 옹암리의 가구수와 인구는 331가구에 1,855명으로 상당히 큰 마을을 이루었다. 그러나 70년대와 80년대를 경유하면서 옹암리의 인구는 지속적으로 감소하여 2008년 현재에는 196가구에 421명의 주민들이 살고 있는 마을로 축소되었다. 특히 1973~1977년 사이에 옹암리의 인구가 급격하게 감소한다. 옹암포구를 형성했던 갯골에서 사금채취가 이루어지면서 해수면이 낮아지고 그로 인해 선박의 출입이 곤란해지고 옹암리의 시장 기능이 약화되었기

〈표1〉 옹암리의 인구변화 추이

년 도	가구수(호)	인구수(명)	남 자	여 자
1972	331	1,855	942	913
1973	319	1,831	936	895
1974	315	1,681	835	846
1975	300	1,629	843	786
1977	309	1,518	762	756
1979	265	1,447	736	711
1982	263	1,198	613	585
1985	266	1,119	598	531
1987	245	940	478	464
1990	239	927	479	450
2006	197	470	231	239
2008	196	421	222	199

* 홍성의 통계 (각 년도)

때문이다. 게다가 1970년 12월 안면도와 태안반도를 잇는 연육교의 가설이 완공되어 안면도의 수산물이 서산으로 몰리면서 옹암리의 시장은 더욱 쇠퇴하게 된다. 1979년부터 1985년 사이에 옹암리의 인구는 재차 감소하는데 포구의 쇠퇴와 더불어, 교통수단의 발달에 힘입어 유통체계가 변화하면서 광천지역전체의 경기 침체에 따라 생활근거지를 찾아 옹암리를 떠난 사람들이 많기 때문이다. 즉 교통체계의 변화에 따라 다양한 농어업 생산물이 시간에 구애받지 않고 여러 지역으로 동시에 이동할 수 있는 상황이 생기면서 옹암리의 시장기능이 축소되고 인구감소를 초래했다는 것이다. 이러한 지속적인 인구감소의 결과 2008년 현재 옹암리의 인구는 1972년의 22.6%에 불과한 421명이 거주하는 마을로 변화되었다. 이러한 인구변화의 원인은 물론 출생율과 사망율의 변화에 따른 자연감소에서 찾을 수 있었지만 무엇보다도 상업도시로서 광천시장의 축소와 옹암리의 시장 기능의 악화에 따른 결과이자, 우리나라가 산업사회로 진입하고 산업구조가 재편되면서 나타난 현상에서 찾을 수 있다. 물

<표2> 옹암리의 성·연령별 인구분포(2008년 7월 현재)

연령집단	옹암리 인구			전 국
	남(%)	여(%)	합계(%)	(2007년 추계%)
90세 이상	0	0	0(0)	12.9%
80~89세	5	12	17(4.0)	
70~79세	20	30	50(11.8)	
60~69세	29	36	65(15.4)	
50~59세	30	27	57(13.5)	10.9
40~49세	34	29	63(15.0)	17.0
30~39세	31	20	51(12.1)	17.4
20~29세	33	15	48(11.4)	15.6
10~19세	22	14	36(8.6)	14.9
0~9세	18	16	34(8.1)	11.8
합 계	222	199	421(100)	100

* 옹암리의 주민등록상 인구구성 통계

론 취업이나 진학 등 다양한 이유로 젊은층의 도회지로의 이동도 인구감소의 중요한 요인이다.

옹암리의 가구수도 1972년 이후 지속적으로 감소하는데 1972년도의 331가구에서 1974년에는 16가구가 줄어들고 1979년에는 66가구가 감소하며 1989년까지는 88가구가 옹암리에서 자취를 감추게 된다. 결과적으로 2008년이 되면 1972년에 비해 50.8%인 135가구가 줄어든 196가구만이 거주하게 되는데, 가구수와 인구수로 환산한 가구당 평균 인구는 1972년에 5.6명에서 1979년에는 5.5명, 1989년에는 3.9명, 2008년 현재에는 2.14명이 된다. 이러한 가구당 평균 인구의 감소는 가계노동력의 상실과 밀접하게 관련되며 노인 인구의 부양능력의 악화를 가져와 가계부담을 가중시키게 된다.

다음으로 2008년 6월 현재 옹암리 거주자의 성별·연령별 분포를 살펴보면 옹암리에서 가장 큰 비중을 차지하는 것은 60대의 인구이며 이어서 40대, 50대의 순이다.

그러나 70대 이상이 16.0%를 차지하고 있어 60대와 70대 이상 인구를 합하면 전체 인구의 31.4%를 차지하게 된다. 이러한 수치는 2007년의 전국추계와 비교할 때 상당히 높은 편이다. 한편, 마을 인구의 허리 역할을 하는 40대 이상 50대 인구가 28.5%로 전국 추계와 매우 유사하다. 40대 미만의 전체 인구도 40.2%를 차지하고 있어 전국 추계의 59.7%와 비교할 때 40대 미만이 차지하는 비율은 적은 편이지만 여타 농촌 마을과 비교할 때 높은 편에 속한다. 나아가 60세 미만 인구가 전체의 68.7%인 점을 감안할 때 전국 추계 87%보다 적지만 도시형 인구구성과 유사하다고 보여진다.

> 옛날에도 젊이들이 많았시유. 예비군훈련 가면 옹암리 젊은 사람들이 제일 많았시유. 그래서 예비군 소대를 두 개로 나눌 정도였으니께유. 지금도 상당히 많아유. 대충 상업하는 사람들 3분지1, 농업이 3분지1, 그리고 이러저러 직장 다니는 사람이 3분지1 정도로 보면 되유. 부모 장사 이어받은 사람도 더러 있구, 직장 다니는 젊은이들 합하면 그냥 젊은 편이지유.(김정만)

인구구성을 성별로 나누어 보면 60세 이상에서는 여성의 비율이 59.1%를 차지하고 있어 남성보다 높게 나타난다. 이 수치는 성별 연령별 인구분포에 있어서 2007년도 전국통계(60세~99세)에서 나타나는 성별 구조인 41.5% 대 58.5%와 유사하다.

그러나 옹암리의 인구에서 50대의 경우는 남자가 30명으로 7.1%인 반면 여자는 27명에 6.4%로 여성의 비율이 줄어든다. 40대 역시 남성대 여성의 비율이 8.1%대 6.9%로 남성의 비율이 높게 나타난다. 특히 30대와 20대에 이러한 성별 인구구성의 불균형 현상은 현저하다. 이러한 불균형현상에 대하여 주로 지적되는 사항은 농촌 젊은이들의 결혼문제이다. 즉 옹암리에 결혼적령기를 맞이한 미혼 남성이 많다는 점이며 그러한 40~50대의 남성들 가운데 도회지에서 결혼하여 가정을 이루고 살다가 이혼하여 남자만 옹암리로 내려와 살고 있는 경우도 있다. 어떤 경우는 자녀의 상급학교 교육을 위하여 퇴거하여 도회지에서 자녀들의 뒷바라지를 하는 여성들이 생기면서 이러한 성별 인구구성의 불균형을 가중시키기도 한다.

> 우덜 동네는요. 남성들이 많유. 시골동네에서 결혼 못한 총각들이 월마나 많은디유. 얼마

전에도 우리 마을에 필리핀에 가서 선보고 온 사람도 있유. 40~50대에 그런 사람이 많유.(김종관)

이러한 마을의 인구구조의 불균형은 농촌 노동력의 불안정을 초래하여 지역경제활동을 위축시키게 된다. 아울러 농촌사회의 다양한 사회문제를 해결하는 힘의 원천으로서 협동시스템을 저해하는 원인이 되어 공동체의 연대의식을 약화시키기도 한다. 그러나 농촌 남성들이 결혼적령기를 넘어서까지 결혼을 못하고 있는 것 자체가 농촌사회의 중요한 사회문제로 지적되는 현실을 감안할 때, 옹암리의 성별 인구의 불균형은 또 다른 사회문제로 대두될 전망이다.

가족규모와 구성형태

이상으로 살펴본 옹암리의 인구변화와 연령별 인구구성은 옹암리의 주민등록상 인구구성에 기초한 것이다. 그러나 마을의 실제조사에 의하면 이러한 통계와는 상당한 차이가 발견된다. 옹암리의 실제 주민수는 주민등록상 인구보다 현저히 줄어든다. 가구수에 있어서도 그러한 차이가 나타나는데 구체적으로 살펴보면 실제 인구는 333명에 지나지 않아 주민등록상 인구와 88명의 차이가 나타나면 가구수는 141가구로

〈표3〉 옹암리의 가구 유형별 구성비(2008년 7월 현재)

분 류	옹암리(가구)	구성비(%)	면 부 (2005년 %)	전 국 (2005년 %)
1인 가구	39	27.7	26.2	17.0
부부가구	49	34.8	28.0	13.8
부부 + 자녀	17	12.0	22.5	47.1
편부 + 자녀	3	2.1	1.1	1.5
편모 + 자녀	9	6.4	4.2	6.4
3세대 이상	15	10.6	8.2	7.3
기 타	9	6.4	9.8	6.9
합 계	141	100	100	100

주민등록 상 가구수 보다 55가구가 줄어든다. 이러한 현상이 나타나는 중요한 원인은 다양하게 지적된다.

먼저 한 가구가 2세대 혹은 3세대로 나누어져 있어 실제 보다 부풀려졌을 가능성이 제기되고 있으며, 주민등록은 옹암리에 두고 외지에 나가 거주하는 사람들이 통계적으로 처리된 경우도 적지 않다. 이들은 주민등록에서 말소시킬 적법한 근거도 없어 그대로 통계상 계상되고 있다는 것이다. 특히 2007년도에 옹암리의 구시가지 건물을 철거하고 새로운 시장을 건설하여 도시화하려는 재개발사업이 추진되면서 실제로 마을에 거주하지 않는 전입자가 급격히 증가하였다. 물론 보상비를 기대하는 경우나 이주비의 신청이 가능하다는 점을 이용하여 위장으로 전입한 자의 수도 만만치 않다는 지적이다.

아무튼, 옹암리의 가구구성에서 1인 가구수는 39가구 27.7%로 우리나라 면부의 26.2%보다도 높게 나타나며 전국의 17.0%보다 훨씬 높다. 부부가구의 비율도 면부나 전국구성비에 비해 훨씬 높은 것으로 나타나고 있다. 반면에 부부 + 자녀 가구의 비율은 면부보다도 10%정도 낮고 전국보다는 매우 낮다. 이러한 현상은 부모의 생활을 돌보는 자녀세대의 감소로 부부만의 생활을 영위하는 세대의 증가를 의미하며 향후 이들을 돌보아야 하는 복지문제의 심각성을 함의한다.

성씨집단과 친족관계

성씨의 구성

옹암리의 성씨집단이나 친족관계를 살펴보기 전에 마을 주민들의 증언은 이곳이 전형적으로 각성받이 마을이라는 점을 느끼게 한다.

여기서 친척끼리 살고 있는 집 별로 읎을겨. 머 안면도에서 온 사람, 의식에서 온 사람, 토박이는 별로 읎을겨. 그라니께 마을에서 99%는 각성이라고 보면 되어. 성씨가 같으면 뭐혀. 일가 친척은 아녀. 그렇게 치면 김씨가 젤로 많고 이씨, 박씨, 전씨 다 친척이게.(김○○)

〈표4〉 옹암리의 성씨별 구성(2008년 8월 현재)

성 씨	가구수	성 씨	가구수
김씨	29	신씨	7
이씨	14	임씨	6
최씨	9	장씨	5
박씨	8	오씨	4

　이러한 주민들의 증언을 고려하여 옹암리의 성씨별 가구수를 실제 조사했을 때 그 결과는 위의 <표4>와 같다. 표에서 보는 것처럼 옹암리에서 가장 많은 성씨는 본관은 명확히 확인되지 않지만 김씨가 가장 많고 이씨가 그 다음이다. 이어서 최씨, 박씨가 그 뒤를 잇는다. 신씨나 장씨, 임씨도 적은 편은 아니지만 이들이 친인척관계를 형성하고 있지는 않다. 그 외에도 옹암리에는 윤씨, 유씨, 홍씨, 노씨, 정씨, 황씨, 강씨, 심씨, 조씨, 고씨 등이 소수이지만 마을을 형성하는 중요한 성씨로 거주하고 있다. 이들 가운데 옹암리에서 친인척관계를 이루고 살고 있는 대표적인 집안으로는 창원황씨의 황금산 씨 형제들이다. 마을 내에서 1960년대 항만노조활동을 했던 황금산 씨 형제들은 작은 동생 둘과 3대째 이곳에 살고 있으며 이모님을 모시고 있는 이종조카들이 옹암리에 살고 있는 것이다. 그 외에는 류씨의 유재성, 유재석 씨 형제들인데 이들은 인근의 천북면에서 이사 온 사람들로 토박이라고 할 수 없으며, 오씨의 오진규, 오세규 씨 형제도 이곳에 거주하고 있으나 안면도에서 이사 온 사람들이다. 몇몇 이종들과 모여 사는 경우도 있지만 아주 소수에 지나지 않는다. 형제 간에도 잘 만나지 못하고 부모님의 기제사나 형제들 생일날이나 되어야 서로 얼굴을 마주하고 음식을 나누는 정도로 혈연을 중심으로 하는 연대의식이나 공동체감도 상당히 희박한 인상이다. 그러나 이상으로 살펴본 마을의 거주자들은 서로 상이한 가구를 구성하고 연령집단을 형성하면서 마을의 대소사에 대응하고 연대를 형성하면서 옹암리를 유지하고 내일을 계획하는 것이다.

마을의 공식조직과 마을 운영

옹암리 주민들도 자기들끼리 삶을 영위하면서 공동체를 유지 발전시키기 위한 여러 장치들을 구축해 왔다. 그 가운데 마을의 동사(洞事)를 논의하고 실현하기 위한 공식조직이 있는가 하면, 구성원들의 친목과 화합을 도모하는 다양한 자발적 모임들이 조직되어 씨줄과 날줄로 상호 협력하는 체계를 구축한다. 옹암리의 공식조직으로는 마을의 이장을 중심으로 하는 마을회와 부녀회, 노인회가 있으며, 구성원들의 자발적인 모임으로는 개발위원회와 상가 번영회, 그리고 다양한 친목계가 존재한다. 옹암리의 사례연구에서 중요한 자치조직이나 협동관계에서는 인근의 노동마을의 사례를 아울러 분석해 보았다.

마을회와 이장

옹암리에서 마을의 대소사를 논의하고 의결하는 것은 대동회(大洞會)라고 하는 마을총회이다. 따라서 이 대동회는 전체 주민들이 회의의 구성원으로 참여하여 마을의 발전이나 안녕을 위한 안건을 수렴하고 의결하는 마을운영의 최고기구인 셈이다. 마을에 따라서는 이를 대동회, 동회(洞會) 혹은 동계(洞契), 주민회(住民會), 마을회 등 다양하게 호명(呼名)하고 있으나, 옹암리는 대동회, 마을회라는 명칭을 혼용하고 있다. 옹암리에 이웃하는 노동마을은 매월 실시하는 반상회가 이를 대신한다. 매월 27일 생업에 종사하는 낮 시간을 피하여 밤이 되면 마을 주민들은 하나 둘 씩 마을회관으로 모여 반상회를 개최하여 마을의 대소사를 논의하고 마을의 발전을 도모한다. 그러나 전체적인 마을총회는 넌간 상반기와 하반기로 나누어 개최하며 이때 마을의 사업이나 재정을 종합적으로 보고하고 있다. 옹암리의 마을회에 대한 어떠한 자료도 발견되지 않지만, 이웃하는 노동마을에는 1970년대 말에 제정되고 1980년에 개정한 마을회의 약관이 남아 있어 마을회의 구성이나 목적, 회원자격 등을 확인할 수 있다.

노동부락 마을회 약관에 따르면, 마을회의 회원은 노동부락에 거주하는 모든 세대원을 회원으로 하며 희망자에 한해서는 출향인도 회원으로 가입할 수 있다고 규정하고 있어 지나친 폐쇄성 대신에 개방하여 다양한 참여를 유도한다. 마을회를 조직하는

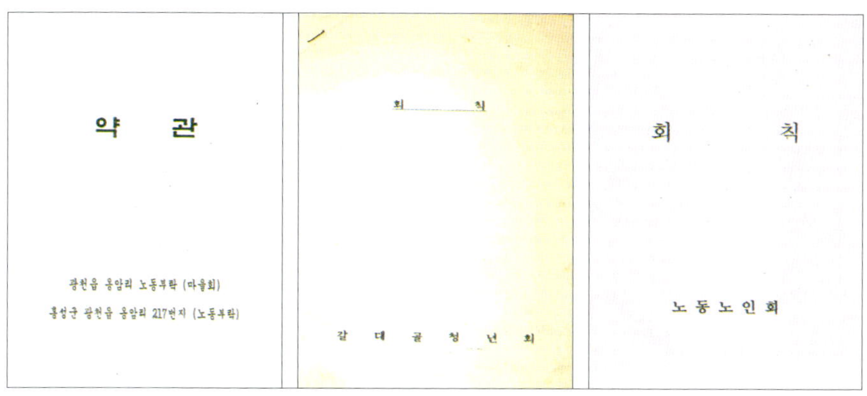

옹암리(노동마을)의 약관 및 청년회, 노인회 회칙

목적은 부락주민 간의 화합과 회원 상호 간의 친목을 도모하고 부락의 번영과 유지 발전시킴을 목적으로 한다고 기록하고 있어 마을회의 성격을 확인할 수 있다. 마을회의 임원으로는 회장, 부회장, 총무, 재무를 각각 1명씩 두며, 회장과 부회장은 마을 주민들의 무기명 투표에 의해 선출한다. 마을회의 운영을 위한 재정은 회원·신규가입자·출향인들에 의해서 조성하는데, 회원인 경우 1세대당 매월 개최하는 반상회 때 500원씩을 납입하고, 전입에 따른 신규 회원의 경우는 5,000원의 가입비를 의무적으로 납입해야 한다. 그리고 출향인의 경우는 격려금이나 기탁금 명목으로 마을회의 재정을 보조하여 마을의 살림살이를 꾀하며 마을회의 재무가 이러한 마을의 재정상황을 총괄하여 당해연도의 수입과 지출내역을 상·하반기 마을총회에 보고해야 한다.

옹암리 주민들은 이러한 마을회의 기원을 정확하게 기억하지는 못하며 단지 오래 전부터 마을회가 존재해 왔다고만 증언한다. 유래가 불분명한 전통을 계승하여 일상 속에서 관계하는 마을 주민들 간의 전인적인 인간관계를 형성하며, 면대면(面對面)의 접촉을 가능하게 하는 장치로 작용해 온 것이다. 대동의 장(場)에서 마을의 규범을 몸소 익히며 경로(敬老)의 예를 이해하고 주민들 간의 친목을 도모하는 것이다. 이러한 마을회의 기능은 마을의 임원을 선출하고 지난년도의 결산보고, 신년의 예산안 검토, 마을 공유재산의 관리, 마을회칙의 제정 및 개정, 수리 및 산림시설의 공동

개발, 마을에서 발생하는 다양한 사안의 의결을 통하여 확인된다.

마을에 이사를 와서 거주하는 사람이면 누구나 회원이 된다. 신규가입자라고 특별히 치러야 할 통과의례는 없다. 회의를 주관하는 사람이나 이장이 신규가입회원이 된 사람을 소개하고 신규가입비를 납입하면서 자연스럽게 가입이 승인 되는 것이다. 이러한 마을회는 가을과 봄에 한 차례씩 개최했는데 20여 년 전부터 전반기와 후반기로 나누어 1년에 두 차례 개최한다. 매년 6월 30일에 전반기 임시 마을회를 개최하고 12월 31일에 후반기 정기마을회를 실시하는 것이다. 마을회가 개최되는 날에는 관행적으로 이장조 혹은 이장모조, 이장수곡이라고 부르는 이장보수를 수거하여 이장에게 전달하면서 한철의 노고를 격려해 왔다. 여기서 잠시 노동마을의 마을총회 회의록을 통하여 마을회의 드라마가 어떻게 연출되는가를 확인할 수 있다.(참석한 관중은 25명, 불참자는 9명)

의장 : 마을회관 신축사업에 따른 추지위원회 구성에 관한 회의를 시작하겠습니다.

의장 : 의안 상정

회원 : 우리 마을회관이 매우 낡아 하반기 신축사업을 지원받았으나 도시 계획상 자연녹지 건폐율 관계로 부지를 선정하지 못하여 사업 추진이 부진하던 중 한병구 이장이 선뜻 부지를 희사하여 회관을 신축하게 된 것을 기쁘게 생각합니다. (중략)

회원 : 정동규 씨를 추진위원회 총무로 추천합니다.

회원 : 재청합니다.

회원 : 박재규 씨 의견에 전적으로 동의합니다.

의장 : 이장인 저를 추진위원장으로 이기형, 전명수 노인회장, 신경수 청년회장, 박재규 반장, 강영하 씨, 이한필 씨를 추진위원으로 정동규 씨를 총무로 추진하자는 의견에 동의와 재청이 있었습니다.

참석자 전원(박수로 찬성의 의사표시를 하다.)

의장 : 안건이 가결되었음을 선포한 후 임원 및 선출된 추진위원으로 하여금 회의에 서명케 하고 폐회를 선언함

　총무에 의해 기록된 회의록은 회의 내용과 상위 없음을 확인하고 참석자들의 날인으로 확정되며 마을회의 드라마를 마치게 된다. 옹암리는 마을회를 마치고 마을사람들은 이장이 대접하는 음식을 나누며 서로 교제하는 장을 이룬다. 과거에는 함께 음료수를 마시면서 마을회의를 정리했지만 최근 들어 이장은 국수와 떡을 준비하고 돼지고기를 삶아 내는가 하면 맥주와 소주를 나누며 한 해의 무사송년을 기리고 새해의 안녕을 서로 격려한다. 마을총회를 마친 후 함께 나누는 음식은 마을의 부녀회원들이 대거 참여하여 만들어내고 마을의 노인들에게 음식이나 술을 날라다 주며 마을사람들을 접대한다.

이장

　어느 마을이든 어떤 목표를 가지고 마을의 발전을 유도하는 지도자가 있기 마련이다. 따라서 마을의 지도자는 그에 적절한 권한을 부여 받으며 많든 적든 공식적으로 보수를 받는다. 이러한 마을 지도자의 정점에는 이장이 있으며 이장은 마을의 실질적

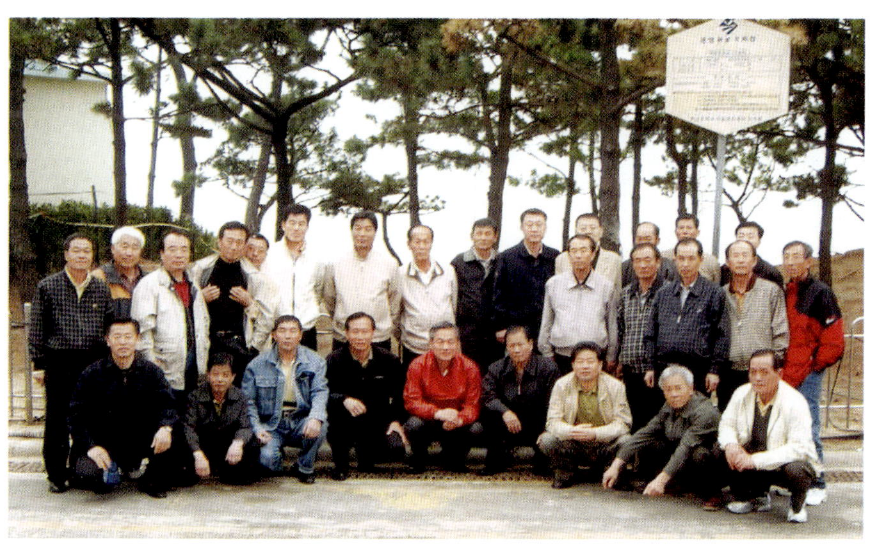

광천읍 이장단 협의회 여행(김종관 씨 소장)

지도자이자 책임자고 마을을 대표하는 일꾼으로 마을 주민들의 의견을 수렴하여 마을사업에 반영하기도 하고 더러는 자질구레한 마을 주민들의 행정업무를 대행하기도 한다. 최근에는 마을의 독거노인들을 돌보고 부녀회와 개발위원회의 협력을 통하여 마을 환경정비 등에 나서기도 한다. 읍(면)사무소와 관련된 행정업무로서는 행정기관의 공문을 마을 주민에게 지시하고 홍보할 뿐만 아니라, 영세민, 구호대상자를 선정하여 행정기관에 의뢰하는 일도 이장이 수행하는 중요한 역할이다. 과거에는 주민의 거주실태를 조사하고 출생과 사망신고, 전출입업무도 이장을 경유하여 이루어졌지만 최근에 행정업무의 간소화로 이는 행정기관으로 이관되었다. 대신 마을에서 생산되는 농산물의 공동출하 및 농협의 업무를 대행하며 농사와 관련된 업무를 통하여 마을 주민의 이익에 기여하고 마을회관이나 마을창고 등의 공유재산을 관리하고 마을의 환경조성을 담당하는 것도 이장의 몫이다.

전통적으로 마을의 이장은 주민들 가운데 학식이 있고 덕망이 있는 사람으로 원로들의 추천에 의해 선출하는 것이 일반적이었다. 학식이란 단순히 정규학교를 이수한 학력으로 평가하는 것이 아니라, 시대에 대한 판단과 마을 주민들에 대한 설득력을 기준으로 하며 성실, 근면한 생활태도, 정직성 등을 덕망의 요건으로 정하여 이장을 선출해 온 것이다. 그러나 최근에 마을의 업무가 급격히 증가하고 복잡·다양해지면서 행정기관과 긴밀한 네트워크를 가지고 마을의 발전을 위한 사업을 유치할 능력이

<표5> 옹암리 역대 마을 이장 명단

이장 명단	재임기간	거주지명
이용우	1978. 3 ~ 1979. 2	하옹리
박정일	1979. 3 ~ 1988. 12	하옹리
김정만	1989. 1 ~ 1992. 5	상옹리
이연희	1992. 5 ~ 1993. 7	하옹리
김정만	199. 7 ~ 1994. 12	상옹리
김용남	1995. 1 ~ 1996. 12	하옹리
김정만	1997. 1 ~ 2000. 12	상옹리
김종관	2001. 12 ~ 현재	하옹리

있는 사람이 선호되고 있다. 다양한 외부와의 접촉 기회가 증가하고 이장에 대한 체계가 강화되면서 이장에 대한 선호도도 증가하였다. 따라서 이장은 민주적인 절차를 준수하면서 경쟁에 의해 선출하는 경우가 늘고 있다. 이렇게 선출된 마을 이장들은 광천읍 이장협의회의 회원이 되며 정기적인 회합을 통해서 마을의 숙원사업을 논의하고 읍의 발전을 도모한다.

옹암리 이장의 임기는 2년이며 연임이 가능하다. 이장을 맡고자 하는 사람들이 적을 때는 주변의 권유에 의해서 본인의 의지와 상관없이 연임하는 경우도 있고 마을에 대한 봉사와 희생정신이 강한 사람이 이장직을 수락하기도 한다. 또 행정업무 능력과 마을의 숙원사업을 처리하는 경험 등을 고려하여 장기간 이장을 맡아 보기도 한다. 노동마을의 한병구 이장의 경우 17년째 이장을 역임하고 있으며 옹암리의 김정만 씨의 경우는 1985년부터 1992년까지 이장을 연임했으며 다시 1993년부터 94년까지, 그리고 1997년부터 2000년까지 세 차례에 걸쳐 12년간이나 이장을 역임하였다. 현재의 김종관 이장도 7년째 이장 일을 보고 있다.

대부분의 마을은 이장의 수고에 대하여 이장조를 지급하여 왔다. 옹암리의 경우 임시마을회와 정기마을회로 나눠 년 간 두 번에 걸쳐 이장조를 걷어 주었는데 이 이장조는 대부분 곡식으로 지급되었다. 즉 봄철에는 보리 한 말 반을 지급하고, 가을에는 타작한 나락(벼) 한 말 반을 지불하였다. 그러다가 1985년경부터 곡식으로 지급하던 이장조를 폐지하고 이장조 대신에 가구당 일정 액수의 현금을 지불하였는데, 1990년대 초부터 일률적으로 1가구 당 15,000원씩을 추렴하여 이장조를 지급하고 있다. 물론 군청이나 농협에서 지원금도 지급되고 있는데 군청의 지원금은 2007년 현재 월 20만 원이며 농협에서는 월 7만 원이 지급되어 총 27만 원이 이장조로 지급되고 있는 셈인데, 여기에 마을에서 가구당 추렴하여 지급되는 금액을 합하면 상당한 금액이 이장조로 지급되는 셈이다.

마을임원들

마을의 운영을 주관하는 마을임원은 마을의 편리나 전통에 따라 조직된다. 이장과 새마을지도자, 부녀회장, 노인회장, 청년회장 등이 주로 마을의 임원이 되지만 마을에 따라서는 번영회장이나 개발위원장이 임원이 되는 경우도 있다. 옹암리의 경우 마을 책임자로서의 이장과 개발위원이 임원이 된다. 부녀회장이나 청년회장 등이 개인의 생업에 종사하면서 참여율이 저조하여 이러한 편제를 선택한 것이다. 그러나 노동마을의 경우 마을의 운영을 담당하는 임원으로는 마을의 이장과 개발위원회(위원장: 이한필), 번영회장, 청년회장, 노인회장, 부녀회장이 된다. 이장은 마을 내에 사업계획이 정리되면 이를 7명으로 구성된 번영회에 전달하고, 사안을 검토한 후 번영회는 다시 9인으로 구성된 개발위원회를 소집하여 이장의 의견을 청취하게 한 후 사안을 심의하며 여기서 결정된 사항이 다시 이장에게 전달되어 사업을 추진하게 되는 것이다.

> 이장이 뭐 권한이 있나요. 아녀요. 마을의 사업을 추진하려면 먼저 번영회에 사업 내용을 전달하고 번영회와 개발위원회의 승낙을 받아야 해요. 마을 이장이라야 심부름꾼에 지나지 않아요. 아무것도 아녀요.(노동마을 한병구)

대부분의 마을은 전체 마을을 몇 개의 반으로 나누고 이장 솔하에 반장을 임명하여 이장을 보조하도록 한다. 옹암리는 행정편제상 반장체제를 유지하고 있을 뿐 실제로 반장을 두고 있지는 않다. 다만 명목상으로 상옹과 하옹을 각각 1, 2, 3, 4반으로 분류하고 있다. 각 반을 책임지는 반장은 원래 비료나 농약이 나오면 각 반원들에게 적절하게 분배하고 추곡수매와 하곡수매를 담당하였으며 이장조를 수납하는 일을 맡았었는데 그 역할이 축소되면서 반장제도를 폐지한 것이다.

이처럼 마을의 운영은 다양하게 구성되는 마을의 임원들을 중심으로 운영된다. 그들이 얼마나 강력한 추진력을 가지고 마을의 사업을 실행하는가에 따라서 마을의 발전도 달라진다. 때로는 마을 사람들과 마찰을 빚고 갈등을 초래하는 것도 이들 임원들의 역량으로부터 기인한다.

개발위원회

옹암리의 개발위원회의 기원은 마을의 번영회의 역사로부터 찾아진다. 구체적인 역사적 기원을 알 수 없지만 옹암리 번영회는 약 15년경인 1990년대 초부터 개발위원회라고 부르게 되었다. 과거의 번영회는 이장과 협의 하에 마을의 전반적인 사업에 개입하고 마을 당제를 주최하였으며 대동회의를 주관하였다.

주민의 안전과 건강 그리고 풍어를 기원하는 당제를 지낼 때, 번영회는 월경이 끝나고 정갈하며 마을에서 존경을 받는 어른으로 당주를 선출하고 한문으로 축문을 작성하여 당제를 지냈다. 당주는 며칠 동안 몸을 정갈하게 하고, 혹 애가 있는 집에서 당주를 하게 되면 애를 당제가 끝나는 날까지 친척집에 맡기는 것을 원칙으로 하였다. 그러나 요즘 들어 마을사람들은 서로 당주를 사양하는 형편이다. 물론 교회에 다니는 주민들이 늘어나면서 당주를 사양하는 데서도 그 원인을 찾을 수 있지만, 마을사람들이 생업에 쫓기다 보니 마을일에 소홀해지면서 생긴 현상이라고 한다.

당제를 지내는 음력 정월 엿새 날이면 상웅과 중웅, 하웅에 위치하는 대동샘에서 샘고사를 지내고 오후에 제를 준비하여 백기와 용기를 앞세워 당산에 오른다. 용기나 백기가 길을 지나갈 때면 사람들은 부정 탄다고 그 기를 앞질러 가지 못하게 했다고 증언하는데 샘고사를 지내는 상웅과 중웅의 대동샘은 아직도 존재하고 하웅의 대동샘만 약 15년 전에 폐쇄했다고 한다.

이러한 대동회는 약 20년 전에 마을회로 이름을 바꾸고 대동회를 개최하던 일정도 음력 6월 30일에서 양력으로 바꾸고 음력 12월 20일을 양력 12월 30일로 변경하였다. 이러한 대동회의 규칙을 기록하였던 대동회칙도 존재했었다고 하지만 마을일을 담당하던 사람들이 바뀌면서 누가 어떻게 했는지 지금은 남아 있지 않다고 한다.

대동회칙에는 이장의 임기나 이장조, 그리고 마을 주민들이 지켜야 할 의무조항들이 적혀 있었슈. 그란디 그게 이러 저리 사람 따라서 돌아다니면서 워디루 갔는지 물러유. 누가 엿 바꿔 먹었는지. 한문으로 붓글씨로 써 있었슈. 또 이장이 번영회의 의결을 거쳐야만 쓸 수 있는 활동비의 액수도 써 있었슈. 지금도 그건 있잖유. (김정만)

1990년대 초에 번영회가 개발위원회란 별칭으로 변경되었지만 과거의 관행에서 크게 변화된 것은 없다. 개발위원장은 원칙적으로 추천을 받아 투표를 통하여 선출하도록 되어 있으며 휘하에 1인의 부위원장과 1인의 총무, 그리고 다섯 명의 개발위원

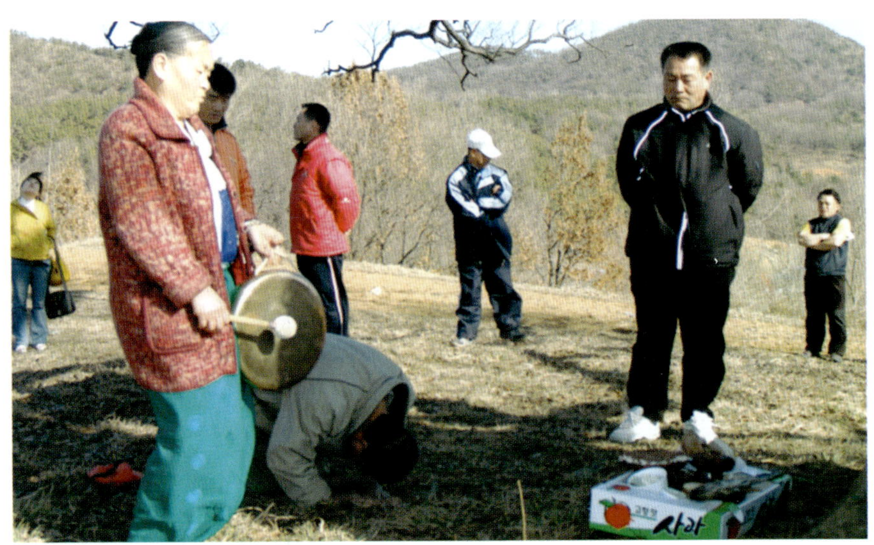

당제를 지내는 개발위원들

으로 조직된다. 개발위원회의 총회는 1년에 두 번 대동회가 개최되는 날 이루어지고 있는데 12월 30일을 정기총회일로 정하고 임기를 마친 회장 및 임원을 선출한다.

옹암리 당제의 비용은 과거에는 걸립(乞粒)을 하여 걷은 돈과 출향인사들의 보조로 충당하였으나 제 작년에는 개발위원회의 지원으로 치러졌다. 그러나 2007년의 당제비용은 형편에 따라 마을사람들로부터 추렴하여 사용하고 남은 돈은 개발위원회에게 돌려주어 개발위원회의 수입으로 전환시켰다. 추렴을 할 때는 장애자들이나 영세민들과 같은 어려운 사람들은 그 대상에서 제외된다. 당제를 지내기 위해서 마을 사람들끼리 얼굴 붉히지 않기 위해서 정해진 또하나의 마을 규범으로 자리매김할 것이다. 당제에 사용되는 비용은 주로 제에 사용되는 제물을 준비하는 비용이다. 제물은 당제를 주관하는 사람의 의견에 의해서 결정되는데 지난해 당제를 주관한 최정연 여사에 따르면, 당 제물로 메를 짓는 쌀 한 말, 돼지머리(옛날에는 돼지 한 마리를 잡음), 갈비 및 간이나 내장, 과일(배, 사과, 귤, 밤, 대추, 곶감 등), 동태, 떡(팥떡), 흰떡, 무나물, 생선(김, 조기, 미역) 등이 중요한 제물이 된다. 이것들로 제상을 차리고,

또 따로 음식과 술을 마련하여 당제를 지내고 참석자들끼리 나눠 마신다.

개발위원회는 마을 총회를 주관하여 1년간의 마을사업의 내용을 소개하고 새로운 사업계획을 제안한다. 또 마을 운영에 사용된 예산 결산을 수리하는 한 해의 재정보고를 하며 수입과 지출내역을 공개한다.

개발위원회의 재정은 명절 때, 풍물을 쳐서 모금한 돈이나 친구들의 지원금, 새우젓 토굴 사용료로 받는 약 200만 원으로 운영된다. 토굴 사용료는 마을에서 공동으로 구입한 마을회관 뒤의 토굴로 이장에게 관리를 위임하고, 이장은 새우젓 보관을 위해 사용을 요청하는 사람들에게 이를 빌려주고 사용료를 받는 것이다. 이 토굴 사용료는 이장조를 대신하기 위해 계획된 것이었는데 마을 이장조가 많아지면서 토굴 사용료는 개발위원회의 자원으로 전환된 것이다. 마을이 관리하는 토굴의 전체 길이는 분명하지 않지만 270~290m정도로 새우젓 드럼 한통의 보관료는 5,000원으로 하고 있다. 이렇게 해서 모아진 개발위원회의 재정이 현재 300만 원에 이르고 있다.

한편, 옹암리 개발위원회의 전신인 번영회는 마을의 발전에 기여한 사람에 대하여 번영회장 명의 감사장을 수여하기도 했다. 이것은 마을 주민들에게 애향심을 고취시키고 마을의 발전을 위하여 더 많은 주민들의 협력을 유인하는 인센티브이기도 했던 것이다.

노인회

옹암리의 노인회는 과거에는 마을의 당제를 주관했을 정도로 왕성한 활동을 전개해 왔다. 과거에야 노인회라는 구체적인 조직이 아니라 나이드신 분들끼리 노인회라고 부르며 노인정을 중심으로 마을의 대소사를 관여하고 마을의 어른으로서 역할을 하였는데 노인정을 경로당으로 개명하여 마을 노인회의 활동 거점을 이루어 온 것이다. 경로당이 건립된 것도 그리 오래 전의 일이 아니다. 현재 경로당 자리는 1980년대 조 홍병얼 씨가 빈영회장을 맡아 볼 때 마을의 빈 기와집을 마을 주민들이 십시일반으로 찬조를 하여 구입하였고 행정기관의 보조를 받아 건립한 것이다. 주민들은 그래도 옹암리 경로당은 광천읍에서 가장 먼저 설립된 것이라고 자랑한다. 1970년대말 대한 노인회가 공익법인 설립 운영에 관한 법률의 제정과 적용에 의해 공익사단법

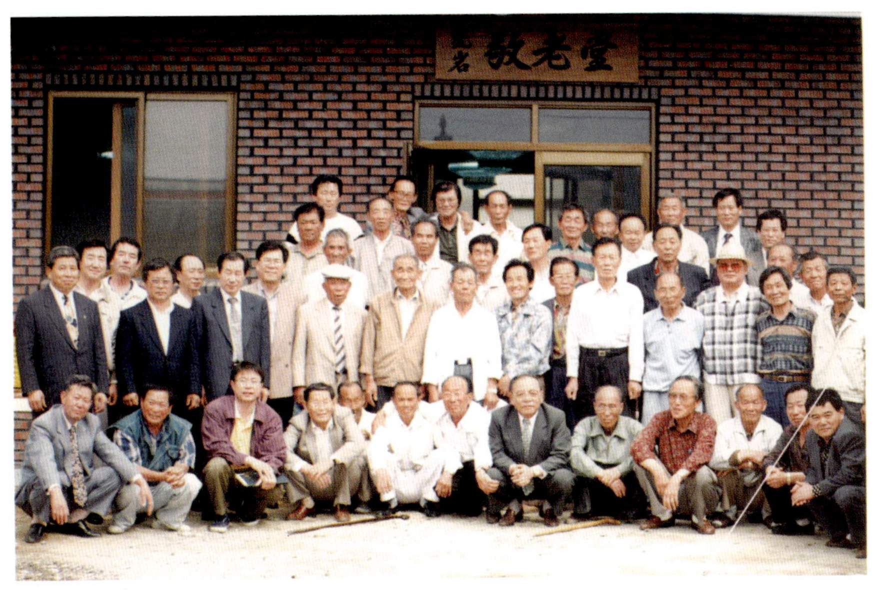

경로당을 신축한 기념으로 마을 노인들과 기념사진(김정만 씨 소장)

인체로 출발하면서 옹암리 노인회도 대한노인회 소속의 마을 조직이 된 것이다.

현재 옹암리의 노인회는 남자 노인들로만 구성되며 회원은 45명이다. 오진규 할아버지를 회장으로 추대하고 있다. 할머니들은 회원으로 가입되어 있지 않는데 조만간 할머니들을 회원으로 영입하고자 하는 움직임이 일고 있다고 한다. 노인회는 2년 임기로 노인회장을 선출하며 부녀회와 마을의 협조 하에 관광을 하기도 하고 경로잔치에 초대되기도 한다. 대부분 농촌마을의 노인회와 마찬가지로 노인 강령을 갖고 있으며 마을의 청소년들을 계도하고 전통적인 미풍양속의 전파를 중요한 목적으로 하고 있다. 옹암리 노인회의 설립목적과 노인으로서의 역할에 대해서는 노인 강령에 잘 나타나 있다.

노인 강령

우리는 사회의 어른으로서 항상 젊은이들에게 솔선수범하는 자세를 지니는 동시에 지난

날 우리가 체험한 고귀한 경험, 업적 그리고 민족의 얼을 후손에게 계승할 전승자로서의 사명을 자각하며 아래 사항의 실천을 위하여 다 함께 노력한다.

1. 우리는 가정이나 사회에서 존경받는 노인이 되도록 노력한다.

2. 우리는 경로효친의 윤리관과 전통적 가족제도가 유지 발전되도록 힘쓴다.

3. 우리는 청소년을 선도하고 젊은 세대에 봉사하며 사회정의 구현에 앞장선다.

옹암리 노인회의 운영은 정월에 마을의 노인들이 집을 돌아다니면서 가정의 안녕과 평화를 기원하는 풍물을 치고 받은 쌀이나 돈으로 이루어졌다. 이러한 풍물행사를 걸립이라고 하는데, 대개 걸립은 1주일씩 지속된다. 걸립의 대상이 된 각 가정의 주인은 쌀을 주어 감사의 표시를 하거나 어떤 가정에서는 봉투에 성의껏 돈을 넣어 주기도 한다. 또 마을의 출향인사들이 지불하는 찬조금이나 자녀들의 지원이 노인회의 운영자금으로 활용되기도 한다.

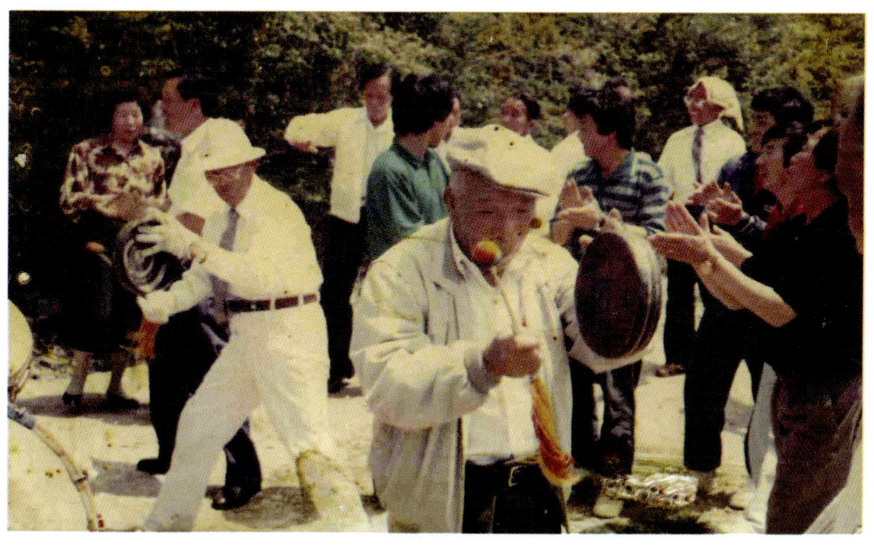

마을 노인들이 걸립을 하는 광경

옛날에는 정월 초순에 하루 동안 걸립을 했어. 풍물을 치면서 동네 안팎을 도는 거지. 걸립해서 쌀하고 돈이 모아지면 음식과 제사 준비를 해서 당집에서 제를 지냈지. 그런디 새마을운동 때 마을의 젊은이들이 당집을 없앤겨. 그게 지금의 우덜이지만 말여. 당집, 당집은 마을 뒤에 있었지.(양촌마을 박수영)

노인회원들은 마을회에 참가하여 마을의 현재와 미래에 대한 전망을 청취하기도 하며 자문을 거드는데. 평상시에는 마을 경로당에 모여 잡담을 하거나 화투를 치기도 하고 장기를 두면서 하루를 보낸다. 경로당에 부엌이 마련되어 있어 간단한 음식을 손수 만들거나 간단한 음식 재료를 이용하여 술안주를 만들기도 한다. 경로당의 운영 경비는 군에서 정책적으로 지원하고 있다. 군에서 지원되는 운영지원비는 1년 4분기로 나누어 분기별 195,000이 지급되는데 이 지원비는 대개가 겨울철 경로당의 연료비로 소요되며 경로당 전화비, TV 시청료로 지급된다.

또 옛날의 경로당에서는 마을의 주민들 가운데 마을을 위해 헌신적으로 봉사하거나 마을의 발전을 위하여 공헌한 사람에 대하여 표창을 하기도 하였다. 하여 마을의 어른으로서 무게 중심을 잡았던 것이다. 마을 내에 술 취하여 흥청거리는 사람이나 괜히 시비하는 사람을 어쩌지 못할 때, 이를 제재하거나 꾸짖는 것도 노인들이기 때문에 가능했다는 것이다.

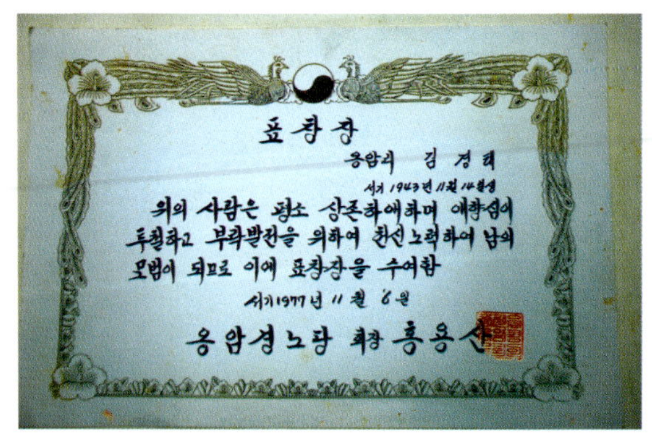

노인회에서 수여한 표창장

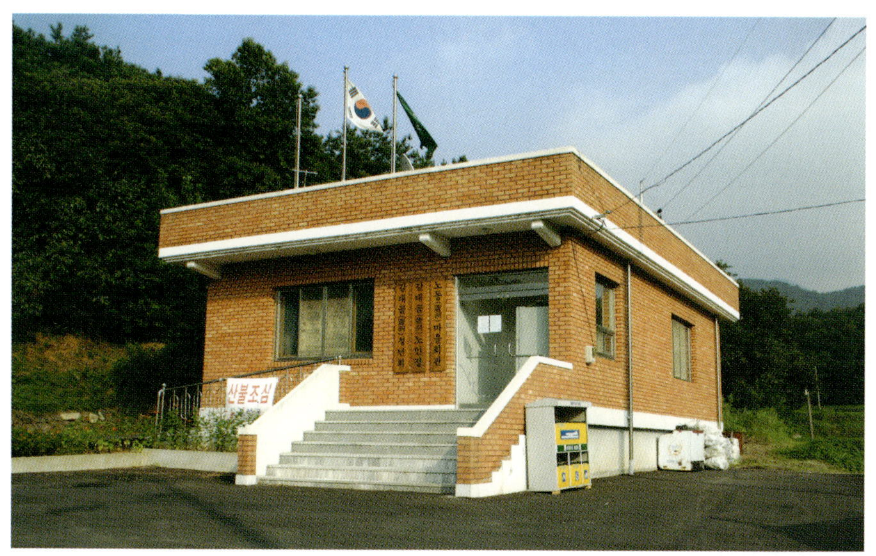

노동마을 마을회관겸 노인정

　　노인회관에 들어서면서 남자 노인들의 방이 있고 안쪽으로는 여자 분들이 사용하는 방으로 나누어져 있으며 그 안쪽으로는 주방이 마련되어 있어 언제든지 식사를 준비할 수 있다. 2층은 마을회관으로 총회가 열리거나 조합원을 선출할 때 이용하고 옹암리 자율소방대의 사무실로 활용하고 있다. 화재가 발생하거나 수해가 있을 때 적절한 조치를 취할 수 있도록 헬멧을 비롯한 갖가지 도구들이 비치되어 있다. 그러나 이러한 소방대의 활동도 지지부진한 상태이다.

　　노인회는 원칙적으로 65세 이상을 대상으로 하고 있으며 현재 회원은 약 45명이 가입되어 있다. 봄철 마다 노인회 관광을 계획하는데 이때 마을의 이장을 비롯하여 부녀회에서 음식을 장만해 주고 같이 관광길에 올라 노인들이 편안하게 관광을 즐길 수 있도록 배려하고 있다. 이 어른들의 관광길을 보살피고 음식을 장만하여 대접하며 예를 다하는 것은 그래도 마을의 부녀회원들이나 청년들이다.

부녀회

부녀회는 1970년대 새마을 사업을 추진하면서 공식적으로 조직되어 마을의 잡다한 일을 도맡아 해온 조직이다. 새마을 사업이 퇴조하고 젊은층의 이농현상이 두드러지면서 부녀회의 역할이 모호해졌다가 재차 부녀조직의 필요성이 제기되면서 마을마다 새롭게 탄생한 것이다. 구체적으로 보면 부녀회는 마을의 부녀들을 중심으로 봉사활동을 전개하면서 자체 단합을 꾀하거나 농촌생활개선, 저축장려, 가족계획사업 등 마을의 건전한 생활운동을 전개해 왔다. 옹암리의 부녀회도 70년대 초부터 활동을 전개해 왔는데 새마을운동이 쇠퇴하면서 그 역할이 축소되었으나 농촌사회의 변화에 발맞추어 꾸준히 마을의 일꾼으로 그 역할을 수행해 왔다. 옹암리의 부녀회가 조직되면서 45년간 부녀회를 이끌었던 최정연(85세) 씨의 증언에 따르면, 부녀회 초기에는 마을 청소하기, 꽃길 가꾸기는 당연히 부녀회의 몫이었고, 빈병이나 고물을 주워다 팔아서 불우이웃을 돕거나 마을의 애경사에 찬조하는 일도 마다하지 않았다고 한다. 뿐만 아니라 초기의 부녀회 활동은 마을에서 돈을 갹출하여 저금을 들고 각 개인에게 통장을 만들어 주거나 쌀을 조금씩 추렴하여 떡이나 식사를 지어 동네 노인들을 대접하기도 했다. 가난하거나 병든 사람들에게는 쌀을 걷어서 갖다 주는 활동도 부녀회의 몫이었다고 한다.

새마을운동이 한창일 때는 마을회관에서 아침방송이 나오면 너나할 것 없이 자발적으로 빗자루를 들고 나와 마을 청소를 하거나 쓰레기 줍기를 했다. 최근의 부녀회도 마을의 환경정비나 경로당 청소에 앞장서며 마을의 대소사에 협력하고 마을 어른들을 위한 경로잔치를 치러내는 일을 담당하고 있다.

현재 옹암리의 부녀회는 칠성상회를 운영하는 서용녀 씨를 회장으로 선출하여 활동하고 있다. 부녀회 출범 이후 2대째 회장이다. 옹암리 부녀회의 가입은 연령을 제한하고 있지 않은데 대부분 60대를 연령한도로 하고 마을에 거주하는 젊은이들이 적다보니 70대 할머니들도 부녀회에 참가하기도 하고 근력이 있으면 누구나 부녀회에 참가할 수 있도록 한 것이다. 노동마을도 여전히 새마을부녀회란 명칭으로 활약하고 있는데 회장은 주계화(49) 씨가 맡고 있으며 회원들 간의 친목을 도모하고 때로는 고아원을 방문하기도 한다. 그렇지만 마을에 젊은이들이 점점 도회지로 떠나면서 부녀회의 활동도 점점 둔화되는 추세이다. 그럼에도 불구하고 부녀회장은 이장, 개발위원회, 노인회와 더불어 마을의 운영에서 중추적인 역할을 수행하며 마을의 여성들을 대표하는 위치에 있다.

옛날에 초상 때는 막걸리 한통, 결혼할 때는 겨로 만든 시커먼 비누 한 장 갖다 줘도 그렇게 좋아하고 단합이 잘 됐는데. 요즘은 말이 아녀. 옛날에는 빈 병을 모아서 판다거나 고물들을 주워서 팔아 돈을 마련했지. 쌩으로 돈 내라고 하면 누가 내어. 그 돈으로 마을 어른들 술도 대접하고 없는 집 쌀이라도 팔아 주고 했는디. 요즘이야 워디 그렇간디.(최정연)

옹암은 옹암포가 없어지면서 다 버렸어. 옛날 배 들어 올 때는 월마나 좋앗간디. 요기 양촌까지 배가 들어 왔어. 내가 오소산 뒷산에서 광솔기름 내서 갯바닥에서 씻고 갔응께. 일정 시대지 뭐. 옛날에 이런 노래도 있었잖아. 광천독배로 시집 못간 요 내 팔자.(김OO)

부녀회는 마을의 공동작업이 있거나 공동의 일을 추진할 때 식사나 음식을 준비하며 당제를 지낼 때나 마을의 초상을 치르거나 결혼식이 있을 때면 너나 할 것 없이 나와 손을 걷어붙인다. 최근 들어서야 결혼식장이나 장례식장이 이를 대신하고 있어 부녀자들의 일거리가 많이 줄었지만 여전히 부녀회원들의 손길을 통해서 시장기를 달래고 입의 즐거움을 향유하는 것이다. 그러나 이런 일들이 부녀회 단독으로 이루어지는 것이 아니라 이장의 협조나 마을 개발위원회, 청년회 등이 힘을 보태고 협력하면서 이루어지는 것이다.

청년회

청년회는 마을의 대소사에서 의사결정을 담당하는 핵심적인 조직은 아니지만 마을에서는 중추적인 역할을 한다. 마을사람들의 기억에 의하면 그저 옛날에는 마을 내의 구석구석을 소독하거나 길가의 풀 깎기, 초상이 발생하면 상가를 돌보고 상여를 매거나 장지를 조성하는 일이 청년회의 중요한 일이었다고 한다. 초상을 치르는 일이야 여전하지만 사회가 변하고 마을 내의 일거리도 줄어들면서 청년회의 역할도 크게 축소되었다. 최근에는 어버이날을 전후하여 매년 경로잔치를 개최하여 마을 노인들을 대접하는 일이 큰 일이다. 청년회는 20세부터 회원으로 가입하여 대략 50세까지 회원으로 활동할 수 있다. 옹암리의 청년회장은 최봉수(46) 씨가 맡고 있으며 마을에 젊은 사람들이 많아 여러 가지 활동을 계획하고 단결력을 과시하고 있다. 노동마을은 신경수회장이 청년회를 맡고 있는데 1992년에 제정된 회칙에 따라 마을의 운영에 관여하고 있으며 마을을 위하여 봉사하고 있다.

청년회의 회칙을 살펴보면 청년회의 조직 목적은 회원상호 간 화합으로 친목을 도모하고 고향의 애경사시에 단결, 상부상조함을 목적으로 한다고 규정하고 있다. 이 기록을 통해서 알 수 있듯이 청년회는 고향의 발전과 회원 간의 친목도모, 상부상조함을 주된 목적으로 하고 있어 향촌조직의 성격을 그대로 반영하고 있다.

청년회의 임원은 회장 아래 총무 2명을 두어 한 명이 재무를 담당하고 다른 한 명은 출향회원 간의 상호 연락을 담당하며 회장 유고시에 재무담당 총무가 그 권한을 대행하고, 청년회의 재정은 회원당 1년에 회비 50,000원을 납부하여 충당한다.

마을의 비공식조직

광천토굴마을 상인조합

광천토굴마을 상인조합은 옹암리 546번지 일대에서 새우젓 토굴을 사용하여 새우젓을 판매하는 상인들의 조직이다. 이미 오래전부터 상조회란 명칭으로 상인조직을 결성하고 활동해 왔는데 그리 오래 가지 못하고 해산되기를 거듭했다. 그러다가 2006년 11월 27일에 광천의 우림식당에서 뜻을 같이하는 새우젓 상가주인들 10여 명이 모여 새롭게 상가번영회란 이름의 조직을 구성한 것이다. 새우젓 상가 상인들은 마을의 박정일 씨를 중심으로 모여 상부상조하고 상인들 간의 친목을 도모하며 상호 이익을 전제로 조직한 것이다. 특히 토굴 새우젓에는 간 기능 개선에 효력을 발휘하는 베타인(오메가 3)라는 성분이 함유되어 있으며 육젓에는 아미노테 질소가 다량 함유되어 있어 단백질을 녹여 유리 아미노산을 형성하는 데 좋다고 하여 상품으로서 상

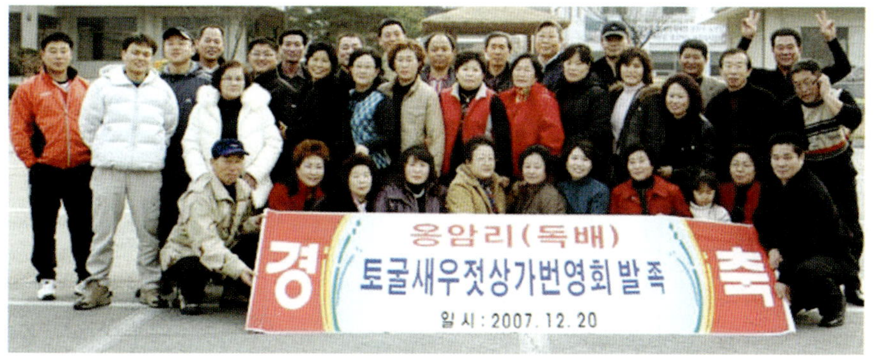

토굴상인조합 발족(토굴상인조합 홈페이지)

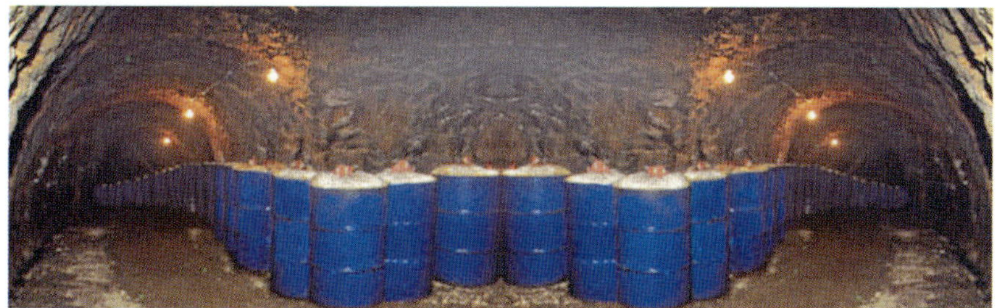

옹암리 토굴에 저장중인 새우젓(토굴상인조합 홈페이지)

당한 매력을 안고 있다. 이러한 새우젓의 판로를 확대하고 옹암리의 특산물로 자리매김 하기 위한 활동이 상인조합 결성의 주목적이다.

초기에는 상조회란 명칭으로 새우젓을 토굴에서 숙성시켜 판매하는 상인들 조직으로 출발하였다. 초창기에는 활동 회원도 20여 명 남짓 했고 월회비로 20,000원을 추렴하여 활동하였으나 회원 간 단결이 잘 이루어지지 않았으며 별반 역할이 없는 유명무실한 수준에 지나지 않았고, 회원들의 참여율이 갈수록 저조해지고 회비를 내지 않는 회원이 늘어나면서 깨졌다고 한다. 그후에 새롭게 조직된 것이 토굴새우젓상가번영회인데 이 조직 역시 지지부진하게 활동하다가 2007년 12월 20일 현재의 토굴마을상인조합으로 명칭을 확정하고 왕성한 활동을 계획하고 있는 것이다.

어찌 보면 옹암리에서 가장 먼저 생겨난 상인조직일겨. 처음에는 서로 뭉치고 상인들의 이익을 도모하려는 모임이었는지 몰러. 그런디 회원이 아닌 사람들보다도 못혀. 아 자기집에 상품이 없으면 다른 회원에게 소개시켜서 장사를 하게끔 해야 하는디 그렇게 안 혀. 저 집도 그건 읊슈 하고 손님을 그냥 보내여. 그게 무신 상조회여.

상조회 사람들이 아주 이기적이었어. 자기 이익만 생각하고 상조회를 통해서 상호 이익을 보려는 마음이 없었던 거여. 욕기를 가지고 있으면 아무것도 안되어. 욕심을 버려야지 상조회를 왜 만들어 서로 돕고 서로 이익을 추구하고 하는 것이 상조회 아녀.(김OO)

옹암리에서 토굴 새우젓 상점을 운영하는 가구수는 약 55가구에 달한다고 한다. 이들 가운데 서른 두 개의 상점이 옹암리 토굴마을상인조합에 가입하여 조직을 강화하고 다양한 사업을 구상 중이다. 상인조합 결성의 목적은 상인조합 정관 제2조에 명시되어 있다.

본 조합인은 오랜 전통의 맥을 이어온 광천토굴 새우젓 및 모든 젓갈류의 맛과 질의 정통성을 계승 발전시켜 경제적인 발전에 일익을 담당하고 제품의 품질향상과 생산성 제고 및 유통질서 확립으로 관광사업으로써의 확고한 자리매김을 하므로서 조합원의 경제적 사회적 지위향상과 국민건강을 도모함을 목적으로 한다.

이러한 조합의 목적을 달성하기 위하여 광천읍 옹암리 357번지에 사무소를 설치하여 회원 간 연락을 도모하고 사업계획을 수립한다. 상인조합에 가입할 수 있는 조합원의 자격은 토굴 새우젓과 기타 젓갈류를 토굴마을에 입주하여 제조, 판매히는 자(者)와 만 20세 이상의 성년으로 조합의 설립취지에 찬동하며 입회비와 현물을 소유한 자로 규정하고 있다. 옹암리에 있는 토굴마을에 반드시 자신의 상가를 갖추어야 하며 회비납부를 원칙으로 하는 것이다. 한편, 조합의 사업을 방해하거나 고의 또는 과실로 조합에 상당한 손해를 끼친 경우, 조합을 빙자하여 부당이익을 취하고 본 조합의 이미지를 훼손한 경우에 제명 처분할 수 있다. 이러한 상인조합의 원활한 운영과 조직의 활성화를 위하여 임원을 두고 그들 각자의 역할을 규정하고 있다. 임원은 회장(신성택), 총무(이선분), 재무(신경진), 감사(고옥분, 편현범), 이사(박정일, 박순환), 자문위원(노중호, 김광식)으로 정하고 그 외 회원을 두고 있다. 이들 임원의 임기는 2년 연임제로 하며 총회의 의결로 조합원 중에서 선출한다.

상인조합의 운영방향에 대하여 이선분 씨의 설명에 의하면, 먼저 토굴 새우젓에 대한 산·학·연 연계를 통한 상질의 제품개발 및 포장용기개발에 따라 소비층을 유인하고, 전국적인 홍보사업의 추진을 통해서 옹암리 새우젓을 브랜드화 하는 일을 계획하고 있다. 또 저온창고 및 냉동창고 등의 창고사업을 실시하며 다른 경제단체 및 문화단체와의 경제행위에 관한 단체협약 등을 체결하여 토굴 새우젓에 관한 제반 환경조성을 추진하고, 원산지 증명서 제도를 실시하여 타 상품과의 차별화를 꾀하고자 한다. 아울러 옛날에 배가 들어오던 갯벌개발을 통하여 테마공원을 조성하고 관광객을 유치하는 등 전체적으로 시장개척을 통한 소득사업을 추진하여 지역경제 활성화를 도모한다는 원대한 계획을 꿈꾸고 있다. 그 꿈을 실현하기 위하여 매월 첫째 주 월요일에 회원들의 모임을 갖고 토굴 상품에 대한 진지한 논의를 하거나 어려움을 나눈다. 월회비는 2만 원이며 마을 행사나 홈페이지 제작등 조합 사업에 필요한 경우 특별회비를 납부하고 있다.

옹암리의 경제 활성화를 도모하기 위한 상인조합 외에도 옹암리에는 결혼이나 상사와 같은 애경사시에 긴밀한 상호부조를 이루는 상계, 상포계, 연반계, 위친계라고 하는 목적계가 있으며 마을의 부녀회를 대신하는 사우회가 있다.

상포계

옹암리의 상포계는 위친계라고도 불리고 반계라고도 명명하는데 옛날에는 수십 개의 상포계가 존재했다고 한다. 모임을 구성하는 사람들에 따라 상포계는 의형제계라고도 하고 옹암 상포계, 위친계, 옹암 친목계 등 매우 다양한 명칭으로 존재해왔다. 계원들은 장례기간 동인 상기에 직접 찾아가 장례 일을 돌 보아주면서 친목을 도모하는데, 상이 발생하면 계원들은 상가에 가서 먼저 차일을 치거나 교대로 날을 새면서 상가일을 도와주고 발인 날에는 상여를 메거나 장지에 가서 묘지 조성을 돕는다.

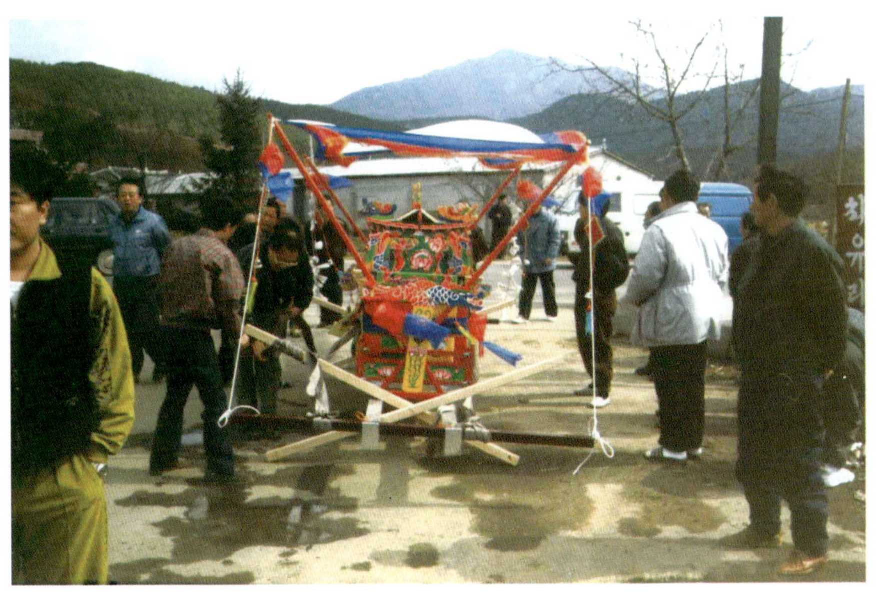

새로 제작한 상여로 장사를 지내는 광경(김정만 씨 소장)

상포계가 없으면 상여도 못매요. 그리고 장사도 못지내유. 어쩔 수 없시유. 상포계에 들
지 않으면 안 되지유.(김정만)

옹암 친목계의 경우 최초의 회원은 27명으로 조직되었으나 회원들의 부모들이 돌
아가시면서 하나 둘씩 탈퇴하고 현재는 17명만이 남아 있다. 장례를 당한 회원가정
에 대해서는 쌀 10가마를 주거나 쌀 열가마분을 현금으로 보좌한다. 또 옹암친목회
는 30여 년 전에 마을사람들 끼리 설립하여 2개월에 한 번씩 모임을 갖는다. 월회비
는 2만 원이며 회원 중에 상을 당하면 회원 1인당 5만 원씩을 추렴하여 보좌하며 상
가에서 날을 새워준다. 현재 회원은 22명으로 격월 16일에 회합을 갖는다. 또 16회
모임은 광천중학교 16회 동창들의 모임으로 24명이 회원으로 가입하고 있으며 약 40
년 전에 설립되어 매월 3만 원의 회비를 납부하며 친목을 다지고 상가발생시 상호 협
력을 도모하고 있다.

마을의 상여는 7~8년 전에 천안에 가서 40만 원을 주고 제작해 왔는데 이 상여를 마을사람들이 돌아가면서 사용하며 환난(患難)에 상호부조하는 향촌의 미덕을 계승하고 있다.

사우회

사우회는 상웅의 부녀들 끼리 조직한 모임으로 편무순 씨를 회장으로 하고 매월 5일을 모임일로 정하여 마을회관 구석구석을 청소하는 모임이다. 사우회는 약 15~6년 전에 대동회의 경비를 받아 점심식사를 대접한 것이 계기가 되어 조직되었다. 당시에 마을일에 솔선하여 봉사한 여성분들에게 선물을 사서 돌리면서 부녀회와는 아무 관련 없이 자발적으로 마을회관을 청소하고 어른들을 공경하기 위해 조직된 것이다. 마을에 환자가 발생하면 환자를 위문하고 상가가 발생하면 아무 조건도 없이 다 함께 참석하여 상가의 궂은일을 맡아서 할 뿐 아니라, 마을 노인들에 대한 경로잔치가 있으면 두 손을 걷어 부치고 나서 음식을 장만하고 노인들을 접대하는데 회비는 매월 2만 원씩으로 정하고 년 말이면 정기총회와 더불어 회식을 하며 이웃하고 봉사하는 정을 나누고 있다.

새마을운동과 협력의 관행

새마을운동

1970년대 초, 당시 박정희 대통령의 주도로 시작된 새마을운동은 옹암리도 예외는 아니다. 근면·자조·협동을 슬로건으로 내걸고 생활환경을 개선하고 소득 증대를 목표로 우리도 한번 잘 살아 보자는 가난 극복의 범국민적 운동이 옹암리에서도 전개된 것이다. 새마을운동 초기에 대부분의 마을은 새마을지도자를 정점으로 하고 개발위원회를 결성하여 마을의 환경개선사업을 주민들의 자발적인 참여로 추진하는 데 역점을 두었다. 당시 새마을 사업의 중심에는 지붕 개량과 담장 쌓기, 농로 확장 및 보수 등이 주요 사업이었다. 부녀회를 근간으로 하는 절미·절약운동도 중요한 사업의 일환이었다. 5천 년의 가난을 대물림하지 말자는 국민적 달성동기가 전국적으로 홍보되고 아침마다 마을의 방송을 통해서 국민들을 쇠뇌 해 갔다.

새벽종이 울렸네. 새 아침이 밝았네. 너도나도 일어나 새마을을 가꾸세.
잘 살아 보세, 잘 살아 보세 우리도 한 번 잘 살아 보세.

새마을 노래는 당시 국민적 상징이었고 가난을 극복할 수 있다는 유일한 선전 수단으로 전국에 퍼져 나갔다. 대통령의 지침이자 국정운영의 목표로 강력한 강제성을 띠고 진행된 운동이었기 때문에 대부분의 마을 주민들의 참여는 비자발적으로 이루어졌다.

마을안길 넓히기 사업에 의해 자신의 농토도 아무런 저항 없이 제공해야 했고 조

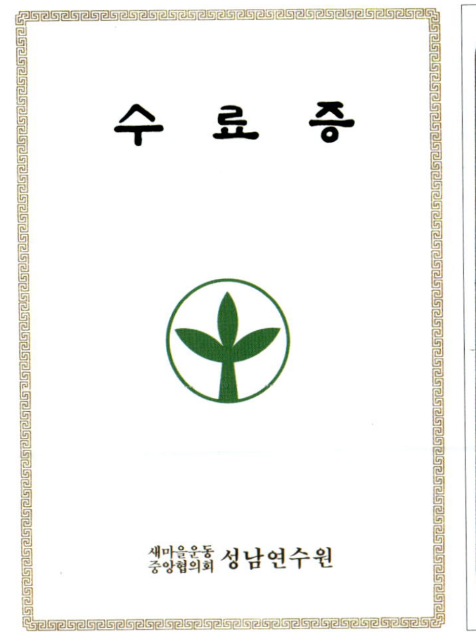

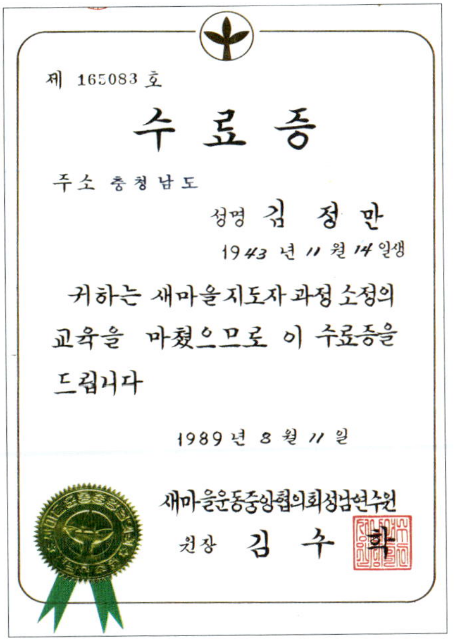

새마을 지도자 수료증 사진

상 대대로 내려오던 초가지붕도 이유 없이 걷어내고 슬레이트로 개량해야 했다. 부녀자들은 몸뻬를 입고 바켓츠나 세숫대야 등을 머리에 이고 흙을 퍼 나르고, 남자들은 삽과 괭이로 포클레인의 일을 대신한 것이다.

새마을운동 때 부녀회는 엄청 일도 많이 했어. 다라다가 흙 퍼다가 연못 둑을 만등겨. 당골에 있는 연못 방죽을 싼 것도 부녀회가 있었으니까 한 겨. 뭐 집집마다 다 나왔지 뭐. 남자들은 남자들대로 여자들은 여자들 대로 너나없이 다 나섰어.(박창수)

아이구 말하면 뭘햐. 아침에 징치면 삽 들고 괭이 들고 나가야 햐. 어디 반마다 할 일이 정해져 있으니께. 아 그걸 해야지. 우리일도 그렇게는 안 했을 껴. 대단한 사람여. 그렇게 안 했어 봐 이만큼 살지도 못햐 우덜 지금.(김정만)

미신타파라는 미명 아래 당집이 헐리고 마을 초입의 동탑이 헐렸다. 농업용수가 흐르는 보를 보수하기 위해 부역에 참여해야 했고 지게에 흙을 퍼다 길에 깔아 도로를 보수하는 일도 새마을 사업의 일환이었다.

당골의 방죽을 만들고 여기 당골에서 내려오는 또랑 정비도 그때 했어. 박정희 대통령이 이걸 막무가내식으로 밀어 부쳤응게 됐지 아니면 그때 그길 지금꺼정 그대룰 겨. 한 쪽에서는 반발도 있지만 나는 박정희 대통령이 참 잘 했다고 봐. 지금 누구 박대통령 욕하는 사람 있간디. 그만한 사람 아직은 읎어.(박수영)

이러한 새마을운동을 지속적으로 유지하고 새마을운동의 실천사업을 원활히 추진하기 위하여 마을마다 새마을지도자를 선출하고 그들을 교육하였다. 그러나 시간이 지나면서 새마을운동의 열기도 사라지고 새마을지도자도 유명무실한 존재가 되었지만 주민들은 새마을운동의 역사적·경제적 의미를 되새기며 수천 년 가난을 극복한 계기로 기억하고 있다.

품앗이와 놉

옹암리의 농사관행에 의한 협력관계는 상당히 약했던 것 같다. 광천읍내로 들어가거나 석포방향으로 나가다가 마주치는 농지를 제외하고 농사 현장을 만나는 것은 용이하지 않다. 전통적인 협력방식으로서 두레가 결성되었다는 기억을 대부분의 마을 사람들이 갖고 있지 않은데, 옛날부터 농사짓는 사람들이 별로 없고 광천에 나가서 상점을 하는 사람들이 많았고 포구마을로 농지가 협소했기 때문이기도 하다. 농지의 대부분이 자급자족형으로 주로 부녀자들이 모를 심으러 다니기도 했는데 농사에 있어서 협력을 꾀하는 관행으로 주로 품앗이와 놉이 대종을 이룬다.

> 두레, 두레는 없었어. 두레할 만한 땅이 있어야지. 마을 앞이 있는 땅이 전분디. 두레할 만큼 땅이 있어야지. 다들 광천 나가 장사 하니께. 노점상이지. 그냥 일거리 있는 사람들은 품앗이나 하고 어떤 사람들은 놉을 얻어 쓰고 했지 뭐.(염OO)

품앗이는 농촌의 노동력 확보에서 중요한 관행이다. 주로 여성들이 밭일을 할 때 인근의 여성들을 대상으로 노동력을 서로 맞교환하는 형식으로 이루어지는데, 한나절 품, 하루 품으로 계산된다. 이 관행에서는 노동력의 질은 그다지 중요하지 않다. 단지 양으로 그 교환의 기준을 삼아 품을 품으로 갚는다. 반면에 놉은 삯을 주고 노동력을 사는 노동력의 동원방식으로 품앗이란 용어와 혼용되었는데 굳이 품앗이와 다른 점은 금전적으로 대가를 지불했다는 점이다.

> 놉이든 품앗이든 이웃마을의 사람들은 옹암리에 일이 있으면 좋아라고 왔어. 여기 오면 적어도 식사는 제대로 해주니까. 어떤 일을 하든지 적어도 생선국은 끓여서 밥을 멕여 주니까. 그리고 우리 마을 사람들도 잘해 줄려고 하구.(김OO)

이러한 옹암리의 일상의 협력관행도 많이 사라진 듯하다. 농사를 통해서 얻어지는 이윤이 적고 상업을 통한 이윤을 추구하는 경향이 늘어나고 있기 때문인 것이다.

출향인들의 협력

노동마을의 마을 운영은 특이한 체계를 이루고 있다. 다른 마을들처럼 마을회나, 대동회, 마을총회를 구체화하여 마을의 운영을 도모하는 것이 아니라 노동마을회는 매월 27日 개최되는 반상회가 마을회를 대신 한다. 매월 27日에 모여 동사를 논의하고 의결된 사항을 곧바로 이 마을 출신의 출향 인사들로 구성된 모임에 보고되는 네트워크를 구축하고 있다.

"집단마을이면서도 협력이 잘 이루어지지 않았어요. 마을에 초상이 나면 옆 동네에서 상여꾼들을 빌려다가 장례를 모셨어요. 이렇게 해서는 안 되겠다 싶어 출향인들을 다 불렀어요. 그리고 부탁을 했지요. 생업에 크게 지장이 없으면 상사 때나 마을일에 참석해라. 대신 마을의 모든 일은 빠짐없이 보고하겠다. 이렇게 해서 출향인들과의 관계가 이루어졌어요. 제가 이장을 보면서 매월 27일의 반상회는 한 번도 빠지지 않았어요.(노동마을 한병구)

어버이날 경로잔치를 위한 예산도 먼저 세우고 마을에 상사가 발생하면 마을의 노동력을 점검하여 출향인 회장에게 보고를 하면 출향인들은 예산에 맞춰 찬조를 하고 출향인 가운데 상여 인력을 보조하는, 이른바 마을 내외의 네트워크를 형성하여 단독

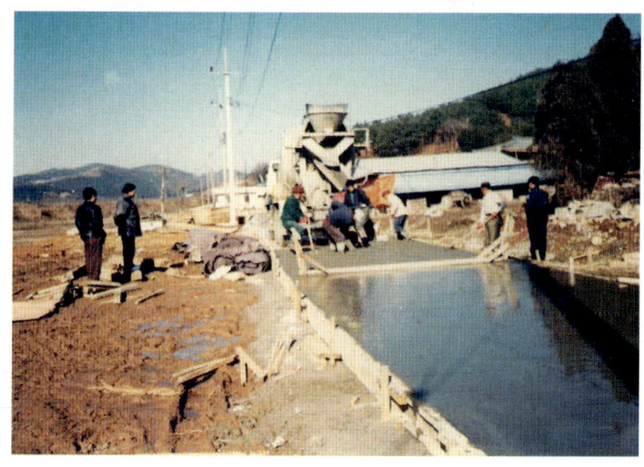

노동마을의 안길포장공사
(한병구 씨 소장)

으로 해결하기 어려운 문제를 협력적으로 해결하는 묘미를 활용하고 있다.

우리 마을이 상당히 낙후된 마을이었어요. 장항선 기차길로 마을 앞이 막혀 있다 보니까 마을사람들이 철길을 무단 횡단하는 경우도 있고 양촌마을부터 철길가 도로를 따라 다니는 불편이 있더라구요. 마을 이장으로 도로를 확포장해야 되겠다 싶어 출향인들을 불러 모아서 이런 마을의 상황을 보고했지요.(노동마을 한병구)

노동마을 초입의 암거에서부터 마을회관 근처까지 약 240m나 되는 마을 안길을 확장하기란 그리 쉬운 일이 아니다. 그것도 군이나 도의 지원 없이 마을 주민들의 힘으로 확포장을 완성하기란 참 어려운 일이었다. 그러나 출향인들에게 이를 호소하고 주민들의 단결력을 동원하여 2,700만 원을 모금, 1995년도에 마을 안길 전체를 확장, 포장한 것이다. 완공을 기념하여 출향인들을 전부 불러 모아 마을 주민들과 이를 축하하고 잔치를 베풀었다.

옹암리에서 노동마을로 들어가기 위해서는 철로 암거가 만들어지기 전에는 양촌마을로 돌아가는 수고를 아끼지 않아야 했다. 노동마을이나 옹암리 사람들도 불편하

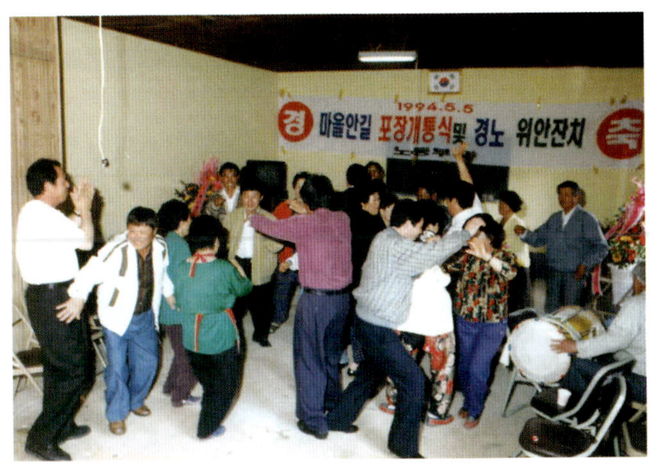

마을안길 포장개통
식 및 경로 위안잔치
(한병구 씨 소장)

긴 한가지다. 마을 주민들의 편리를 위해서도, 마을의 발전을 위해서도 철로 암거의 개통은 시급한 문제였다. 마을 앞을 가로막고 있는 철로는 노동마을을 외부와 차단하는 장애물이었던 것이다. 마을 이장을 중심으로 하는 마을 임원들과 출향인들과의 협력을 통해 철도청과 협의하고 국회에서는 건널목 개량 촉진법을 제정, 국비 5억 원을 확보하여 마을로 진입하는 암거공사를 완성하였다.

이처럼 마을은 단독으로 존재하거나 유지되는 것이 아니고 마을의 내외부에 존재하는 '힘' 들이 상호협력하면서 마을로서 기능하고 유지·발전되는 하나의 체계인 것이다.

상수도를 근간으로 하는 마을 간 협력

한편, 옹암리에는 노동마을의 상수도를 이용하는 가정이 20여 가구 거주하고 있다. 25년 전 노동마을에 자가 상수도가 생기면서 파이프를 옹암리에 연결하고 수도 탱크를 당산에 설치하면서 지금까지 그 수돗물을 이용하고 있다.

지금이야 수도 안 들어 가는디가 없잖아요. 그런디 그때는 우리 동네서 지하수를 파고 수

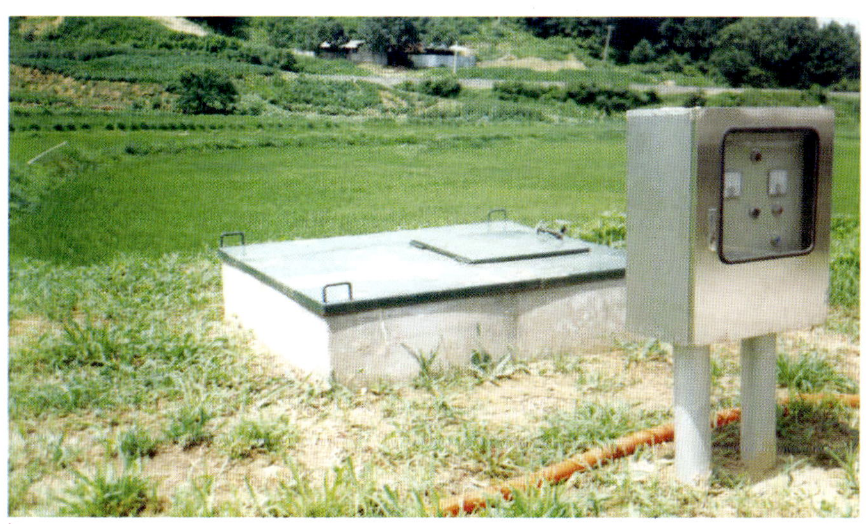

옹암리에 연결된 수도관

도를 놓으니께 옹암에서 읍에다 이야기를 했나벼. 우리도 수도 놓아 달라고. 읍사무소에서 노동수도를 같이 먹으라고. 그래서 당산까지 파이프를 묻어 옹암에 물을 대 준거지.(한병구)

노동마을이 고지대이면서 당산의 수압을 이용해 용이하게 옹암리에 물을 공급할 수 있기 때문이다. 노동마을의 수도 탱크는 마을 앞 논에 설치되어 있고 이 물을 당산까지 파이프를 이용해 연결하여 옹암리에 물을 공급하고 있는 것이다.

그렇지만 수도를 작동하기 위해 필요한 최소 경비로서의 전기세는 공동으로 부담하기로 하고 매월 20일을 그 납부일로 정하고 있다. 따라서 매월 20일이면 어김없이 전기세를 지불해야 하는데 몇 년 전까지 노동마을의 담당자가 옹암리를 방문하여 전기세를 받아갔지만 얼마 전부터 옹암리에서 전기세를 걷어 직접노동마을에 전달하고 있다. 옹암리에서 이 역할을 담당한 것은 최정연 할머니였다.

워특햐. 내가 돌아다니면서 수돗물을 먹고 있는 사람들한테 전기세를 걷어. 노동사람들이 여까지 오게 할 수 없잖야. 그냥 내가 걷어서 갖다 줬어. 그것도 못햐. 물을 잘 쓰고 있는디. 작년이 노동에서 경로잔치를 한다고 하데. 수도 쓰는 사람들 끼리 쪼끔씩 돈을 걷었지. 한 6만 원 걷혔어. 소주 좀 사고해서 노동이 갖다 줬지. 다들 고마워하지 뭐. 노동이서 수건을 맨들었나 봐. 고맙다고 답례로 수건 한 장씩 주데.(최정연. 85)

사람은 혼자서 살 수 없는 사회적 동물인 것처럼 옹암리는 노동마을의 존재를 통하여 즉 이웃마을과의 긴밀한 연결망을 통해서 옹암리로서 가능한 것이다.

교육과 종교

교육

옹암리 주민들의 교육은 광천읍사무소 옆에 위치하는 덕명초등학교로부터 시작되었다. 1915년 11월에 광천공립보통학교(4년제)로 개교한 덕명초등학교는 긴 학교 역

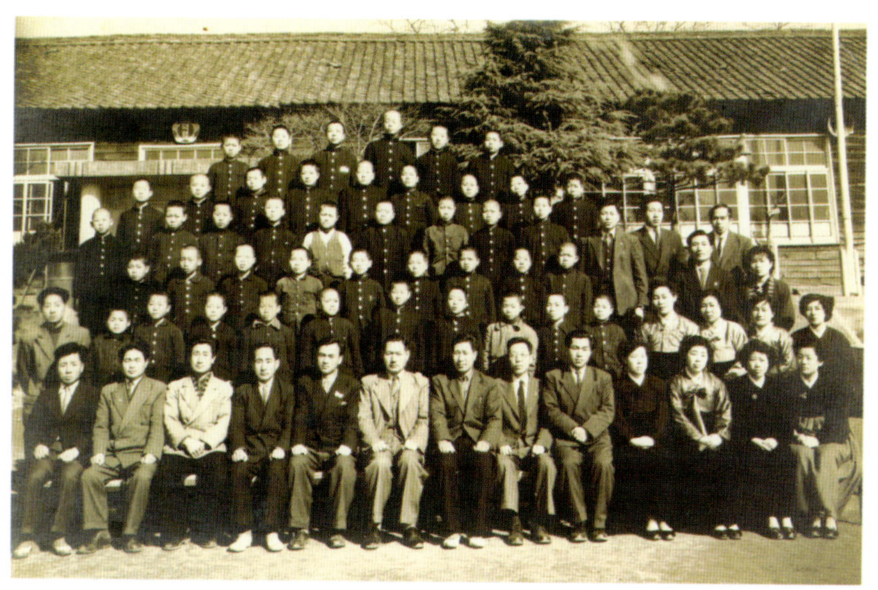

덕명초등학교 졸업사진(1956년 경 김정만 씨 소장)

사와 더불어 광천의 초등교육을 담당해왔다. 물론 그만큼 우여곡절의 성상을 겪기도 했다. 1938년에는 광천신진공립심상소학교로 교명을 개칭하고 1941년에는 광천신진 공립국민학교로, 해방 이듬해인 1946년에는 광천제1공립국민학교로, 그리고 1949년 에야 덕명국민학교로 교명이 개칭되는 역사를 더듬어 온 것이다. 이러한 여정 속에서 광천읍의 초등교육의 요람으로 자리매김하였다. 덕명초등학교를 졸업한 사람들은 광 천읍내의 광천여자중학교, 광천중학교, 광천상업고등학교로 진학하거나 일부는 광천 을 떠나 홍성이나 대천, 서울, 대전 등 대도시로 진학하는 경우도 있다. 그러다가 1969년 3월 1일에 덕명초등학교 옹암분교가 4학급 편성인가를 받고 1970년 3월 1일 에 광남국민학교로 승격하여 5월 18일에 개교하면서 옹암리 어린이들의 초등교육을 담당하며 인근의 노동, 양촌 석포마을의 어린이들을 성장시켜왔다.

따라서 광명초등학교는 2007년 현재로 37년의 역사를 자랑한다. 교무실로 올라

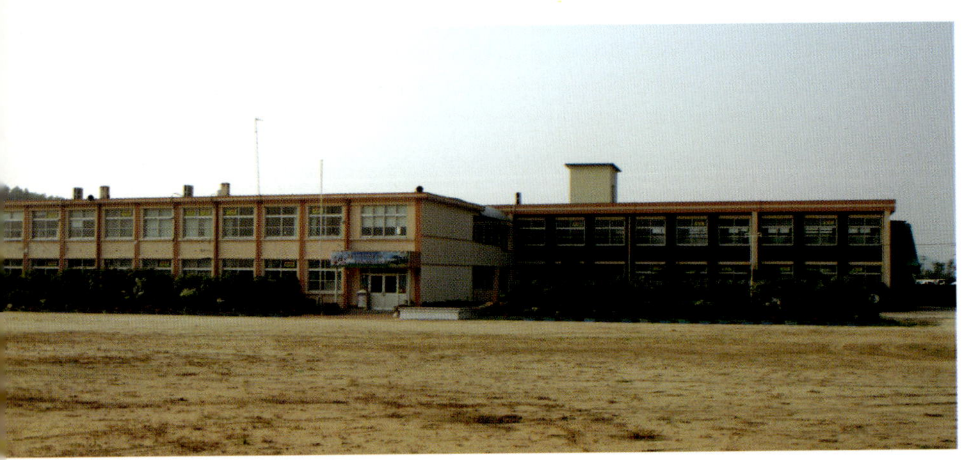

광남초등학교 전경

가는 계단 옆에는 다음과 같은 교가가 광남의 의미를 전해주고 있다.

천수만의 푸른 물 드나드는 곳
옹암포에 자리 잡은 우리 학교는
그 이름도 아담한 광남이라네
씩씩하게 자라고 굳게 뭉치어
그 이름 빛내세, 우리 광남교

광남초등학교는 개교 이후 70년대와 80년대 초까지는 12학급의 편성인가를 받았
으나 1983년에는 10학급으로 편성되고, 동년에 광남 초등학교 병설유치원 1학급이
인가를 받게 된다. 1984년에는 다시 1학급이 감소하여 9학급, 1985년에 다시 1학급
이 감소하여 8학급으로, 1986년에는 7학급, 1988년에는 6학급으로 편성되어 1990
년을 거쳐 2004년까지 6학급을 유지하다가 2005년부터 5학급으로 편성되었다.
이처럼 광남초등학교는 시간이 지나면서 학급수의 감소와 학생수의 감소를 경험
하면서 2008년 2월에는 완전히 광천의 초등교육을 담당해 왔던 기존의 역할을 접고

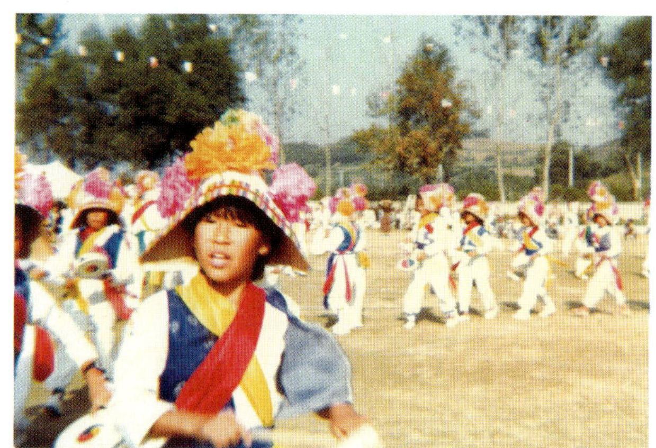

광남초등학교 운동회
(1986년 박수영 씨 소장)

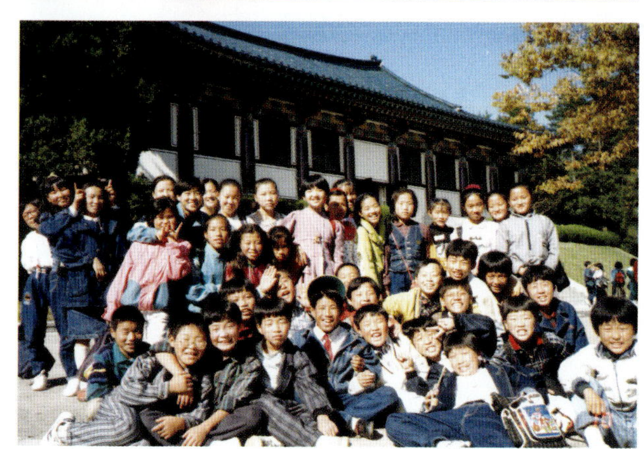

광남초등학교 수학여행
(1985년 박수영 씨 소장)

폐교 예정에 놓여 있다. 전인적인 개성인, 창의적인 능력인, 공동체공헌인, 문화창조인, 진로개척인이라는 교육목표 아래 광남초등학교는 어린 아이들에게 꿈을 심어주고 건전한 심신을 단련하는 장으로 그 역할을 수행해왔다. 물론 37년의 역사 속에서 여러 가지 우여곡절도 겪었다. 개교 이래 두 번이나 학교가 침수되는 사고를 경험하여 교무실을 2층으로 옮기는가 하면 학교 내에 침수 대비용 보트를 마련하고 있기도 하다. 그렇지만 광남초등학교는 건강하고 조화로운 사람, 도덕적이고 능력있는 교양인을 양성한다는 슬로건 아래 장형주 교장선생님(55세)을 중심으로 교감 1명, 교사 4

명, 일반 행정직 1명, 기능직 1명으로 총 9명의 직원이 근무하면서 광천의 초등교육
을 위해 노력하고 있다.

주민들의 종교활동

옹암리의 종교시설은 아주 다양하다. 장항선 철로 건널목을 바로 지나면서 광천
중앙침례교회가 도로변에 건립되어 있어 기독교가 옹암리 사람들의 종교활동을 주도
하는 것처럼 보이지만 양촌마을에 들어서면 양촌리 팔공산 산신 약사보살, 천지 봉이
보살이라는 사주나 작명을 하는 시설이 눈에 바로 들어온다. 대문 앞에 예의 태극기
와 빨강, 파랑, 흰색의 천으로 만든 기를 걸어놓고 사람들의 눈길을 끈다.   양촌 마을
에만 이러한 시설들이 네 군데나 있어 관심을 불러일으킨다.

몰러. 몇 년 전부터 저런 집들이 생겨나데. 산 귀퉁이라 한가하기도 하고 동네 사람들도

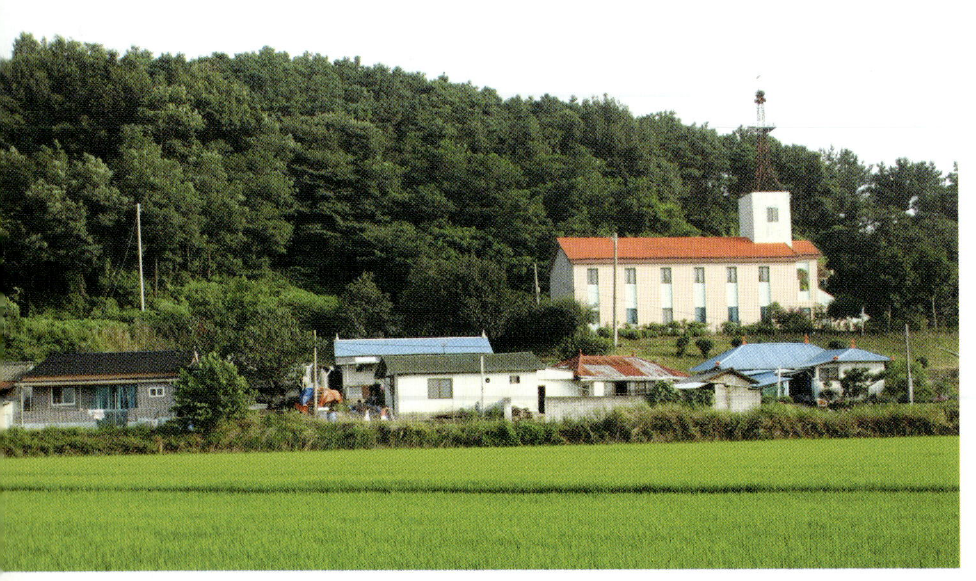

양촌마을의 은파교회

소리가 나도 그런가 보다 하고 그냥 넘어가니까. 그래서 그런지 절집들이 많이 생겨났
어.(박수영)

　그리고 양촌마을 안으로 들어서면 마을 앞 산자락에 위치한 기독교 대한 감리회
소속의 은파교회가 마을을 내려다보며 서있다. 은파교회는 약 23년 전인 1985년에
기도원으로 설립되어 1998년까지 김기복 목사가 부임하여 신자들을 모으고 선교활
동을 해 오다가 15년 전인 1993년에 교회로 전환하여 오늘에 이르고 있다. 현재의 담
임목사는 김진태 목사이고 신자는 총 35명이 이곳을 통하여 신앙생활을 하고 있는데
신자는 대부분이 옹암리 주민이다.
　광천중앙침례교회는 1970년대 옹암리 당산 밑에 입주해 오면서 교회가 유입되었
다고 하는데 몇 년 전에 현재의 위치로 이전하였다고 한다. 하옹에 자리하고 있는 은
광교회는 원래 1960년도 보령군 청소면 의식리 설립되었다가 1997년에 확장하면서
이곳 옹암리로 이전한 교회이다. 현재 신자들은 약 60여 명으로 청소면과 옹암리 주
민이 반반씩 차지하고 있다. 장석만 목사가 광천 일대를 중심으로 선교활동을 전개하

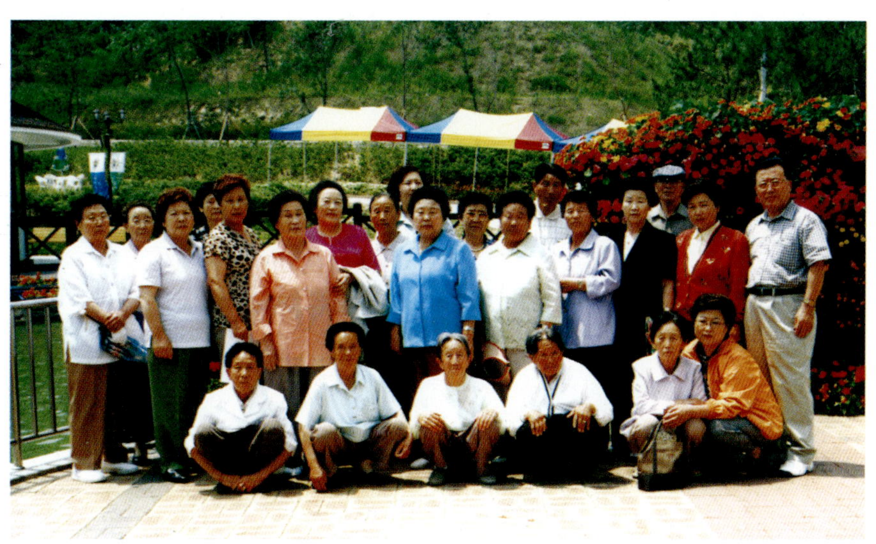

광천중앙침례교회 신자들의 관광

고 있다. 장석만 목사를 중심으로 하는 은광교회 신자들은 마을 노인들에게 무료로 영정사진을 촬영하여 제작해 주고 있다.

교회에 가는 주민들은 이곳 외에도 광천읍의 감리교회나 장로교회에 다니는 사람들도 더러 있으며 사찰로는 노동마을에 있는 천일사에 다니는 사람도 있다.

교회와 마을 주민들 사이의 관계를 볼 때 어린아이들의 초등학교 졸업식에 앨범을 나누어 준다든가, 어버이날 마을 주민들을 모시고 조촐한 잔치를 하기도 하고 교회의 신자들과 관광을 가기도 하지만 그리 크게 마을과 연관된 행사는 없는 듯하다.

마을의 전망

옹암리는 일찍부터 상업마을로 번성하여 여러 번의 우여곡절을 경험하며 오늘날 새롭게 거듭나기 위한 다양한 운동을 전개하고 있다. 그 운동의 중심에는 마을의 이장 및 임원들과 토굴마을 상인조합의 움직임이 자리하고 있다. 마을을 구성하는 모든 조직들이 유기적인 관계를 형성하고 각자의 역할을 수행하면서 상업마을로 지난 과거의 명성을 되찾기 위해 노력하고 있는 것이다. 물론 현재의 모습은 과거 옹암리의 명성에 견줄 수 없을 만큼 쇠락한 형세이긴 하지만 새우젓축제나 토굴 젓갈의 다양한 방식의 홍보 등 상인들의 노력으로 옹암리의 발전을 기대해 보는 것이다. 젊은이들이 나서서 옹암리 토굴 새우젓을 홍보하며 옹암리의 특산품으로 자리매김을 하기 위한 안간힘을 경주하는 데서 원동력을 볼 수 있기 때문이다.

(권 병 욱)

포구취락과 포구상업의 잔영(殘影)

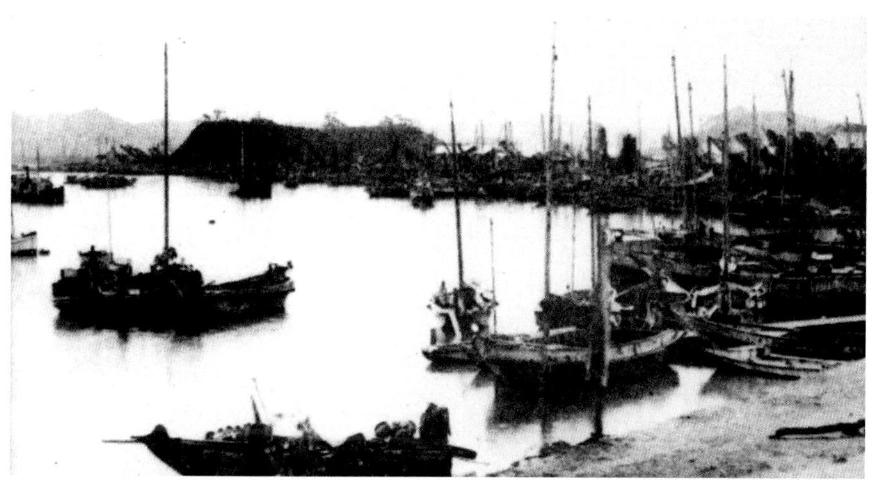

1950년대 옹암포구의 전경 (최종돈 소장)

광천은 조선 후기부터 서해안 내포지역의 물류가 집산되고 배분되는 중심지의 하나였고, 옹암리는 광천장의 배후 포구마을로 서해안 도서지역의 주민들과 어선들이 내왕하는 관문이었다. 양자는 상호보완적 기능을 담당하면서 이 지역 유통경제를 주도히였고, 1931년 장항서이 완공되면서 옹암리와 광천은 근대 포구와 시장으로 동반 성장하였다. 특히 광천은 면소재지이자 상업의 중심지로 1920년대부터 근대 식민노시 건설이 활발하게 진행되었다. 광천역 앞의 5거리 도로체계와 로터리를 중심으로 한 일본식 상업지역의 신축, 철도정거장, 광천금융조합과 호서은행 광천지점, 근대식

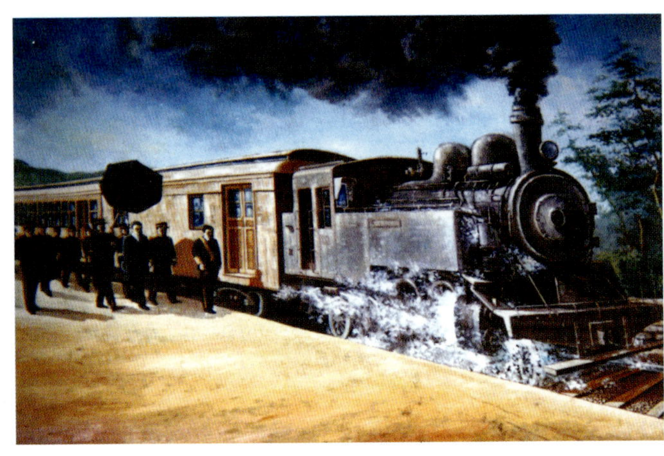

일제강점기 장항선
열차 (최종돈 소장)

건물의 면사무소와 광천소학교, 신사가 식민도시의 풍광을 이루고 있었다.

새롭게 건설되는 식민도시와 관문인 포구마을에 일본인과 중국인 상인들이 이주하기 시작하였는데, 1924년경 광천읍에는 일본인들이 176명, 중국인 등 외국인들이 49명이 살고 있었다. 광천의 부속 포구로 기능하고 있던 옹암리에도 상점과 광산 등을 경영하던 일본인들이 5가구, 중국인도 1가구나 거주하고 있었다. 이들을 통해 이국적인 일상문화 및 주거양식이 옹암포구에 유입되어 현재 상당수의 근대식 주택들이 마을 곳곳에 남아 있다.

1910년대 발간된 『한국수산지』에 따르면 옹암리 주민 100세대 중 95세대는 상업, 3세대는 어업, 2세대는 농사와 어업을 겸하고 있었다고 한다. 이러한 주민들의 직업구성은 개방된 상업지역으로서 마을 정체성을 갖게 하며 취락의 구조에도 영향을 미치고 있다. 옹암리는 바로 포구 상업지역이며, 대다수 옹암리 주민은 포구 상업에 종사한 상인들이었던 것이다.

본 장에서는 취락, 가옥 그리고 상업활동이라는 키워드를 통해 옹암리의 과거와 정체성을 규명하고자 한다. 일제강점기 서양과 일본의 주택문화가 유입되어 새로운 근대 포구취락으로서 모습을 형성하고, 그 속에서 삶을 영위해나간 주민들의 일상사에 초점을 맞추어 옹암리의 특성을 살펴보고자 하는 것이다.

포구취락의 형성과 특징

옹암 포구의 취락 형성

옹암리에 포구취락이 형성되고 현재와 같은 근대식 주택들이 마을 경관에 모습을 드러내기 시작한 것은 언제부터였을까? <표1>은 상·하옹을 중심으로 한 옹암리 가옥의 건축물 준공년도 표이다. 표에서 볼 수 있듯이 1920년대에 24가구, 30년대에 32가구, 40년대에 34가구가 신축되는 등 이 마을에서는 1920년대부터 40년대에 걸쳐 근대식 주택 건축이 활발하게 진행되었음을 알 수 있다. 이 시기에 현재의 취락 형태와 구조가 만들어졌는데 신축 가옥들은 대체로 옹암리의 동북부지역, 즉 노동과 상옹지역부터 시작하여 시기가 내려가면서 하옹의 도로변 가를 따라 건축되었다. 바로 마을의 발전과 간척에 따른 주거지 확대와 궤를 같이 하고 있다.

이 시기 옹암리에 취락이 처음 형성되었다는 것은 아니다. 이미 조선시대부터 포구에서 삶을 영위하던 주민들이 살고 있었으며, 1910년경에는 100호에 인구 370여 명의 마을로 성장하였다. 따라서 초가와 와가로 대표되는 조선의 전통적인 포구 취락지는 이미 양촌과 석포, 노동 그리고 상옹에 형성되었을 것으로 보인다. <표1>에도 19세기에 건축된 가옥이 2가구, 1910년대에는 11가구 정도 있었다. 1930년대에 들어서면서 장항선의 개통과 광천 시가지의 개발이라는 외적인 요인에 의해 옹암포구에도 근대식 상가의 신축이 활기를 띠었을 것으로 보여 지며, 이는 <표1>을 통해서도

<표1> 옹암리 주택 준공년도

년도	가구 수
19세기	2
1910년대	11
1920년대	24
1930년대	32
1940년대	34
1950년대	11
1960년대	1
1970년대	9
1980년대	2
1990년대	3
총	129

출전 : 옹암리 건축물대장

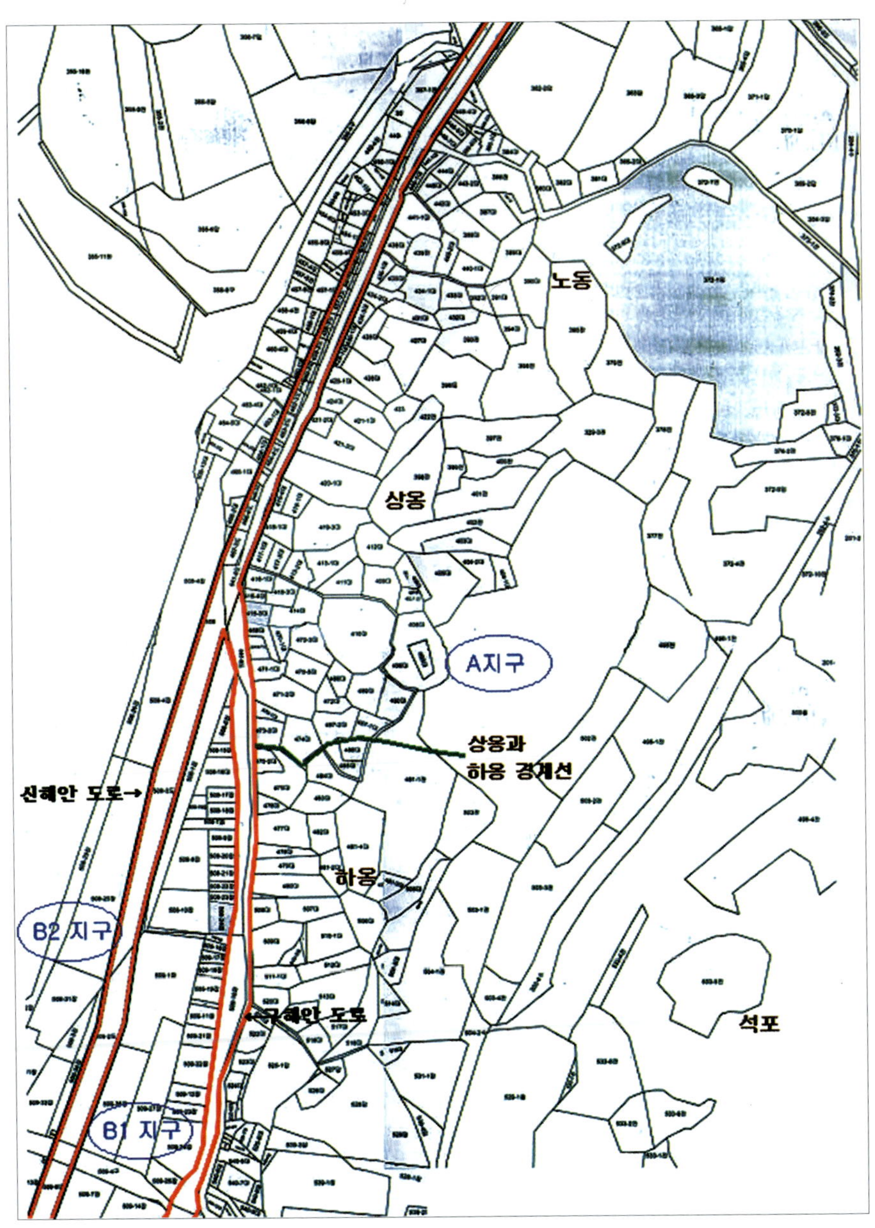

옹암리 상세지도

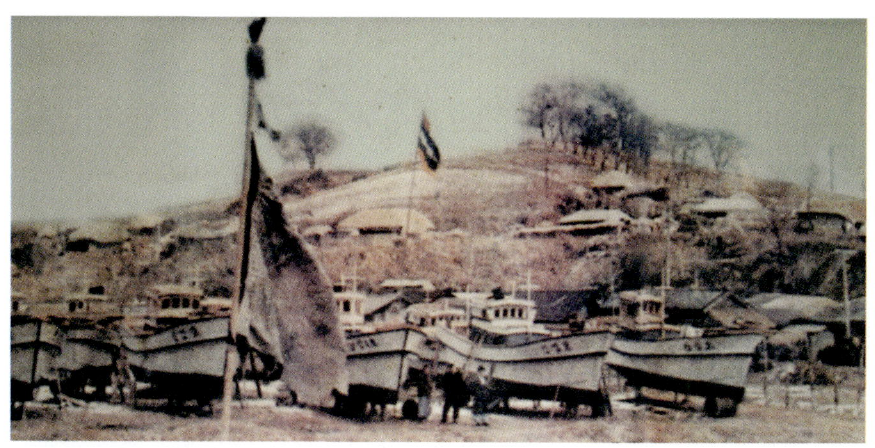

1971년도 옹암포구의 마을 전경 (최종돈 소장)

확인되고 있다.

이러한 주택의 신축은 경제적 사정이 넉넉한 상인이나 부호들에 의해 주도되었던 것으로 보이며, 상대적으로 빈곤한 주민들은 당산 자락이나 산언덕 편의 전통적인 초가(草家)에서 거주했을 것으로 보인다. 그것은 1971년도에 찍은 마을 전경사진에서도 확인된다. 새마을사업이 진행되기 이전, 위의 사진에서 보이는 옹암리 도로 이면과 산자락에 위치한 주거전용 주택들은 대부분 초가들이며, 도로변에 근대식 상가건축물들이 가촌(街村)의 형태로 취락을 이루고 있다. 바로 마을의 발전과 간척에 따른 주거지 확대와 궤를 같이 하고 있다.

포구취락의 특징과 간척

옹암 포구취락의 주된 특징으로는 주거지와 상가 건물들이 포구와 해안도로를 따라 길게 늘어선 가촌이라는 점이다. 주민들은 상가 겸 주택의 기능을 겸비하는 점포 병용주택을 건축하였고, 이러한 주택들은 상옹과 하옹의 동북지역(A지구)의 도로를 따라 일제강점기부터 건축되었다. 반면 순수 주거용 가옥들은 주도로 이면의 전용주거지와 산자락에 위치해 있다.

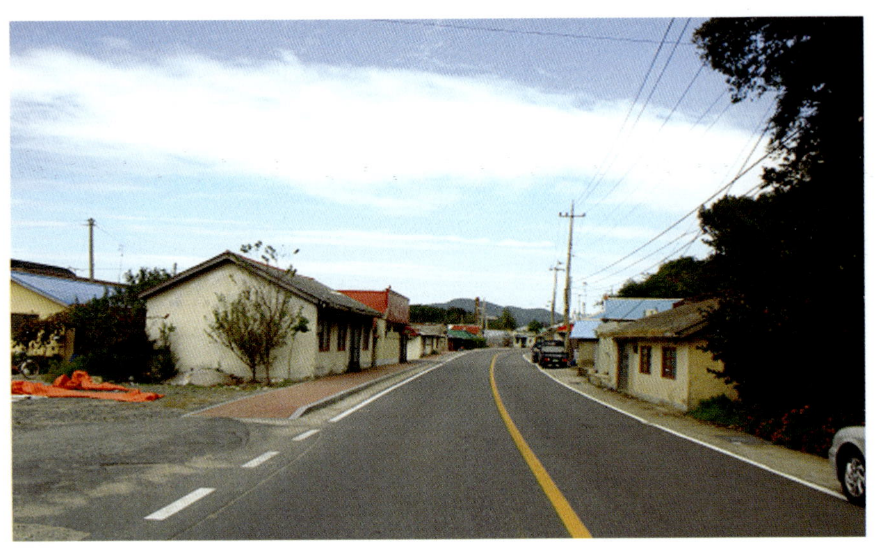

옹암포 주거지와 상가는 포구와 해안도로를 따라 형성된 가촌의 형태를 띠고 있다.

앞의 지도와 그림에서 볼 수 있듯이, 옹암리 마을의 경관상의 특징은 마을 안길이 직선 형태를 취하고 있으며 도시와 비슷한 주거지 구조를 갖고 있다는 점이다. 즉 20세기 이전에 취락이 형성된 상옹과 노동(A지구)에는 자연적으로 생긴 구 해안도로(641−6번지)를 따라 직각 방향으로 주택과 상점들이 배치되어 있고, 사다리꼴의 대지 형태를 갖고 있다. 그것은 해안선을 따라 생기는 도로에 의해 필지가 나누어지면서 도로와 인접한 대지의 폭보다 안쪽에 면한 대지의 폭이 길어서 사다리꼴의 부정형의 형태를 띠는 것이다.

옹암 포구취락의 또 다른 특징으로 높은 주거 밀도를 들 수 있다. 이는 주거인구와 유동인구에 비해 집을 지을 수 있는 대지가 매우 협소하기 때문에 나타난 현상이다. 포구가 가장 번성하였을 때는 한 집에 여러 가구가 함께 거주하거나 하숙을 하는 경우가 많았다고 한다. 옹암리의 가옥들은 다닥다닥 붙어 있으며 규모 또한 작다. 골목이 협소하며, 지붕이 서로 맞닿은 경우가 많이 나타난다. 인근 농촌 마을인 석포에서 흔히 보이는 채마밭이나 마당 또한 대부분 없거나 매우 협소한 규모이다. 따라서 대지면적과 건평면적이 거의 비슷하게 나타난다.

  증가하는 유동인구와 주거인구를 수용할 수 있는 새로운 취락지로 간석지 개간이 시작되었다. 마을의 후면은 산이고, 전면은 바다이므로 상업지와 주거지가 확대할 수 있는 공간이 절대적으로 부족하다. 이에 마을 앞 갯골의 간척이 시작되었고, 이는 마을 취락의 확대와 궤를 같이 한다. 지도에서 보이는 구해안 도로의 서쪽지역, 하옹 서편(B1지구)과 의식부락(B2지구)은 원래 포구와 갯벌로 1960년대까지 배들이 정박했던 지역이다.

  갯고랑에 토사가 점차 쌓이기 시작하고, 옹암포 앞에서 조업 중이던 사금채취선이 갯고랑 흙을 도로가에 쌓아 놓자, 그 흙을 이용한 갯벌 간척이 구해안도로 서쪽지역에서부터 시작되었다. 원래의 주도로는 1970년경 개통된 현재의 해안도로로 인해 주택 내 이면도로로 변하였고, 지도의 B지구가 잡종지로서 간척되었다. 곧이어 B지구는 근대 도로 및 시가지 계획에 따라 장방형 형태로 구획되었다.

  옹암포구가 현재 구해안도로 동쪽의 B지구에서 남동 방향의 의식마을로 완전히 이전을 끝낸 것은 1969년 이후이다. 작은 배들은 여전히 옹암포 앞 해안가까지 들어오기도 했으나, 규모가 큰 장배들은 현재 의식마을 쪽에 새롭게 정비된 포구에 정박하였다. 포구에는 경찰지서, 항만지서, 매표소, 상가 들이 배치되었고, 구해안도로의

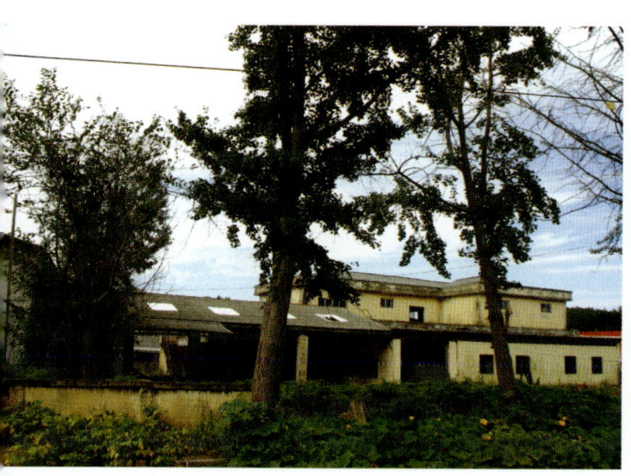

얼음공장

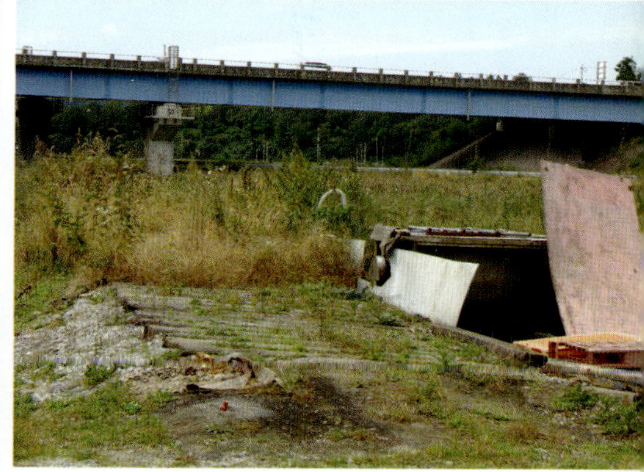

해안가 옆의 배 건조장

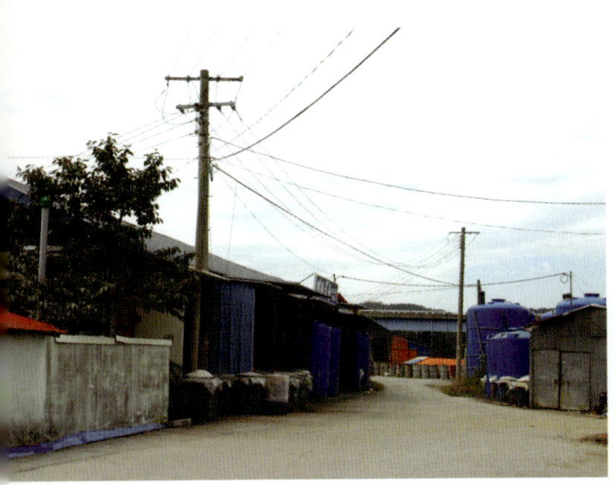

젓갈 공장

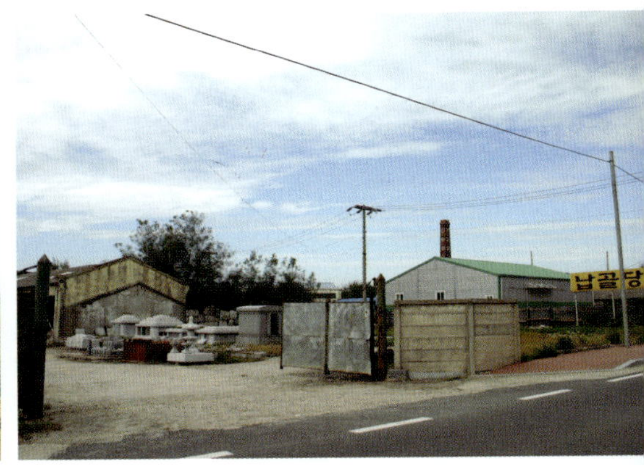

포구가 폐쇄된 후 설립된 돌 공장

서쪽(B1지구)에는 상가, 식당, 약방, 소주 도매상, 석유판매점, 선구점들이 배치되었다. 한편 신해안도로 서쪽 편(B2지구)에는 공장들이 들어서기 시작하였다. 이곳에 입지한 공장들은 주로 포구와 관련된 산업체들로, 얼음공장, 연탄공장, 제재소, 선박 수리건조 공장, 삼미식품, 김 제조 공장, 새우젓 및 젓갈 공장 등이었다.

근대식 가옥의 특징과 건축물

옹암리에 건축된 근대 가옥의 특징 중 하나는 상점과 주택 기능이 겸비된 점포병용주택이라는 점을 들 수 있다. 옹암리 주민의 직업은 농업이나 어업보다도 상업이 주된 업종이므로 주거지 또한 유통과 상업에 적합한 형태로 변형되었다. 이런 주택들은 도로변에서 쉽게 찾아 볼 수 있는데, 상업기능이 주거기능보다 강화된 점포병용주택들이다. 이런 상가형 주택에는 물건을 비축해 놓을 수 있는 공간이나 창고가 독립적으로 마련되어 있다.

이러한 가옥들은 대체로 일자형(一字型)구조를 갖고 있다. 일자형이란, 도로 전면부에 현관이나 출입구를 놓고 그 뒤로 방들과 부엌을 한 일자(一字) 행태로 배치된 것을 의미한다. 가능한 많은 주택들이 도로면과 접할 수 있도록 건축할 때 나타나는 구조이다. 이들은 대부분 1층 상가 건물로 건물과 건물 간에 틈새가 없는 가로경관을

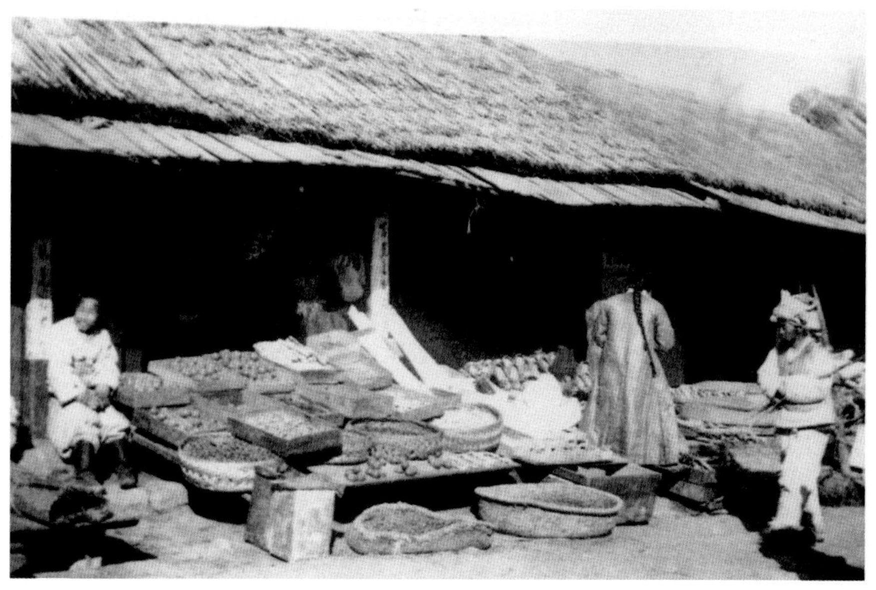

일제강점기 한국식 상설점포. 초가집 마루 앞에 상품을 진열해 놓았다. (최종돈 소장)

구성하고 있다. 따라서 대부분의 가옥들은 도로에 평행한 방향으로 지붕과 처마를 가지고 있다.

이같이 옹암의 상가주택은 도로 전면에 점포를 두고 후면에 주거 기능을 갖는 구조로 구성되어 있다. 또한 점포 면적이 협소한 관계로 잡화점, 곡물가게, 어구가게 등의 소규모 점포들이 주류를 이루고 있다. 조사된 가옥들의 진입 방식은 도로에서 곧바로 현관으로 들어가는 경우와 도로에서 마당을 통해 진입하는 경우가 있는데, 전자의 경우가 눈에 많이 띈다.

한편 일제강점기 옹암포구에는 근대 건축물만 있었던 것은 아니다. 조선 후기부터 식민지시기 농촌 장시에서 흔히 보이는 그림과 같은 전형적인 초가형태의 점포가 옹암포에도 많았을 것으로 판단된다. 전통적인 점포는 흙벽과 초가로 ㅡ자형 구조를 갖고 있으며, 방문 앞의 마루를 길게 확장하여 상품을 진열해 놓고 있다. 여기에는 미닫이 창문이나 현관이 없고 벽면이 처마 끝과 맞닿지 않으며, 처마가 상당히 길다는 특징이 있다. 옹암의 상점들도 초기에는 이와 같은 형태와 모습을 띠고 있었을 것으로 추정된다. 일제강점기에는 이러한 전통적인 상점들과 일본건축의 영향을 받은 근대식 상점들이 옹암에 공존했을 것으로 보인다.

위와 같은 근대 포구주택의 특징을 옹암리에 남아 있는 일제강점기 점포병용주택의 구체적인 사례를 통해 확인해보기로 하자. 아래 사진에 보이는 옹암리 416-4번지 건물은 1930년 일본인이 지은 주택으로 당시 옹암리에서 유일한 2층 목조건물이었다. 지붕은 함석, 벽면은 목조였으나 1960년대 함석 벽으로 개량을 하였다. 건축양식은 목조식이며, 다음장의 사진에서 볼 수 있듯이 목조 판자 처마가 남아 있어 원형을 짐작할 수 있다. 영업용으로 허가 받은 건평은 16평, 주택용 건평은 6평, 대지는 26평이다.

건물은 점포병용주택으로 ―자형이다. 도로에서 미닫이문을 통해 곧바로 상가 안

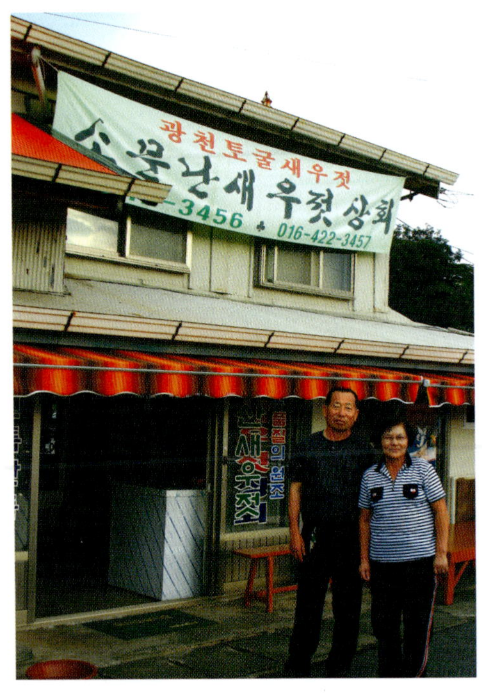

옹암리416-1번지. 식민지시대 유일한
이층 건물로 일본인이 지었다.

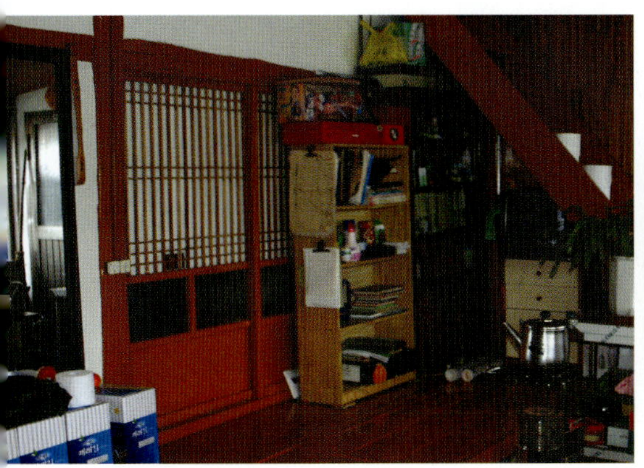

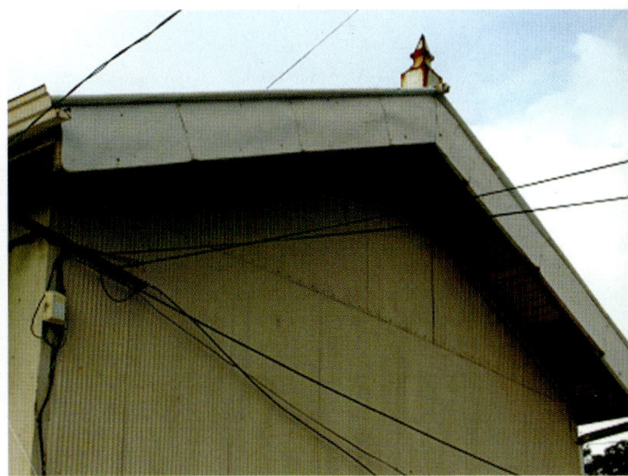

가옥 내부 모습   일본풍의 지붕구조와 나무처마

으로 들어가면 1층에 방이 2개 나란히 붙어 있고, 후면에 부엌과 화장실, 창고가 있었다. 주택개량 이후 화장실은 현재 집 안 우측에 있는 계단 옆으로 옮겨졌다. 이층으로 올라가는 나무계단은 오른편에 있으며, 매우 좁고 가파르다. 이층에는 다다미를 깔았던 방이 하나 있었는데, 난방이 안 되므로, 현재 창고로 이용하고 있다. 이 집을 건축한 일본인은 목공소로 사용하였고, 해방 이후 별사진관, 그리고 아들 낳는 약으로 유명한 장의원이 2층에서 개업하였다 한다. 이 주택은 현재 새우젓 판매를 하는 상가로 사용되고 있다.

142쪽 사진의 주택은 1941년에 신축된 옹암리 478번지로 약방을 운영했던 점포병용주택이다. 평면도와 사진에서 볼 수 있듯이 전면에 상가가 배치되어 있고, 오른쪽의 대문을 통해 집안으로 들어가면 주거기능을 갖는 주택이 배치되어 전체는 ㄷ자의 형태를 갖고 있다. 그것은 대지의 형태가 기다란 장방형의 부정형 꼴을 갖고 있기 때문으로 보인다. 건물은 한옥과의 일본식을 절충한 형태로 앞에 보이는 상가는 일본풍이지만 내부구조와 건축 형태는 식민지기 개량 한옥의 형태를 갖추고 있다.

옹암리 525-2번지의(143쪽 사진) 상가건물은 일본인 부인을 두고 마루보시 운송회사에 근무했던 조선인의 집이다. 이 건물은 건축물대장에 기재되어 있지 않으므로 정확한 건축년도는 알 수 없지만 525-1번지가 1932년도에 건축된 것으로 보아 그

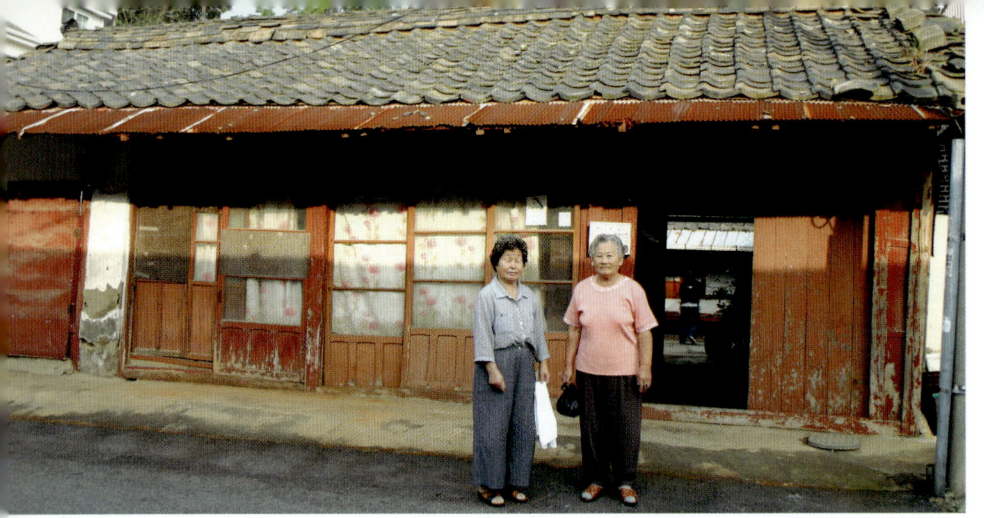

478번지 약방. 전면에 상가, 후면에 주거기능을 갖는 점포병용주택이다.

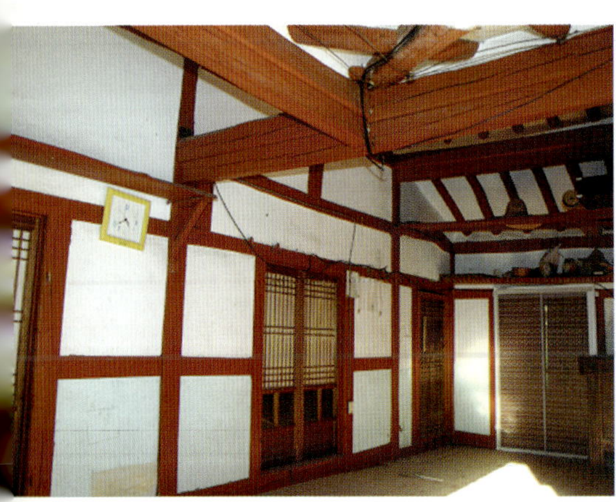

개량 한옥의 내부구조를 갖고 있으며 한국식
건축 자재를 사용하고 있다.

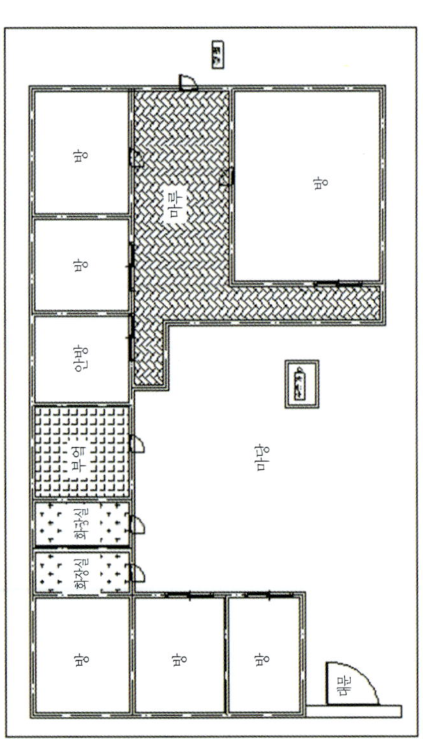

478번지 평면도

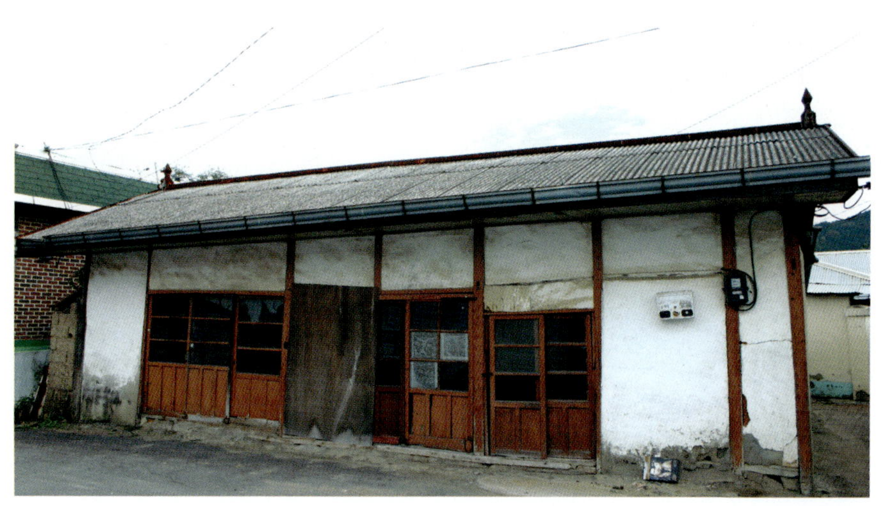

525-2번지. 일제강점기 건축된 점포병용주택.

무렵에 신축되었을 것으로 추정된다. 이 집 역시 도로에서 상가의 미닫이문을 통해 집으로 들어가는 구조이다. 물건을 진열하고 쌓아 놓는 작은 공간이 2~3평 남짓 있고, 방으로 이어지는 전형적인 점포병용주택이다.

이 가옥의 건축 형태는 일본식 건축양식을 따른 집으로 아직도 그 흔적을 찾아 볼 수 있다. 예를 들어 이 집의 처마 폭과 길이는 전통적인 한국 양식보다 짧으며, 144쪽 사진에서 볼 수 있듯이 건물 왼쪽 벽면의 대들보는 한국식과는 다른 ㅜ자형이며, 대들보를 잇는 방법도 작은 나무를 끼워 넣는 일본식 건축공법을 충실히 따르고 있다. 일반적인 한일 건축공법의 차이를 잠깐 소개하자면 다음과 같다. 일본식 건축공법은 벽면이나 처마를 만들 때 대나무나 나무를 가늘게 쪼개 열십자로 나란히 놓고 서로 못으로 고정시킨 후 144쪽의 좌측 상단 사진처럼 흙을 바른다. 그 위에 나무판자를 대어 처마나 벽면을 완성하거나, 혹은 마지막으로 백토와 해초를 끓여 흙을 반죽하여 벽면에 발라 마무리한다. 이에 반해 한국식은 가는 나무를 새끼로 엮어 벽을 만들어 황토 흙에 지푸라기를 섞어 바르는 공법을 사용한다. 대체로 일본식이 근대 건축공법을 많이 사용했고 튼튼했기 때문에 이후 한국식도 이를 많이 차용하였다 한다.

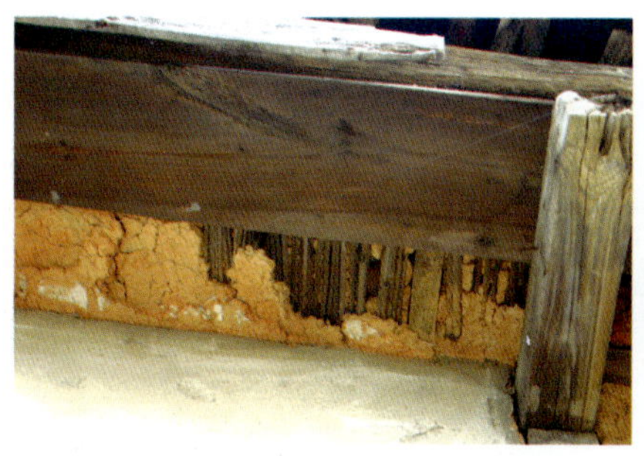

일본식 처마

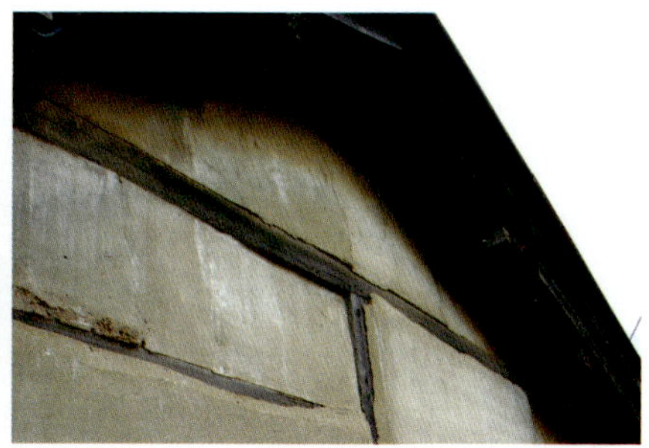

일본식 벽면

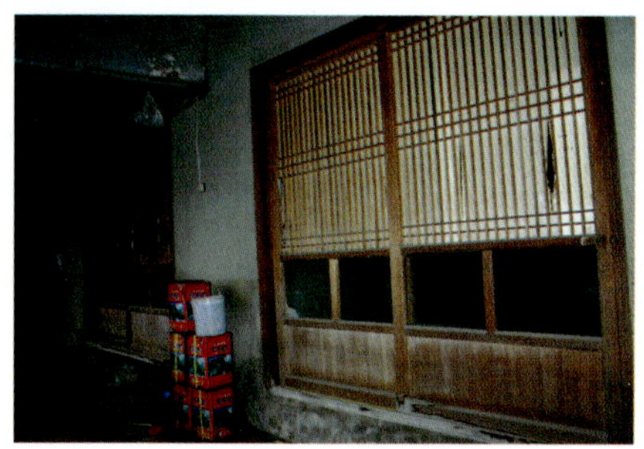

내부 모습

　이 같은 일본식 가옥의 건축양식은 인근 광천의 식민지기 건축물에서 잘 나타나고 있다. 오른쪽 사진 속의 건물은 1911년에 준공된 2층 점포병용주택이다. 목조 기와 건축물로 앞에서 설명한 일본식 건축공법을 그대로 차용했을 뿐더러, 2층 미닫이문의 양식은 일제강점기 것으로 옹암리에서도 창고의 창문으로 재활용되어 전해오고 있다. 특히 우측 상단의 사진에서 보이는 이중처마는 일본식 건축양식의 특징이며, 좌측 하단의 기와의 형태와 재질 그리고 기와를 설치하는 공법 및 지붕의 직선 구조 또한 일본풍이다. 한편 우측 하단 사진 속의 나무박스는 낮에 2층의 미닫이문을 열어 넣어 두는 공간으로 일본에서 직수입된 것이다.

　이와 동일하지는 않지만, 일본풍의 건축양식을 받아들인 가옥들이 옹암리에도 남

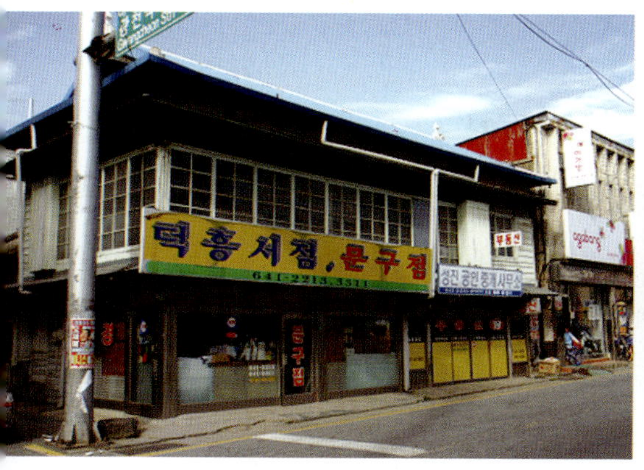

광천읍 신진리 544-11번지 상가주택의 전면

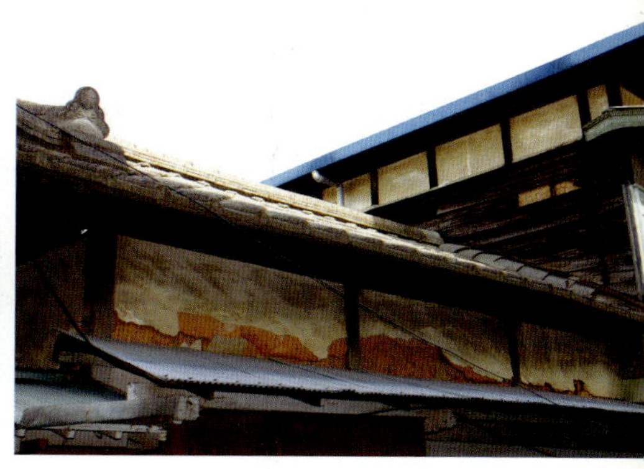

건물 측면. 일본풍 건축양식이 잘 남아 있다. 일본풍의 이중처마와 좁은 처마는 한국식의 넓은 처마와 다르다.

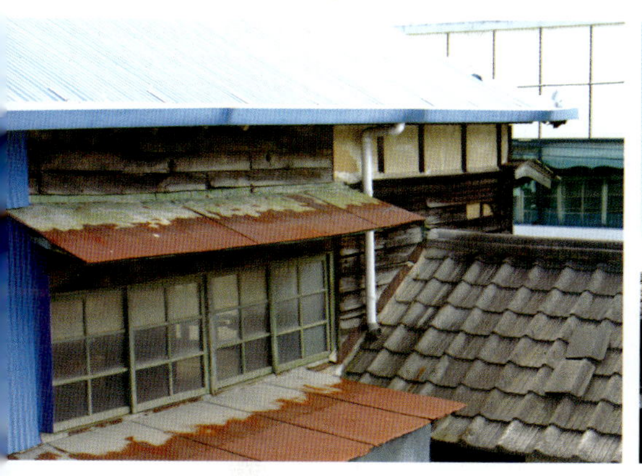

건물 후면부. 일본풍의 이중처마와 지붕의 직선 모양 및 기와의 형태는 한국식과는 다른 형태이다.

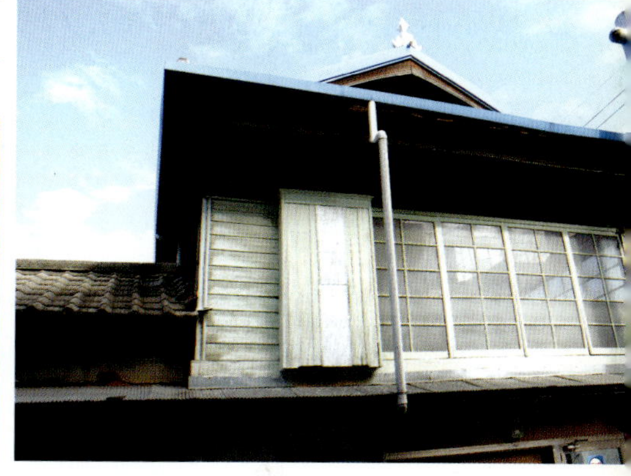

이층 유리문은 원형 그대로이고, 왼쪽의 나무박스는 미닫이 창문을 밀어 넣어 두는 공간이다.

아 있다. 146쪽 왼쪽 사진은 옹암리 한 주택의 창고 건물이다. 이 집은 일제강점기 객주와 지주경영을 통해 재산을 일군 옹암리 부자가 살았던 곳으로 대지의 규모도 상당히 크고, 기와를 얹은 개량 한옥으로 건축되었다. 이곳은 원래 벼를 쌓았던 창고건물

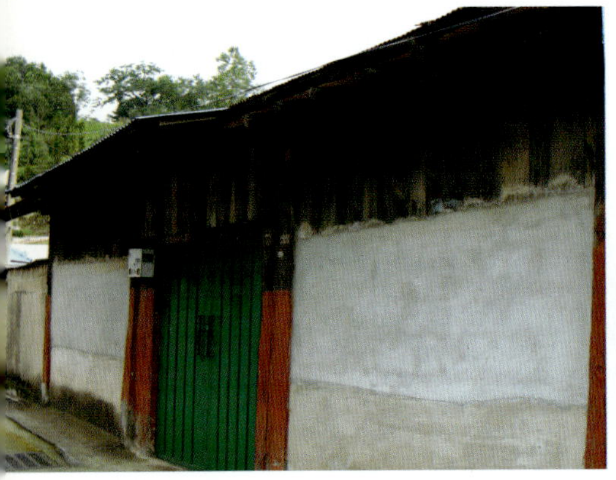

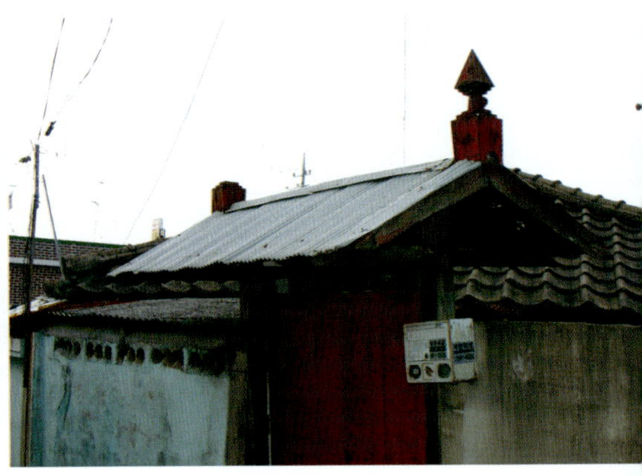

일제강점기 창고, 현재는 대문 및 창고로 개조되었다.

옹암리 413-1번지 대문. 1913년 목조로 지은 집으로 대문 모양이 일본풍이다.

이었으나, 대지가 세 필지로 분할되면서 새로운 출입구로 개조된 것이다. 이 창고건물은 일본풍의 건물양식인 짧은 처마 폭과 수평적인 지붕 동선, 그리고 흙벽 위에 판자를 댄 건축 방식을 그대로 간직하고 있으며, 당시로서는 신건축자재였던 함석을 사용하여 지붕을 덮었다.

오른쪽 사진은 상옹의 좁은 골목길에 남아 있는 주택의 대문이다. 1913년도에 지은 목조 주거 건물로 현재는 개조되어 옛 모습을 찾아 볼 수 없지만, 일본 양식을 따른 대문만이 남아 있다.

해방 후에도 근대적 건축양식이라는 이름하에 전파된 일본식 건축양식은 하루아침에 사라지지 않았다. 일제강점기에 전파된 일본시 및 서양식 건축양식은 토착화 과정을 거쳤고, 미국을 통해 서양풍의 현대식 건물들이 본격적으로 건축되기 이전, 일제강점기 훈련받은 지방 건축업자들은 근대식 건축 방법에 따라 건물들을 건축하였기 때문이다. 즉 근대 건축공법은 시공이 간단하고, 튼튼하며, 규격화되었으며, 시멘트나 함석 등 새로운 건축자재를 사용할 수 있다는 장점이 있었다. 이리하여 해방 후 옹암리에서 준공된 건축물들도 일부 식민지기의 풍을 그대로 이어 받은 것들이 나타난다.

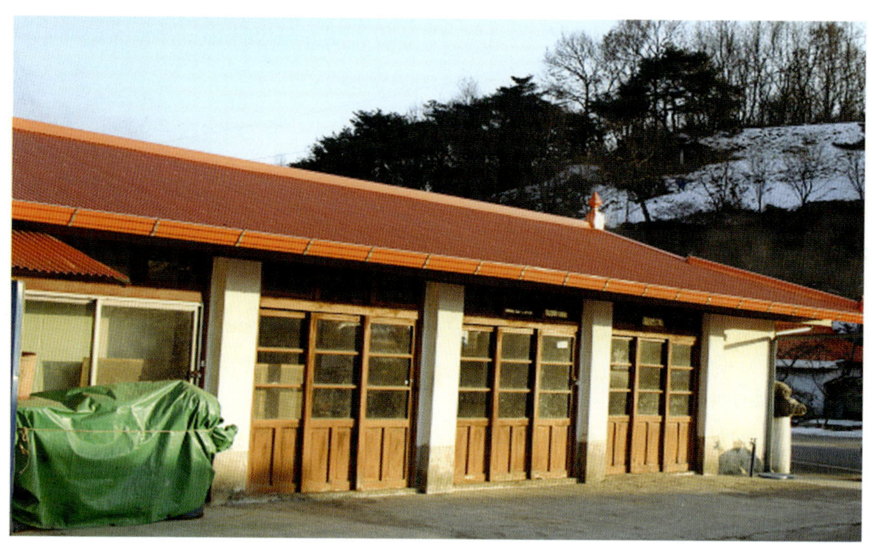

1948년도 건축된 540-6번지 점포병용주택

　　위의 사진은 1948년도 세워진 점포병용주택이다. 현재 주택은 함석지붕과 시멘트 벽면으로 개량되었지만, 원래의 주택은 목조·함석주택으로 건축양식은 일제강점기 유행했던 일본식을 그대로 닮고 있고, 내부 구조 또한 미닫이 현관, 3~4평의 상가 공간과 방들이 배치되고, 후면에 화장실과 부엌이 배치된 것이 일제강점기 상가건물과 동일하다.

　　해방 이후 옹암리에는 이런 양식의 주택들이 계속 건축되었는데, 그 이유는 필요 시 상가로 전환하고자 하는 목적과 섬에서 물건을 싣고 온 손님 및 지인들의 물건들을 임시로 보관하기 위한 공간이 필요했기 때문이다. 특히 선주들이나 객주의 주택에는 창고나 짐을 보관하는 독립적인 공간을 마련하였다. 이런 주택의 구조는 일제강점기 주거 양식과 구조를 따르고 있다. 이렇듯, 옹암리에서는 1970년대 초반까지 일본 건축양식에 근거한, 이른바 근대식 가옥들이 건축되었음을 알 수 있다.

　　마을의 주거문화는 1970년대 이후 일대 변화가 일기 시작한다. 그것은 중앙에서 정착한 미국풍의 실용적이며 현대적 양식의 건축물들이 지방에 까지 전파되었기 때문이다. 아울러 옹암포구의 이전과 새마을운동기와 맞물리면서, 초가의 개량, 건물의 신축과 기존의 점포병용주택이 주거전용주택으로 변용된 사례가 눈에 띈다. 특히 건축 당시와 현재를 비교하면 증축과 건물의 통합이 활발하게 이루어졌다. 신축 건물이 대부분 기존의 좁은 공간을 넓게 사용하기 위해 배후에 있는 대지를 통합하면서 더욱더 폭이 좁고 길이가 긴 방향으로의 평면을 가지게 된 것이 특징이다. 또한 1970년대 이후 지은 집들은 이른바 현대식 건물로, 철근 콘크리트 벽면과 슬레이트지붕을 한 경우가 나타나며, 특히 1973년 농촌주택개량에 의해 세워진 집들은 시멘트 벽돌과 기와를 주재료로 쓰고 있다. 집의 규모도 종전의 8~10평에서 17~20평 규모로 크게 지어진다. 한편, 증·개축되는 집들은 목조와 초가로 지은 건물 벽면에 시멘트를 바르거나 시멘트 블럭을 쌓고, 기와나 슬레이트 혹은 함석지붕을 얹어 개량한 것들이 주종을 이루고 있다. 80%에 달하던 옹암포구의 초가지붕들이 이 시기에 거의 대부분 슬레이트나 함석으로 개량되었다 한다.

옹암포의 상가와 보부상

옹암포의 상가와 공장들

근대기 옹암포구에는 옹암의 주민들과 상인들, 보부상들 그리고 시장 나들이를 하는 섬 주민들이 서로 어우러져 일상생활을 영위하고 있었고, 씨줄·날줄로 옹암포의 역사와 문화를 엮어 내고 있었다. 옹암포구에는 유동인구들이 많았다. 옹암장은 '안장날'이라 하여 광천장(4·9일장) 전 날이었던 3·8일에 장이 섰다고 하나 『홍성군지』에 의하면, 매일 어시장이 열렸고, 옹암수산조합도 있었다 한다. 아마도 배가 들어오면 즉시 거래가 이루어졌던 것으로 보이며, 1924년경 옹암포구의 수산물 거래량만 27,880엔에 달하였다 한다.

1932년도 『동아일보』에 의하면, 광천장과 옹암장에 맞추어 약 30~40척 가량의 중선배가 들어 왔는데, 일본어선도 출입하는 등 외국인의 왕래도 활발했던 것으로 보인다. 이런 유동인구의 증가는 포구의 상업활동을 진작시키고, 음식·숙박업의 발

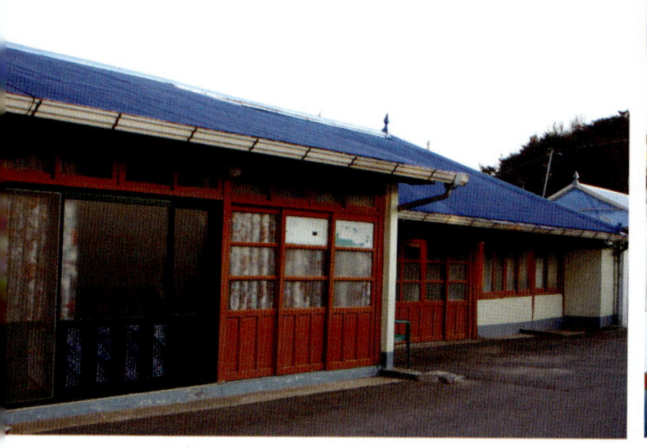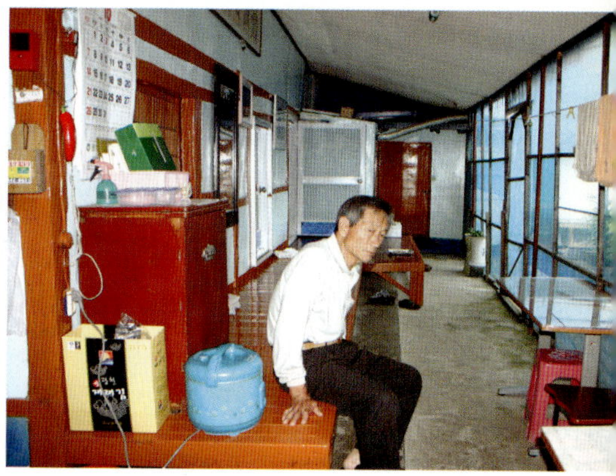

안광옥. 1929년에 건축된 목조건물로 70년대　안광옥 내부 모습.
함석지붕으로 개량하였다.

달을 가져왔다. 그것은 도서민들이나 어선들이 옹암포구에 들어오면 최소한 이틀 정도를 체류하게 되는데, 이들을 위한 영업이었다. 이에 1920년경에 이르면 옹암리에는 주막 20여 호, 잡화상 6~7호, 객주 1호 등이 영업을 하고 있었고, 1945년경에는 신발상회, 포목상, 주막, 양조장, 약방, 주막을 겸한 여인숙도 5~6군데 영업하고 있었다.

옹암리에서 대표적인 여인숙은 강호여관과 오봉하숙이었다. 이들은 주막과 여인숙을 겸하였던 것으로 보이는데, 밥을 팔기 위한 상술이었다. 밥 한상 값(1950년경약 50원)만 내면 공짜로 잠을 잘 수 있는데, 큰 방에서 모두 모여 '칼잠'을 잤다 한다. 이들이 식사 때 먹었던 반찬은 멸치, 콩나물, 박대, 깍두기, 김치국 등이었다.

여관 이외에도 포구에는 크고 작은 주막들이 20여 군데 성업 중이었다. 그중 '안광옥'이라는 기생집이 가장 유명하였는데, 일종의 고급 술집이었다. 그런가 하면 주막이나 막술을 파는 술집들과 하야시라는 일본인이 경영하는 색시집, 그리고 금산옥이라는 기생집도 있었는데, 안광옥은 술집의 규모나 기생의 수에서도 가장 컸고, 미모의 기생들은 섬에서 온 남정네들의 가슴을 꽤나 설레게 했다는 풍문이다. 석포마을의 도야광산에서 금광석을 캐거나 만선을 한 어선들이 포구에 들어 왔을 때 색시집에서는 밤늦게까지 노래 소리가 밖으로 흘러 나왔다고 한다.

옹암포구에는 상설 잡화점들이 구 해안도로가에 나란히 배치되어 있었다. 섬 주민을 대상으로 하는 고무신발 상회, 포목상, 철물상, 어구가게, 양조장, 식기 및 옹기가게, 땔감용 나무가게, 장크(소주)가게 그리고 유명한 광천미를 판매하는 곡물상도 있었는데, 그 중 '성구장네 가게'가 가장 유명하였다고 한다. 여기서는 알사탕, 오고시, 샘베이 과자(일본 과자), 조박과자, 담배 등을 판매하였다. 또한 이동우라는 약종상이 옹암포구에서 개업을 하였는데, 기본적인 한약을 조제해주었다.

옹암포구에는 조선인뿐만 아니라 일본인도 5세대나 거주하고 있었다. 먼저, 곡물장사 겸 정미소를 하던 우에다(上田) 내외가 살았는데, 151쪽 상단 사진이 그의 집이자 일터였다. 이곳은 옹암포의 유일한 정미소로 포구 주민들과 섬의 곡물들을 정미하였고, 찧은 쌀들은 옹암포를 통해 일본으로 수출되기도 하였다. 우에다 정미소 옆에는 과자를 구워 팔던 일본인 가게가 있었다.(151쪽 하단 사진) 그는 일본과자 샘베이와 눈깔사탕, 밤과자 등을 만들어 판매했고, 하야시라는 일본인은 조선기생을 두고 색시집을 운영하였는데 영업이 꽤 잘되는 편이었다.

옹암포에는 중국인도 있었다, 호떡장사를 하던 중국인 왕서방은 옹암포의 주민이었다. 배를 타고 들어 왔던 섬사람들이 옹암포에서 가장 먼저 찾았던 곳은 술집 외에도 이국적인 맛의 달콤한 호떡을 파는 호떡집이었다고 한다. 호떡의 크기는 지금보다 컸고 빵이라 불렸다. 그 속에는 설탕과 팥 앙금을 넣었는데, 당시에 설탕이 고가였기 때문에 상대적으로 가격이 저렴했던 팥을 넣었다고 한다. 왕서방네에서는 만두도 판매했었는데, 지금의 왕만두보다 큰 크기로, 양배추, 돼지고기와 콩비지를 섞어 속을 넣어 만들었다.

해방 이후에 옹암포에는 '불 파마'를 했던 미장원과 이발소, 석유가게, 방앗간, 약방 및 병원도 개업을 하였다. 병원(양의)은 면허가 없는 '장의사'(장씨 성) 병원으로 현재 '소문난 새우젓 상회' 2층에서 영업을 하였다. 그는 아들 낳는 약을 제조하여 판매하였는데, 100% 성공률을 자랑하였다고 한다. 그 밖에 침을 놓는 한의원도 여러명 있었고, 일부는 약종상을 겸하여 약방도 개업하였다.

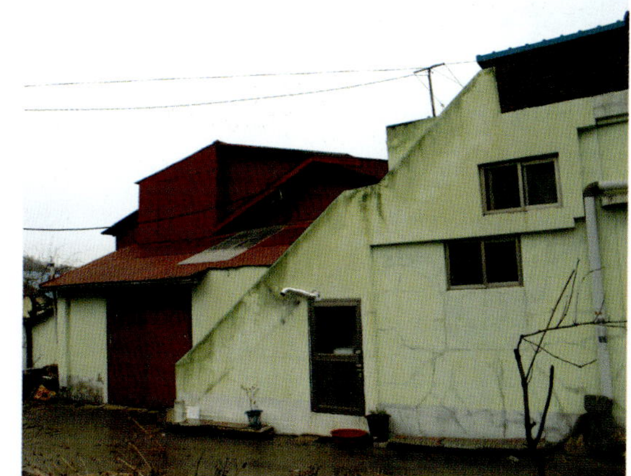

우에다의 정미소. 점포병용주택
으로 오른쪽은 주거용, 왼쪽의
빨간지붕이 방앗간이다.

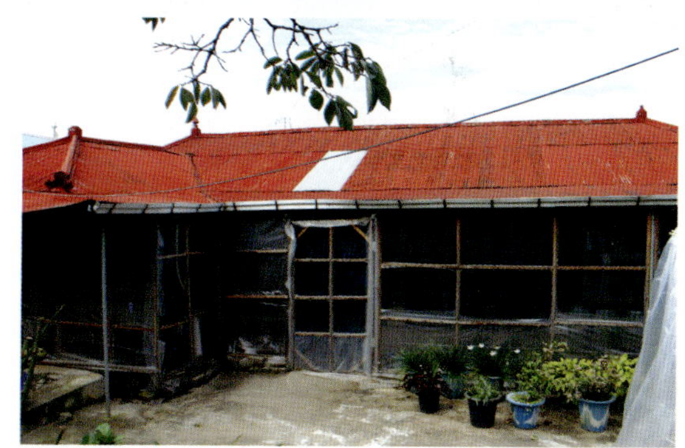

일본인의 과자가게. 일제강점기
건축된 건물이다.

옹암포나 광천장은 물류의 유통지였으므로 물건을 실어다주는 운수업이 성행하였다. 당시 홍성군 소속 운송업자 21명 중 광천에서만 14명이 활동하는 등 광천지역이 유통업의 중심지였음을 알 수 있다. 반면 소규모 운반업에 종사하는 주민들도 많았는데, 섬주민들이 광천장에서 쌀가마니나 소주궤짝을 구매하면 선박에 실어 주는 일이나, 항만노조에서 생선궤짝이나 새우젓 통의 하역작업을 끝내면 이를 광천장으로 운반해 주는 일을 담당하였다. 이렇듯 주로 부피가 큰 물건들을 사고파는 형태가 주종을 이루었기 때문에 필요한 지점까지 배달해 주는 지게꾼, 우마차와 리어카 꾼(일명 발통구르마, 나무구르마)이 있었다. 한편 마루보시(조선운송주식회사)라는 운송회사

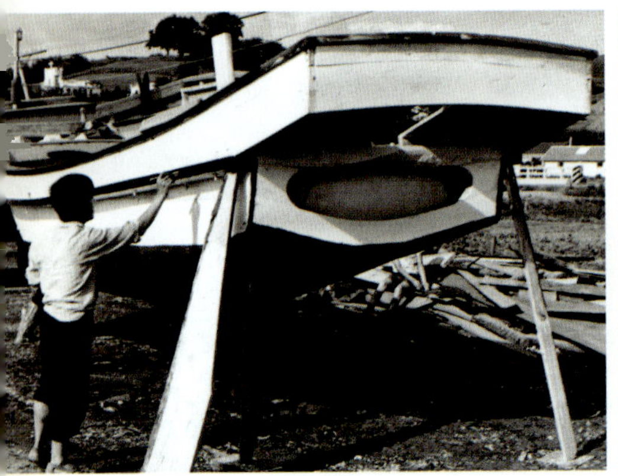

옹암포 배 건조 현장(1965년)

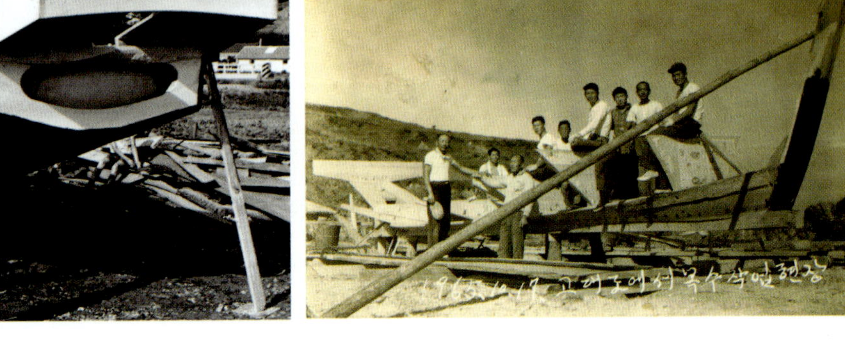

배 건조장의 배 목수들(1965년)

는 옹암포와 광역 단위의 유통을 전담했던 큰 회사로 현재 윤아네 토굴새우젓집이 그 회사의 사무실과 창고였다고 한다. 해방이 되자, 주민들 중에는 운수업 분야로 진출한 사람도 나타났는데 그 중 김응주 씨는 광일운수를 경영하였다.

1960년경에 들어서면서 옹암에는 이른바 '포구산업'이 발달하기 시작하였는데, 1969년 이후 포구가 의식마을로 이전하고 B지구가 간척되어 면적이 증가되면서 더욱 발달하였다. 그 중 하나가 선박 수리·제조업이다. 이 포구 마을에 배를 건조하고 수리하는 공장까지 들어서게 된 계기는 바로 옆에 제재소가 있었고, 선박에 필요한 철물점과 주물공장이 옹암리와 광천에 위치했을 뿐더러, 해안가의 입지상 선박 건조에 유리했기 때문으로 풀이된다. 현 노인회장이었던 긴춘길 씨가 책임자였고 그 외에 여러 사람이 근무하였다. 1960년 이후 각 지방자치단체에서는 어선을 건조할 수 있는 허가증을 각 어업조합에 내주었고, 후일 보령수협으로 통폐합되었던 홍성어업조합이 이곳 옹암포에 있었다. 1971년 어업 발전을 위한 정부 지원금을 받아 배 40척을 옹암포에서 건조하였는데 위의 사진은 이를 기념하여 찍은 것이다. 당시에는 선주들이 조합에 선박 건조 신청서를 내면 10톤~50톤 규모의 동력선을 건조할 수 있었다. 이때 서부·결성·오천 등지의 목수들과 선박업자들이 와서 배를 건조하였는데, 이

사람들은 옹암에서 하숙하였다고 한다.

이러한 선박제조업은 목재, 주물 및 기타 선박제조와 관련된 공장들의 설립을 자극하였다. 이밖에도 포구와 관련된 산업체들로, 얼음공장, 연탄공장, 제재소, 가구공장, 선박수리공장, 삼미식품, 김 제조 공장, 새우젓 및 젓갈 공장 등이 의식부락을 중심으로 한 신포구촌에 들어섰다. 인근 광천에는 더 많은 공장이 있었는데 솥공장, 양초공장, 엿공장, 그릇공장(광천제도사), 그 외에 15개 정도의 소규모 공장들이 가동하고 있었다. 광천도자기는 예로부터 유명하여 널리 팔려 나갔다 한다.

공장들이 위치해 있던 의식부락에는 신흥 포구촌이 형성되었다. 주로 경찰지서, 항만지서, 매표소, 상가, 식당, 약방, 소주 도매상, 석유판매점, 선구점 등 상점들이 신축·개업하였고, 옹암 쪽에는 선원들과 섬 주민들이 필요한 물건들을 판매하는 상점들과 여인숙 및 술집들로 성황을 이루었다.

옹암포의 보부상과 '도붓장사'

옹암포에 장이 설 때면 인근 지역의 봇짐장수들이 몰려들었다. 도서민들도 섬에서 가져 온 김이나 생선 등 수산물과 잡곡 등을 필요한 것들과 즉석에서 물물교환하거나 판매하였다. 노동, 석포 등 옹암포 인근에 사는 주민들도 옹암 장터에서 장사를 했는데, 주로 배에서 필요한 땔감 조달을 위한 나무장사가 많았다. 장터에는 함지박에 생선을 놓고 판매하는 아주머니들과 어리굴젓과 새우젓을 판매하는 사람도 상당히 많았고, 떡·참외·고구마·엿 장사도 여럿 있었다. 옹암포에는 당국 몰래 아편도 판매했었는데 양귀비가 주류를 이뤘다. 그것은 배 멀미를 하거나 선상에서의 고된 생활을 견디기 위해 선장이 준비한 비상약이었다 한다.

옹암포의 행상 중 대표적인 상인 보부상과 '도붓장사'를 소개하기로 한다. 먼저 일명 '장돌뱅이', 혹은 '봇짐장사'로 불리었던 보부상들이 있었다. 이들은 조선 후기부터 1960년대까지 이 지역에서 활약했었는데, 조선시대 국가로부터 공인받은 상인들로 옹암에서 홍주·결성·보령·청양·대흥·오천의 오일장을 연결시켜주던 이 지역 유통업자였다. 옹암리 469번지는 육군상무사의 임소가 있었던 곳으로 옹암포는 보부상들의 근거지라 할 수 있다. 이들 등짐장수들은 옹암의 '안장날'만 되면 목화솜

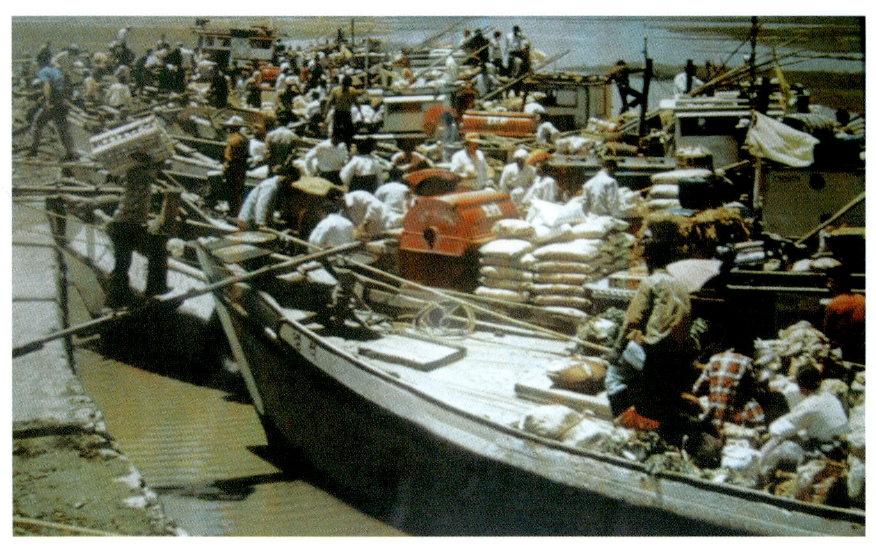

옹암포에 정박 중인 배. 선박 위에는 섬 주민들에게 필요한 각종 생활용품과 곡물이 실려 있다. (최종돈 소장사진)

이 달린 패랭이를 쓰고, 지게에 소금·생선·건어물·포목·그릇·담배·엿·기름·짚신·도자기·솥 등을 지고 다녔다. 봇짐장수도 두 개의 목화송이를 단 패랭이를 쓰고 삼베·비단·솜·종이·모시·패물·인삼·가죽·녹용·벼루·묵 등을 보자기에 싸거나 끈을 달아 메고 다녔다. 이들은 장터에서 손님을 모으기 위해 각종 놀이와 행사를 했는데, 각설이타령이 유명하였다. 이들의 구성지고 신나는 노랫가락과 함께 질펀한 장날의 하루가 시작되었다.

"목발 없는 지게 지고 골목골목 들어가니
뿌리 없는 감나무 감이나 잔뜩 열어서
밑살 없는 광우리에 감이나 잔뜩 담어서
배으내 장으로 갔더니 배석 걸려 못팔고
뜰에 시장으로 갔더니 시간이 틀려서 못 팔고

옹암리 인근에는 홍도원이라는 보부상 여인숙 겸 요양원이 있었다. 이곳은 1887
년경 70세의 조덕중이라는 장사꾼이 평생 모은 재산을 기부하여 설립한 것인데, 보
부상들은 이곳에 오면 비용과 기간에 관계없이 충분히 휴식을 취할 수 있었다. 또한
병이 났을 경우 병자를 돌보는 사람과 사망자를 매장할 수 있는 공동묘지까지 갖춘
일종의 사설병원 같은 곳이기도 했는데, 1979년까지 은퇴한 보부상들이 애용했다.
옹암리 출신의 보부상으로는 성태영, 최동휘, 조석근 등이 있었다 한다.

다음은 또 하나의 대표적인 행상인 '도붓장사(광주리 장사)'에 대해 알아보기로
하겠다. 육군상무사의 보부상이 옛 유통업자라면, 1950년대 이후 활발하게 전개되었
던 여성 보따리장수가 현대판 보부상이라 하겠다. 옹암리는 포구마을이자 장터였기
때문에 대부분의 주민들이 뱃일을 하거나 포구와 관련된 서비스업이나 상업에 종사
하였다. 한편 농지가 없는 대다수의 여성들은 이른바 '도붓장사'를 하였는데, 옹암리

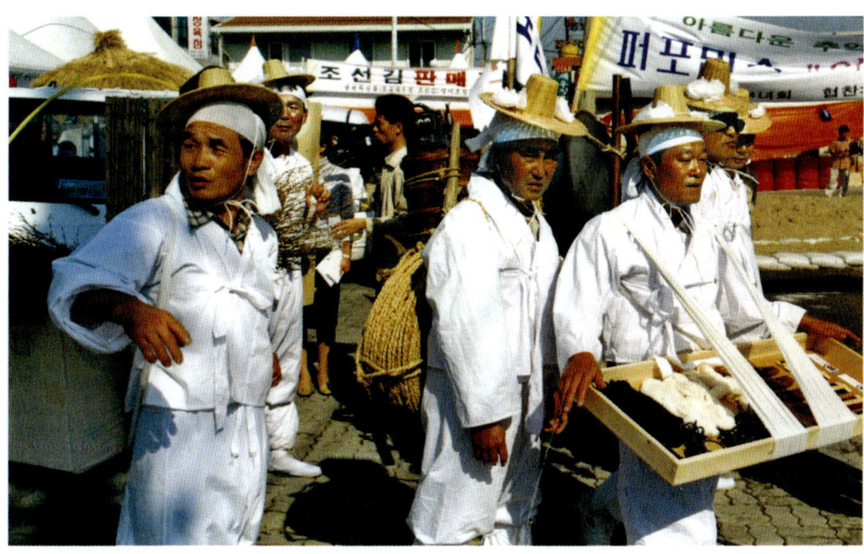

2006년도 광천 새우젓축제에서 재현된 보부상의 모습

여성의 절반 정도가 행상을 하였다 한다. 그것은 옹암리 주민 중 타 지역에서 이곳으로 이주하여 삶을 개척한 사람들이 많았기에 그런 듯싶다. 이들이 취급한 물품은 주로 해산물이었다. 조기나 박대 및 다른 생선 등을 소금에 절이거나 말려 판매하거나, 전국적으로 유명한 토굴 새우젓이나 김을 도매로 떼다 판매하였다.

이들 도붓장수는 배에서 도매로 구입한 생선이나 새우젓과 젓갈 등을 광주리나 조쟁이(항아리)에 담아 머리에 이고 새벽 기차나 버스를 타고 예산·신례원·온양·평택 등지로 나갔다. 당시에는 물물교환이 많아 해산물을 판매하는 대신 쌀이나 잡곡 혹은 고추씨 등을 받아, 다시 옹암장이나 광천장에 되팔아 이문을 챙기기도 하였다. 한편 가사에 종사했던 여성들은 가내 부업에 열중하였다. 1965년경부터 서해 인근 섬에서 김을 생산하기 시작하였는데, 섬 주민들이 김을 가지고 옹암포구에 들어오면 그것을 다시 손질하였다. 한 번에 100~200동씩(1톳=100장, 1동=50톳) 대량 구매하여 일정한 크기와 품질, 그리고 한 톳 분량으로 나누어 광천장에 가서 판매하였다.

옹암포 주민들은 강인하고 부지런하여 '굶는 사람도 노는 사람도 없는 마을'이라 한다. 이러한 주민들의 타고난 근면함과 강인함은 근대 포구마을로 발전하게 만든 원동력이었고, 그들의 숨결과 자취는 독특한 근대 포구 취락과 가옥, 그리고 포구상업의 잔영으로 남아 있다.

(김 현 숙)

주(註)

1) 본 연구에서 참조한 건축물 대장은 1980년에 작성된 대장으로 건물을 처음 건축한 건물주는 기재되어 있지 않다. 또한 작성 당시의 실사를 통해 건축물 현황을 파악한 것이기 때문에 최초의 건축 형태를 알 수는 없다. 다만 준공년도와 대지 및 건물의 규모는 기재되어 있으므로, 등기된 건축물에 한하여 마을의 주거 현황의 윤곽을 파악할 수 있다. 아울러 마을에 위치한 상당수의 가옥들이 지적도 등본에는 나타나나 건축물대장에는 올리지 않은 미등기 주택들이다. 즉, 과세를 피하기 위해 대지화하지 않고 잡종지로 놔두거나, 등기를 내지 않은 집들이기 때문에 이 글에서는 건축물대장 옹암리 191번지부터 543번지에 기재되어 있는 총 129개 건물만 대상으로 데이터를 처리했다. 이 작업에 도움을 주신 광천읍사무소와 홍성 군청 직원 분들께 감사드린다. 또한 이 글을 작성하는데 도움을 주고 귀중한 옹암포의 사진을 제공하신 광천의 향

토사학자이신 최종돈 선생님께 감사드린다. 이밖에도 청주대학교 건축학과 김태영 교수의 글과 조언을 받았다. 이 자리를 빌어 감사드린다.

민속과 구전 자료

옹암리는 1970년대까지만 하더라도 포구를 갖추고 있었다. 해방 전후에 100여 척을 상회하는 어선이 드나들 정도로 포구에 활기가 있었다. 이는 옹암리가 인근 도서지역의 해산물이 집중되고 유통되는 공간이었기 때문이다.

옹암리의 민속은 이러한 역동적인 마을의 활력과 맞물려 있었다. 특히 민속 가운데 당제의 규모나 형식은 그 마을의 경제규모와 맞물리는 성향이 있다. 마을이 보유하고 있는 어선의 수량이나 포획능력, 시장규모에 의해 당제의 외연이 결정된다는 것이다. 실제, 이런 점에서 옹암리의 당제는 인근 마을의 당제와 비교가 되지 않을 만큼 규모가 컸고 여러 날에 걸쳐 이루어졌다.

이와 같은 점을 고려하여 옹암리의 민속은 당제를 중심으로 기술할 것이다. 오늘날까지 지속되고 있는 옹암리 당제에 관한 전개과정과 구체적 제의 사항을 중심으로 민속 항목을 꾸미려 한다.

구전자료 항목에서는 옹암리 사람들의 삶과 관련된 다양한 내용을 담았다. 그런 가운데에서도 옹암리의 과거 포구와 관련된 구술이나 고기잡이 체험, 당제의 내력이나 전승 등에 주안점을 두어 정리하였다.

민간신앙

옹암리의 당제

옹암리 당제의 형성 내력은 구체적인 시기가 알려져 있지 않다. 막연히 고려 때부터라는 시기에 대한 구전이 전하나 이를 입증할 만한 증거는 발견되지 않는다. 그러면서도 이 마을의 당제는 인근의 결성면 성호리 당제와 유사성을 보여주며 나름의 역사성을 내포하고 있는 것으로 추정된다. 곧, 성호리 당제는 17세기에 그 존재가 확인된다고 하는 점에서 이웃한 옹암의 당제 또한 그 형성 시기에 대한 나름의 단서를 제공한다. 이러한 상호 관련성에 대한 추정은 두 마을의 입지가 각각 홍성호와 보령호(廣川)를 끼고 있는 마을이라는 점에 기인한다. 아울러 두 마을 사람들의 생업이 바다를 통한 채취와 포획이라고 유사성도 꼽을 수 있다. 곧, 마을의 입지와 생업의 동일함에서 그들의 공동신앙의 유사성을 가정할 수 있다는 것이고, 동시에 그 신앙의 형성과 전개에도 상호 영향을 미쳤을 것이라는 가설이다.

옹암리 당제에 대한 기술은 1960년대 이전의 당제 사례를 원형으로 삼아 정리한다. 다만, 제의 실행의 면모는 현 당제의 제의과정에 초점을 두어 다룬다.

당제가 역동적으로 진행되던 1960년대 무렵의 옹암리는 포구가 활성화되어 있었다. 인근 도서지역의 각종 물산이 포구를 통해 들어오고 또 포구를 통하여 팔려나갔다. 여기에 이 마을 사람들 가운데에는 어로활동을 하는 이들도 적지 않았다. 그리고 이러한 다양한 삶의 양태가 당제에 반영되어 표현되었다.

요컨대 당제는 옹암포구 사람들의 삶의 방식인 경제활동을 반영하여 장시의 번창, 풍어, 해상안전의 기원을 목적으로 하였다. 음력 1월 6일에 시행되던 당제는 이와 같이 마을사람들의 물질적 번영과 안전을 주목적으로 삼아 제를 지내왔던 것이다. 제의 축문을 통해서도 이러한 면을 읽을 수 있다. 곧 옹암 <당제 축문>은 마을과 개개 주민들에게 "복을 내려주고 질병이나 환액을 몰아내주며, 가정의 안락, 효우"를 기원하는 내용이 담겨 있다. 또한 해상에서의 "넉넉한 고기잡이와 항해 중의 안전을 도모하려" 하고 있다.[1]

<상 · 중 · 하 거리제 축문> 또한 유사한 내용을 담고 있다. 거리제의 주 대상 신격을 토지신과 오방제신으로 설정하면서 그들 신에게 "복희씨의 평안한 때를 주어 마을이 이(齒)가 나는 것처럼 번성하게 하여 달라거나, 신명함이 미쳐 생명을 보호하고 밝은 빛을 영원히 하여 잡귀를 쫓아 달라[2]"는 주술적 기원이 담겨 있다.

옹암리의 당제는 위의 제문 이외에도 또 다른 축문이 존재한다. 옹암 <당제 축문>과 <상중하 거리제 축문> 이외에 <대신감차신성(大神感此信誠)>이란 축문이 별도로 전하고 있다. 그런데 주민들은 이 축문의 용도를 설명하지 못한다. 하지만 축문의 내용은 그것이 '오방제신'을 위한 것임을 보여준다. 곧, 이 마을의 오방신장을 위한 제의 축문임을 쉽게 단정할 수 있다. 내용 또한 앞의 두 가지와 크게 다르지 않다. 각각의 방위를 관장하는 신들이 "벌목, 동티, 질병, 낙마의 액을 없게 해주고, 염병, 화재, 관재, 구설, 형벌, 도적, 익수, 낙태, 수한, 기근 등의 액운을 물리쳐 달라[3]"는 내용이다. 이들 제의 기원 내용을 주목할 때 오방신에 대한 소망 발원이 지극히 구체적이고 다양함을 발견할 수 있다. 이를테면 당제에서의 평안이나 번영과 같은 포괄적 소망의 표현이 아닌 개별 사항에 따른 구체적 기원이 오방신께 요구되고 있는 점을 축문을 통하여 확인할 수 있다. 이런 점에서 옹암리의 오방신은 마을사람들의 일상에 구체적으로 연계된 신의 일종이라는 해석이 가능하다.

제의 수행의 중심인물은 당주와 도화주, 부화주, 전화주, 무당이다. 부화주와 전화주는 도화주를 보조하는 역할을 한다. 전화주는 걸립을 통하여 당제 기금을 확보하고 부화주와 함께 제수를 구입한다. 이들의 역할은 해방 전후 무렵만 하더라도 비중이 있었다. 당시에는 제의에 올릴 희생으로 소를 잡았기 때문에 비용이나 제의 규모가 매우 컸다. 따라서 이들 두 사람의 역할은 그만큼 중요하였다. 그런데 지금에 이르러서는 제의의 축소로 인해 역할이 위축되게 되었다. 요컨대 당제의 중심에 놓여 있는 인물은 당주와 도화주, 무당이었다. 제의 축문에서도 이들 '삼소임모성명(三所任某姓名)'을 밝혀 그들이 제의 수행의 한 가운데 있음을 밝혀주고 있다.

1960년대 이전의 당은 현 <옹암영산당(甕岩靈山堂)>의 인근이자 당산 신목에 이웃해 위치하였다. 20여 평의 대지에 2평 남짓한 건물을 두었는데 이를 <옹암당사(甕岩堂祠)> 또는 <구당사(舊堂祠)>라 하였다. 이 당사 내부에는 산신도(山神圖), 당사

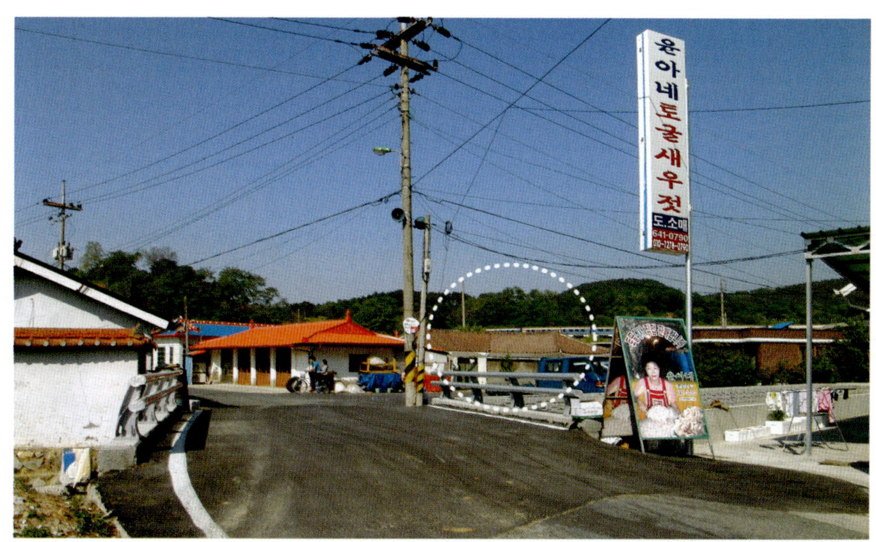

사진 중앙의 다리 건너편 우측이 하거리 제장이었다.

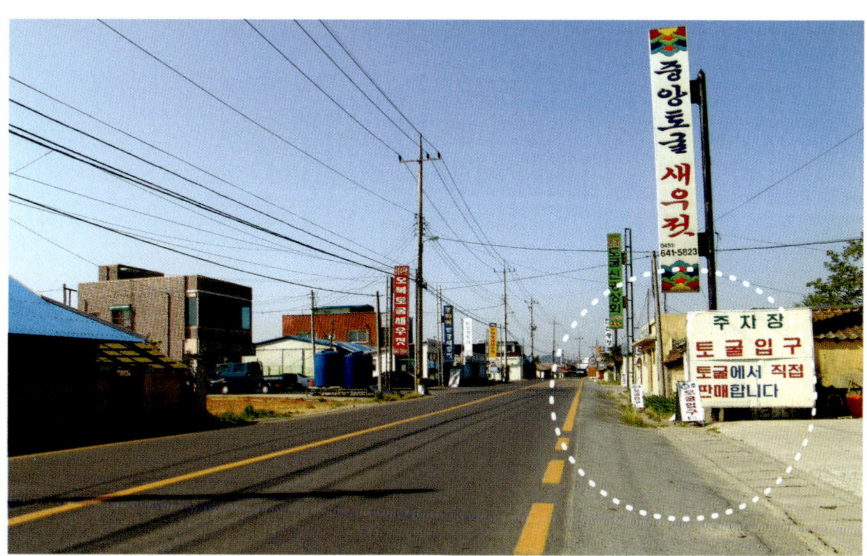

도로를 사이에 두고 좌측에 오복토굴새우젓(붉은 입간판)과 우측에 중앙토굴새우젓 가게가 있다. 상거리는 오복상가 인근의 옛 길가에 있었고 중거리는 중앙상가 간판 근처에 위치하였다고 한다.

조도(堂祠祖圖), 당사조모도(堂祠祖母圖)가 있었다.[4] 이들 신은 옹암리 당제의 주요 대상 신이라 할 수 있다. 이 가운데 산신은 마을 전체를 수호하는 신격으로서의 존재로 볼 수 있고, 당할아버지신과 당할머니신은 당산신으로 수신(水神)계열의 성격을 지닌다.

당제는 규모면에서 대제(大祭)와 소제(小祭)로 구분된다. 옹암리의 당제는 대부분 소제형태로 수행되어 왔으며 그 전통이 지금까지 지속되고 있다. 소제는 이틀에 걸쳐 제의가 진행되었다. 제의 당일 오후로부터 그 다음날 새벽까지 제의가 지속되고, 이어 날이 밝으면 거리제와 장승제를 지내는 것으로 제의가 완결되었다.

거리제장은 3곳인데 지금의 상용 <오복토굴새우젓> 주변의 옛 길에 상거리가 있었다. 이곳에는 천하대장군(天下大將軍)과 지하여장군(地下女將軍) 두 장승이 세워져 있었다. 이들 장승을 대상으로 먼저 장승제를 지냈다. 이어 중거리는 상거리의 바로 아래쪽인 <중앙토굴새우젓> 인근의 길가에 위치하였다. 그리고 하거리 제장은 마을의 남쪽인 <윤아네토굴새우젓> 인근의 다리 주변에 위치하였다. 마을사람들은 이 상거리에서 장승제를 지내고 난 뒤 중거리와 하거리로 이동하여 거리제를 지냈다. 그런데 1986년 부활된 당제는 장승제와 거리제를 지내지 않으며, 당일 오후로부터 밤 10시 전후까지 <옹암영산당>과 당산 신목에서 제의를 시행하였다.

이에 비해 대제는 1950년대 이전에 수행된 제의 형태로 제의와 그 여흥이 일주일 가까이 지속되었다. 제물에 있어서도 소를 잡아 올렸고, 제의를 보조하는 무당이 여러 사람이었다. 무당은 제의 수행 과정에 참여하여 당산 신명굿, 어망굿, 선주굿 등의 굿 치성을 하였다. 제의 당일 오후에 옹암리 어민들이 각자의 뱃기를 가지고 당산에 매어놓으며 이튿날 오전에 이 각각의 기에 공수를 내려주었다. 또, 해당 선주는 공수를 받은 기를 들고 일렬로 선 뒤 징 소리와 함께 선창에 달려가 자신의 뱃기를 배에 꽂고 뱃고사를 지냈다. 그리고 다음날 이른 아침에 마을 입구와 중앙에 나가 거리제와 장승제를 지냈다. 이어서 무당들이 선주의 요청에 의해 고사를 지내주는 예가 있었고, 대제에 참여한 무당과 각설이패 등이 거리와 시장을 누비며 기예를 시연하였다.[5] 그리고 이러한 뒤풀이는 제의 당일로부터 길게는 일주일 가까이 이어졌다.

제의(祭儀)의 진행과 변화

1960년대 이전의 제의는 맨 처음 <옹암당사>에서의 당제를 지내는 것으로 시작된다. 이 당사에는 산신과 당할아버지, 당할머니를 봉안해 두고 있으며, 이들을 대상으로 제의를 지냈다. 당사에서의 제의는 오후 6시경[6]부터 자정을 넘겨 새벽까지 진행되었다. 제의 과정을 시간 순으로 정리하여 제시한다.

"제의 당일 오후 6시 경 당주의 집에서 당주와 무당 등 제관 일행, 용대기, 뱃기를 든 선주 등이 풍물패의 풍장소리에 맞추어 마을 뒷산에 위치한 당사로 향한다. 당사에 도착하면 기를 든 선주들이 용대기를 따라 당사 주위를 다섯 바퀴 돈다. 이어 기를 한 줄로 세워둔다. 이어 무당이 부정풀이를 통하여 제장의 정화의식을 수행한다. 그리고 제관 일행은 당사에 들어가 제물을 진설한 뒤 산신과 당할아버지, 당할머니 순으로 제사를 지낸다. 유교식 제사가 끝나면 무당이 각 신상의 앞에 나가 굿 치성을 한다. 당사에 봉안된 신에 대한 치성 이후 선주들을 대상으로 어망굿, 선주굿을 한다. 그리고는 선주들의 뱃기에 공수를 내려주며 풍어를 기원한다. 또, 마을 주민을 대상으로 한 소지를 올린다. 이렇게 제의를 진행하다보면 새벽녘이 된다. 제의 이후 무당과 제관 일행이 마을로 내려와 잠시 휴식을 취한 후 당산 신목 앞으로 나아간다. 이

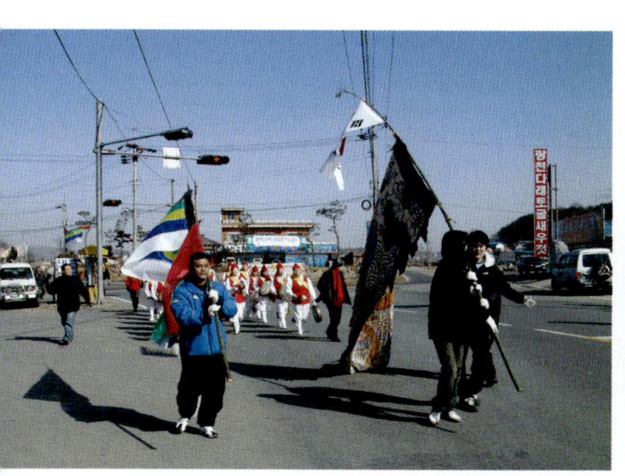

당산제에 앞서 행하는 길놀이(2008)

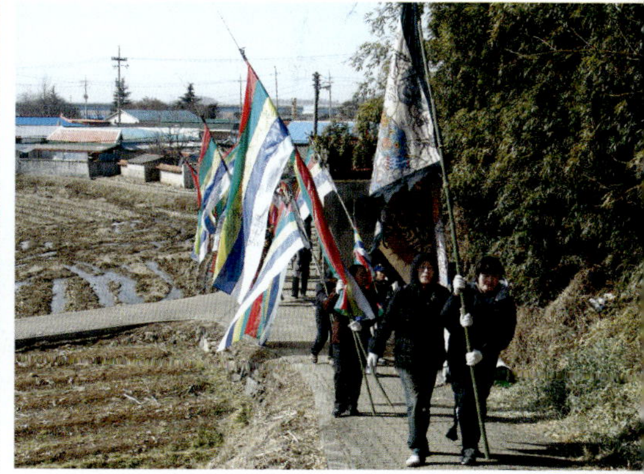

제장으로 올라가고 있는 길놀이패

신목 앞에 제물을 차리고 굿치성과 함께 고사를 지낸다. 이후 상용 상거리의 장승 앞에 제물을 차리고 거리제를 지낸다. 다시 마을 중앙의 중거리로 이동하여 거리제를 지내며, 역시 마을 남쪽 해안의 하거리로 이동하여 거리제를 지낸다."

1975년 옹암포 항구 폐쇄 이전의 이 마을 당제는 위의 지문과 같은 양상으로 전개되었다. 물론 거리제는 별도의 독립된 제의이지만 당사에서의 산신제와 조부모제사는 당제의 핵심이 되는 제의라 할 수 있다. 여기에 당산신목에 대한 제사가 당산제의 일환으로 수행되고 있음도 확인된다. 마을의 제보자 가운데에는 당산의 조부모와 이 당산신목의 신격을 동일시하는 예도 있다.

한편, 1985년 옹암리의 노인회가 중심이 되어 당제를 복원하였다. 당제의 복원은 항구 폐쇄 이후 마을사람들에게 잦은 불행이 찾아들면서 이를 해소하기 위해 대안으로 이루어졌다. 제당은 구당사로부터 100m 남쪽의 산등성이에 가로세로 5×10m의 건물로 조성되었다. 당의 내부에는 중앙에 <본당조부모도(本堂祖父母圖)>를 봉안하였고 좌우에 각각 <오방대장군신도(五方大將軍神圖)>와 <산신령신도(山神靈神圖)>를 봉안하였다.

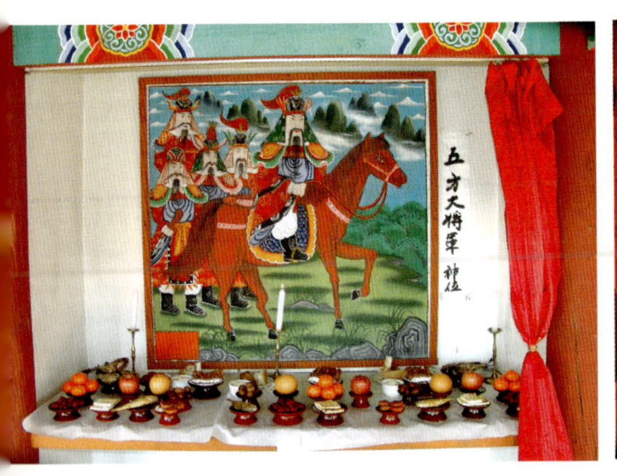

오방대장군도

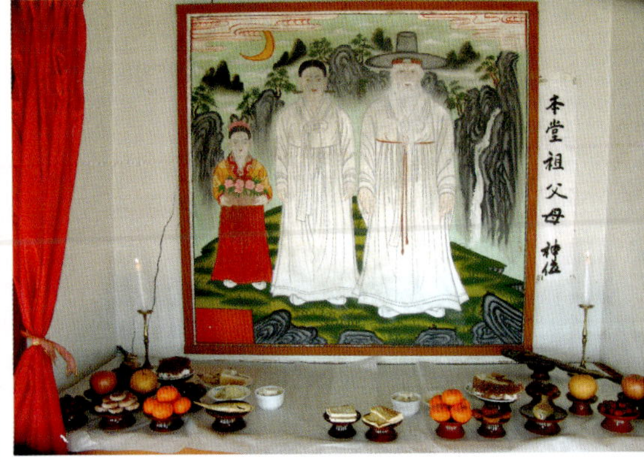

본당조부모도(옹암영산당의 주신)

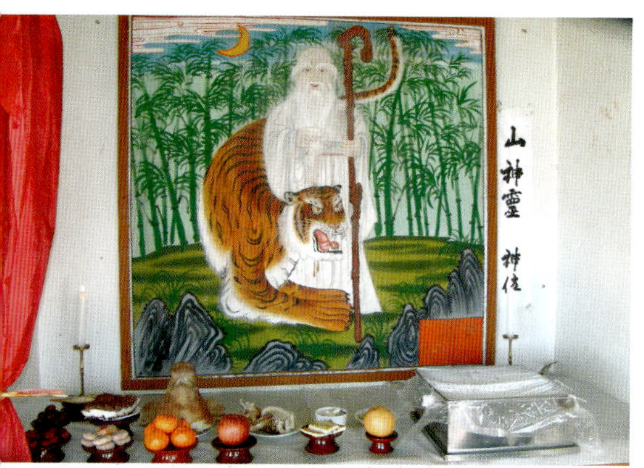
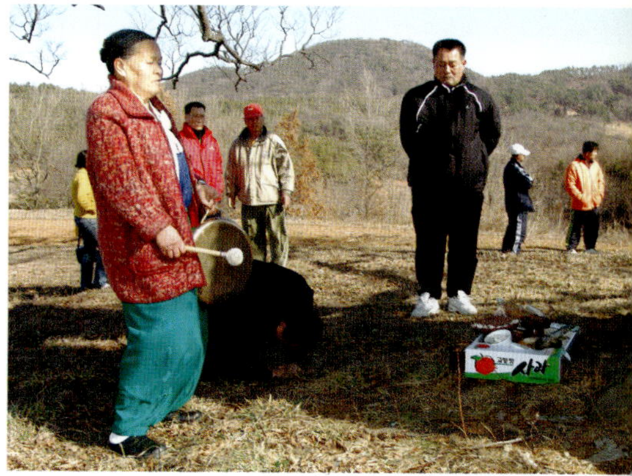

산신도(옹암리 마을수호신)　　　　　　목신제 과정

　　이렇게 복원된 당제는 1960년대에 이루어지던 당제와 약간의 차이를 보여준다. 우선 거리신으로서의 오방대장군이 당사에 새로이 봉안되었다고 하는 점이다. 오방대장군이 당제에 편입된 점은 주목의 대상이 아닐 수 없다. 여기에 제의의 순서에 있어서도 변화를 보여준다. 과거에는 당사에서의 제의 이후에 당산신목 앞에서 고사한데 비해 복원 당제에서는 당산신목 앞에서 먼저 고사를 하고, 당사로 이동하여 의식을 진행한다는 점이다. 이를테면 복원 당제에서는 거리제를 지내지 않는다. 당산신목에서의 고사는 거리제 수행 직전인 새벽녘에 이루어지던 것인데, 거리제가 생략되면서 이의 시행이 마을사람들에게 하나의 난제가 되었던 것으로 볼 수 있다. 또, 복원 당제는 대부분 자정 이전에 제의가 마무리되는데 비해 과거, 당신 신목 고사는 새벽녘에 배치되어 있다는 점이다. 때문에 복원당제에서는 한 때 신목에서의 고사를 생략하기도 하였다. 바로 이러한 난제로 인해 당산신목 고사를 당제의 첫머리에 배치한 것으로 추정해 볼 수 있다.

　　1960년대의 당제에서는 제관 일행이 인근이나 경기도에서 무당을 초청하여 그로 하여금 당제에 참여하도록 하였다. 물론, 당시에도 제의비용의 정도에 따라 무당의 수를 달리하여 초청하였다. 특히 60년대 말에서 70년대로 넘어오면서 이 마을의 만신 최정연[7]이 당제의 주요 수행자로 빈번하게 참여하였다. 복원 당제에서도 그의 역할은 지속되었다.

옹암리의 당제는 1985년 노인회에 의해 복원되면서 10년 가까이 노인회가 주도하다가 다시 이장과 부녀회원들이 중심이 되어 당제가 유지되었다. 이는 당제의 복원 주도세력이 고령화 되면서 당제 수행의 한계에 직면하면서 일어난 현상이다. 그리고 2007년부터 마을의 개발위원회가 중심이 되어 당제를 지내고 있다.

2007년 당제의 면모

옹암리 당제의 경우 2006년에는 이장이 주도하여 당제를 수행하였고, 2007년에는 개발위원회가 중심이 되어 당제를 진행하였다. 여기에 이 마을의 무녀 최정연 씨가 참여하여 제의 전반을 주도적으로 이끌어갔다. 2007년에 이루어진 당제의 시행 사례를 시간 순으로 정리하여 제시한다.

음력 1월 6일 오후 2시 30분경에 당제를 시작하였다. 당제를 지내기 위한 준비는 오전부터 하였다. 당 내부에서 2명의 여성이 탕국을 끓이는 등으로 음식을 조리하였다. 당 한쪽에서는 무녀가 산신 전에 앉아서 제의의 시작을 고하고 한편으로 부정풀이를 하였다. 물이 담긴 바가지에 고추와 길지를 담고 그 앞에서 들릴 듯 말 듯 한 낮은 목소리로 부정풀이를 하였다. 부정풀이가 끝난 뒤에는 소지를 사르고 그 재를 바가지에 담았다. 이어 무녀가 이 바가지를 들고 당 밖으로 나왔다. 마을에서 당으로 이어진 길목에 선 무녀는 역시 제의에 부정이 끼지 말라는 말과 함께 바가지에 담긴 물을 바닥에 뿌렸다.

이어 본격적인 제의가 시작되었다. 첫 제의 대상은 당산신목이었다. 이 당산신목은 애초 이 마을 당제의 중심이 되는 신이다. 당이 지어지면서 당 내부에 현재의 신위를 모시기 이전에는 이 당산신목이 당제의 중심 신이었다는 것이다. 따라서 당제의 으뜸 신을 이 당산목의 신으로 본다. 제보자에 따라서는 당산목신을 당 내부에 모셔 둔 '본당조부모 신위'와 일치시키기도 한다.

당산신목에 제를 지내기 위해 사과 상자에 밤, 곶감, 사과, 배, 귤, 북어포, 조기, 돼지고기, 떡, 탕국, 밥 등을 담은 뒤 이것을 가지고 당산의 신목 앞으로 갔다. 이때에

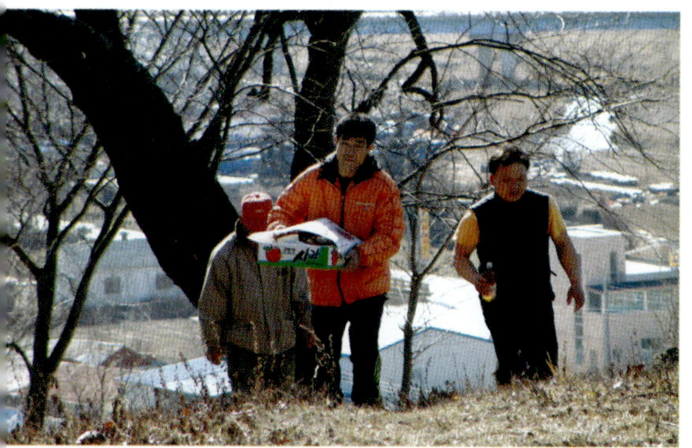

당산목 제사를 위한 제물 운반

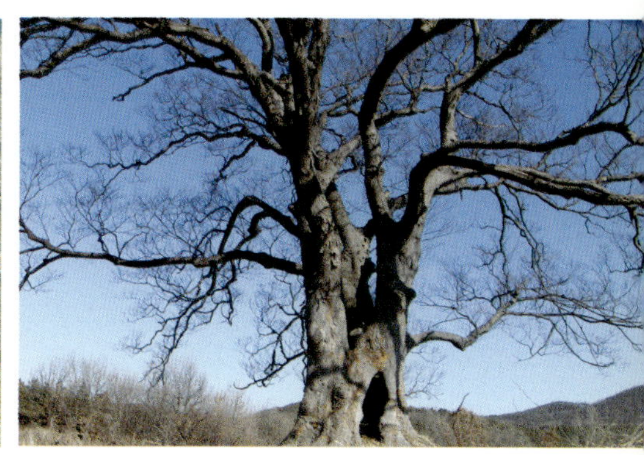

옛 구당터의 당산신목

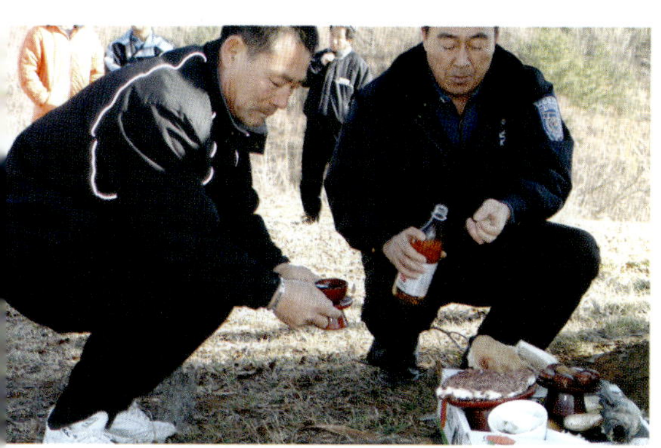

당산신목을 위한 헌주

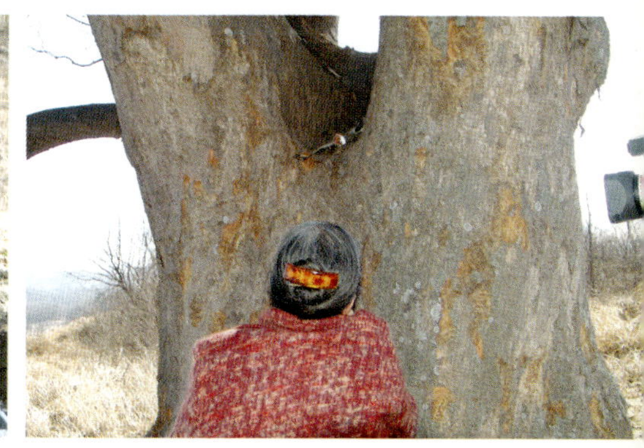

제사 이후 헌식(가지 사이에 제물을 놓음)

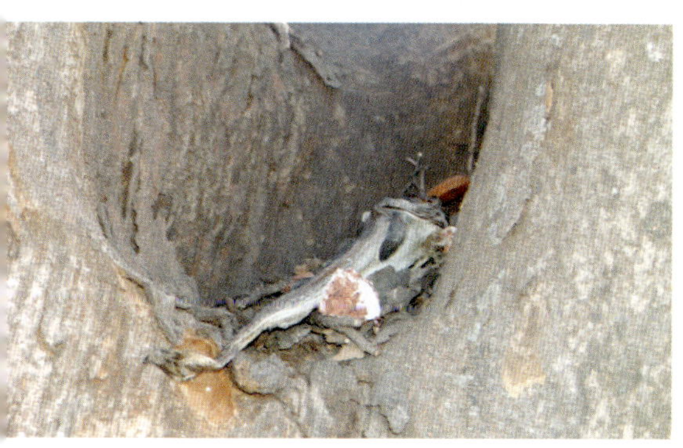

헌식물(떡, 북어 등)

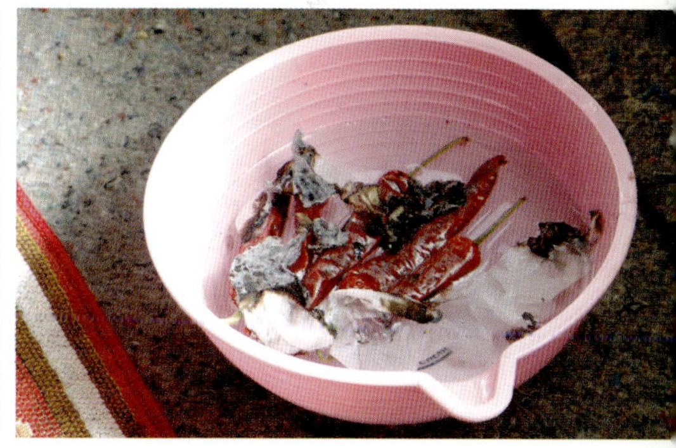

부정풀이 과정에 사용한 소품

는 무녀와 번영회 간부들이 뒤를 따랐다. 당산나무 아래에 제물이 담긴 상자를 내려 놓고 무녀가 선채로 경을 읊었다. 독경의 사이사이에 들고 있던 징을 두드리기도 하였다. 이렇게 30분가량 독경이 지속되었다. 또, 무녀의 독경이 진행되는 동안 제의에 참여한 마을사람들이 한 사람씩 나서서 절을 하였다. 이들은 먼저 제단에 술을 한잔 따라 놓고 절을 하였다. 다수의 마을사람들이 절을 하였는데 그 횟수에 있어서 차이를 보였다. 곧, 절을 한 번 하는 사람과 두 번 하는 사람이 있는데 그 비율이 각각 3대 7 정도였다. 절을 한 번 하는 사람은 당산의 나무가 살아 있기 때문에 한 번만 해야 한다고 하였다. 반면 절을 두 번 하는 사람은 신에게 올리는 것이니 두 번 또는 그 이상 많이 해야 한다고 하였다. 그들은 절을 한 뒤에 자신이 올린 술잔을 들고 나무 주위를 돌며 뿌리 부분에 술을 부었다. 이어 무녀가 독경을 마치고 상자 안에 든 음식을 조금씩 떼어서 신목의 가지 사이에 놓았다. 또 북어를 오른손에 들고 자신의 머리는 신목에 가져다 댄 채 나무에게 귓속말을 하듯 읊조렸다. 1분 이내의 시간 동안 이렇게 말을 한 뒤 손에 들고 있던 북어를 역시 나뭇가지 사이에 올려놓았다.

"(문 : 나무 위에 음식을 왜 올려놓나요?) 이거? 만경창파 굽이굽이 풍랑 겪으면서 불운을 다 막아달라고. 이 나무가 크니까, 바람이 많이 불잖아. 바람은 공중에서 불어서 자연으로 사라지니께 근심 걱정 좀 없애주라고 지내는 거요."[최정연(여, 85), 옹암리, 2007. 2.]

지문에서처럼 제물을 나뭇가지 사이에 올려놓으면서 다시 한 번 마을의 평안을 비는 것으로 볼 수 있다. 무녀는 이렇게 독경을 마친 뒤 뒤로 돌아서서 마을 쪽을 바라보며 오방신장님에게 마을의 안과태평(安過太平)을 기도하였다. 기도를 마치자 허리를 90도로 굽혀 절을 하였다. 그는 다시 오른쪽으로 90도를 돌아서서 역시 기원과 함께 90도 각도로 허리를 굽혀 절을 하였다. 이러한 절은 동서남북 방향과 중앙 등 모두 다섯 차례를 하였다. 이렇게 함으로써 당산나무 앞에서의 당굿이 완료되었다. 무녀를 비롯한 마을사람들이 남은 음식을 들고 당으로 돌아왔다.

옹암리의 당 내부에는 중앙에 본당조부모(本堂祖父母)의 그림이 있다. 문 쪽에서 보았을 때 왼쪽에는 오방대장군(五方大將軍)의 그림이 있으며 오른쪽에는 산신령(山

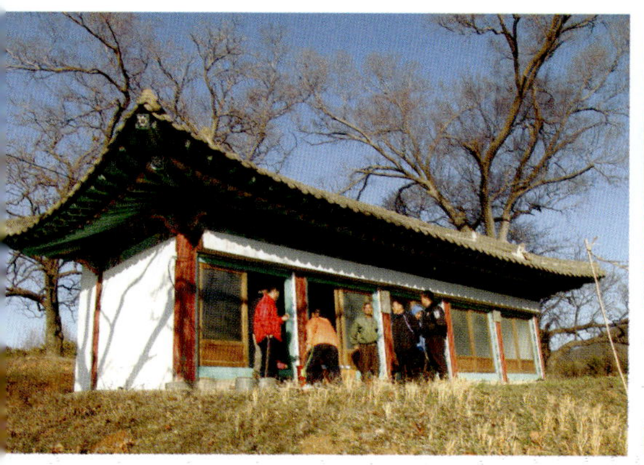

<옹암영산당> 전경

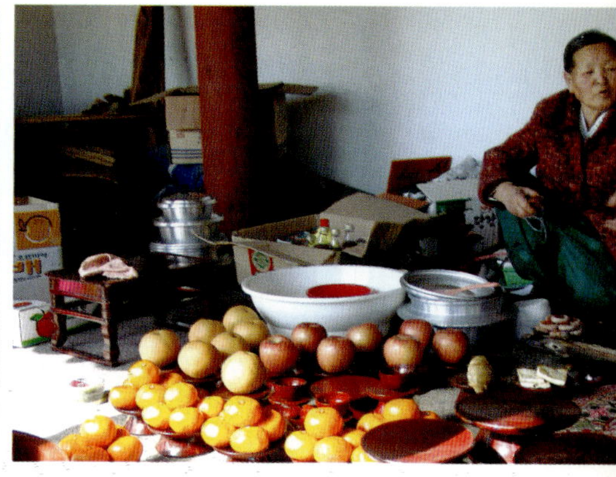

당제 제물진설을 지시하는 최정연

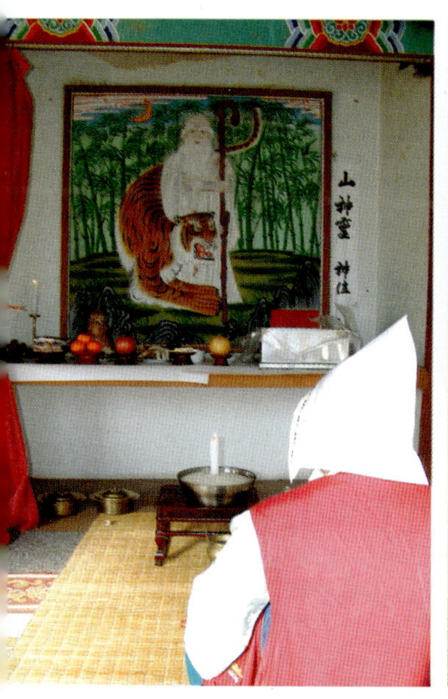

산신 전에서의 치성올림

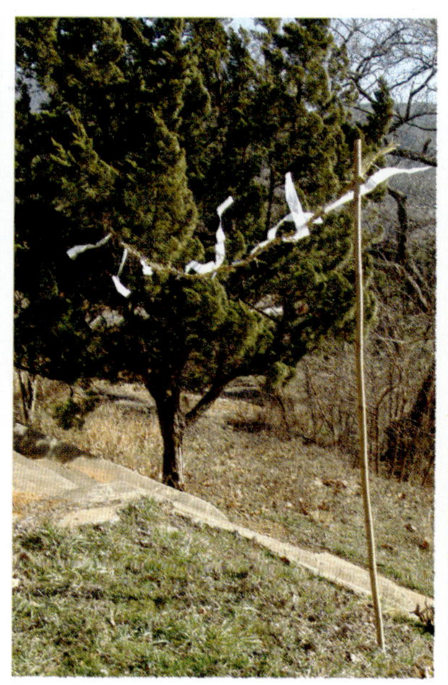

영산당 입구에 설치해 놓은 금줄

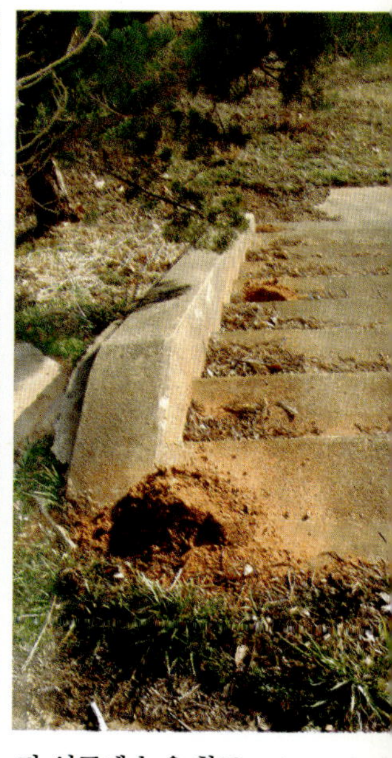

당 입구에 놓은 황토

神靈)의 화상이 있다. 오방대장군은 각각 말을 타고 있으며, 본당조부모는 동녀(童女)와 함께 나란히 서 있다. 또, 자신의 키만큼 한 지팡이를 들고 있는 산신은 호랑이를 데리고 서 있다.

앞서 당산신목 전에서 당굿을 하고 온 일행은 당 출입문 한쪽에서 음식을 먹으며 환담을 하였다. 이때에 무녀는 당 내부의 산신 앞에서 별도로 쇠를 치며 기원을 하였다. 그리고 앞서와 마찬가지로 마을사람들이 당 내부에 들어와 한사람씩 술을 올리고 재배하였다. 이와 같은 의식은 맨 처음 산신으로부터 본당신, 오방대장군으로 옮겨가며 6시 무렵까지 지속되었다. 그리고 오방대장군을 대상으로 한 치성이 끝나면서 옹암리의 당제가 마무리되었다.

세시풍속

옹암리의 전통적인 세시풍속의 예는 기존 명절의 사례를 제외하고 거의 사라졌다. 이러한 가운데서 한 가지 명맥을 유지하고 있는 예는 무속과 관련된 토착신앙이다. 구체적으로 병굿이나 정초의 안택굿, 재수굿, 부정굿 등의 예가 미미하게나마 유지되고 있다. 이처럼 무속 관련 신앙이 유지되고 있는 것은 이 마을에 무녀 최정연 씨가 거주하는 데에 그 원인이 있다. 최씨는 이 마을의 단골무로서 마을사람들의 고민을 풀어주는 무녀로서의 활동을 해 왔다. 이러한 까닭으로 토착 신앙의 예가 지금까지 지속되고 있는 것이다.

삼재풀이

삼재풀이는 정월 보름을 전후하여 이루어지는 액막이의 일종이다. 풀이를 주도하는 인물이 보편적인 가정주부일 경우에는 치성의 형태로 액풀이를 시도한다. 곧, 세 갈래 길에 나가 미리 준비한 음식을 놓고 자녀에게 닥친 삼재가 해소되길 기도한다.

"액운 없애달라고, 자손을 위해서 하죠. 나물 같은 거, (무당이) 제물 만들라고 하면 만들고, 소제 올리고 축원 올리고. (문 : 돈도 좀 놓을까요?) 아, 그라믄요. (청중 : 거기다가 놔 주지. 만 원이면 만 원, 이만 원이면 이만 원.) 자기 성의대로 하는데, 한 오만 원 하는 사람 도 있고, 삼만 원 하는 사람 있고. 성의대로."[박씨(여, 60대). 옹암리. 2007. 2.]

삼재풀이나 또 다른 액막이 시에 무당을 초청하는 예도 있다. 액막이 당사자가 무 당을 통하여 재액을 소멸시키고자 하는 뜻으로 볼 수 있다. 실제 이 마을의 무녀 최씨 는 보름날 전후하여 여러 건의 재액풀이 요구를 받는다고 한다.

"(문 : 보름날은 하루밖에 없는데, 액막이를 한 건 밖에 못할까요?) 그거야 초저녁에도 하 고, 새벽에도 하고. 보름 아니래도 하고. 삼거리가 더러 있잖아요. 조그만 길도, 마을 안길 사람들이 돌아다니는 세 갈래 길. 큰 길 옆에는 위험하니까 못 가니까요. 마을 안길에도 갈 라지는데. (문 : 제물은?) 떡 하는 사람 떡 세 켜 놓고, 밥하는 사람은 잡곡밥 해서 놓고, 나 물 같은 거 탕국 같은 거. 북어 지슭[8] (문 : 북어포?) 아니, 통 놈, 마른 거. 포가 아니고. (문 : 삼재풀이 이런 건가요?) 응. 거리제가 일 년 내내 어디 돌아다녀도 사고 나지 말고, 상갓집 에 가면은 뭐 끼지 말고 운 거두라고."[최정연]

지문에서 보듯이 재액풀이는 보름날에만 이루어지는 것이 아니다. 또한 밤 시간에 이루어지지만 구체적으로 지정된 시간이 따로 있지 않다고 말하고 있다. 다만, 장소 는 세 갈래 길로 고정되어 있음을 보여주고 있다.

시농일(始農日)로서의 보름속

정월 보름을 그 해 농사의 시작일로 보았다고 한다. 따라서 이날 가래삽 줄을 들이 고 쇠꼬뚜레를 만들었다. 그 외 쟁기 등의 농기구를 손보는 일도 이날 하였다.

"농촌, 농사짓는 집들은 가래삽 줄, 쇠코뚜레 다 그거 했슈. 그러니까 정월 보름날이 말하 자면 시농일이여. 농사일 시작하는. 그러니까 봄 되면 일을 해야 하니까 가래줄 썩은 거 끊 어버리고 새 놈으로 갈고 그러는 거유. 쟁기질 할려면 동아줄 꼬아가지고 쟁기, 소 잔등이에다가 매고. 그렇죠. 시농, 길삼 하는 사람들은 길삼 해가지고 아홉 광주리 삼베 삼아가지고 경쟁 한다 그러고.”[김용봉]

농사거리가 많은 집에서는 이날 머슴을 동원하여 일을 하였다고도 한다. 또 마당에서 새끼를 꼬는 등으로 작업이 한창 진행되면 이웃의 남성이 찾아와 일을 거드는 예도 있었다.

가신(家神) 치성

성주를 비롯한 가신(家神)을 위한 고사는 정월 보름 전후 길한 날에 이루어진다. 새로운 해를 맞이하여 떡을 찌고 이것을 성주를 비롯한 조왕, 터주신 전에 가져다놓고 비손을 하는 것이다.

이 외에도 가신을 대상으로 한 치성은 칠석과 시월의 고사 때에 한다. 특히 시월에는 갈떡을 찌는데 어김없이 가신 전에 시루를 가져다 놓고 고사 한 후 이웃과 나누어 먹었다고 한다. 제물은 시루떡과 과일, 북어포, 술 등이다.

“성주는 인제, 부엌에서 경 읽고 장광에다가 하고. 성주가 나갔으면 받아들이고, 집에가 있으면 그냥 하고. (문 : 성주가 나갔다는 건 무슨 뜻이에요?) 성주 신이 말하자면 조금 저기 하면 나가버린 거지. (문 : 어떻게 알아요?) 대 잡는 사람이나, 강신하는 사람이 알고 받아오지. (문 : 성주단지를 천장 근처에 놓아두던데?) 그건 왕신이고, 대감단지. 성주는 문종이 물 적시어갖고 딱 던지면 그게 성주여. 소지종이. 창호지에다가 쌀 세 번 집어서 조금 넣고, 떡 조금 넣고 돌돌 말아서 물 묻혀서 딱 붙여. 아님 창호지를 꽃 조금 오려서 쌀하고 떡하고 해서 걸어놓고. (문 : 그건 대청에 걸어요? 방에 걸어요?) 원래 대들보가 대청에 가 있으면 대청에 하고 그냥 방에다가, 방 벽에다가……”[최정연]

위의 지문은 성주에 대한 것이다. 이곳 홍성 일대에서 볼 수 있는 성주의 한 가지는 한지에 쌀이나 다른 곡식을 넣은 뒤 물을 묻혀 이것을 방의 벽에 부착시키는 것이다. 지문의 제보자는 무녀라고 하는 점에서 이와 같은 성주 부착의 경험이 많은 인물이다. 이와 같이 한지에 물을 묻혀 벽에 붙이는 부착식 성주는 이 일대의 보편적 사례이다. 요컨대 이러한 형태의 성주는 홍성을 비롯한 바닷가 마을의 한 양식으로 보인다. 대개 내륙의 육지 마을에서는 꽃이나 단지 형태의 성주가 발견되기 때문이다. 실제로 필자는 홍성군 서부면 남당리와 태안군 소원면 의항리의 구옥 민가에서 이러한 부착식 성주를 발견한 바 있다.

구전자료

독배 유래

　(옹암리를) 독배라고 하지. (문 : 왜 독배를 옹암이라고 했을까요?) 독 옹자, 바위 암자. 돌이, 항아리 같은 돌이 있었거든. 그래서 독 옹자, 바위 암자. (문 : 독 닮은 바위가 있는 데서 독바위라고 했는데, 그것이 독배가 되었네요? 독배가 있던 위치가 어디에 남아 있어요?) 지금은 없어요. 위 산 있는 디. 지금 집을 다시 짓고 해서 없어졌어요. (문 : 바위가 컸어요?) 큰 항아리만 했지. [김용봉(남, 82), 옹암리. 2007. 2. 14]

새우젓과 고기잡이에 얽힌 이야기

　(옹암리가) 포구니까 배를 부리는 사람이 약간 있었어요. 저기 도서마냥 많이는 없었고, 한 여나무집. 우리는 중선이라고 불렀지. (문 : 크기가 얼마나 되는 배를 중선이라고?) 한 이삼십 톤. 오십 톤은 큰 배. (문 : 당시 중선은 목선이죠?) 목선이었지, 전부. (문 : 길이로 보면 얼마나 될까요?) 한 이십메타. 더 긴 놈도 있고. 폭은 한 오륙메타. (문; 배 길이가 이십메타가 넘고, 폭은 오륙메타 되는 게 한 이십 톤?) 이십메타 더 된다고 볼 수도 있지. 한 삼사십메타. (문; 아주 큰 목선이네요.)

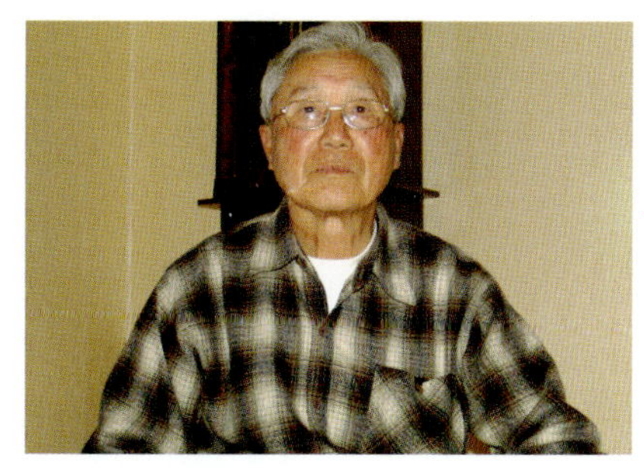

김용봉 노인회장

상구선(고기를 현장에서 매입하는 배)이라고 조그만 배도 있었지. 전라도 저쪽에 새우젓 이런 거 직산지서 쓰는 배, 들어와서 여기서 팔고 나오고 했지. 광천도 새우젓 고장이지, 집산지. (문 : 새우젓은 서해안 이쪽에서 많이 잡혔던 모양이에요.) 그렇지. (문 : 먼 데까지 나가기도 하고?) 그렇죠. 잡아서 여기서 팔기도 하고.

(문 : 새우젓이 잡는 철에 따라 다른가요?) 오월 봄에 잡는 것은 오젓이고, 육젓은 음력 유월 잡는 거, 추젓은 가을에 잡는 것, 동백하라고 아주 겨울에 잡는 작은 새우로 만든 거. (문 : 맛은 어떤 게 좋아요?) 다 좋은디, 육젓이 가장 굵고 살도 찌고 좋지. (문 : 젓갈에 좋고 나쁨의 등급이 있나요?) 같은 젓이라도 잡젓이라고 새끼로 만든 건, 붉은 새우니 일반 새우니 새끼를 잡아. 그런 것은 같은 것이라도 조금 등급이 낮지. 가격이 낮지. 잡스런게 섞였으니까. 그거를 바다에서 잡을 때, 새끼며는 배에서 다 염장을 해. 요즘같이 냉장이 없으니까. 거기서 작은 건 골라 내버리고 그랬지. 잡아와도 가격 차이가 많이 나니까.

(문 : 이 마을에 토굴이 많나요?) 여기 한 이삼십 개 되요. (문 : 각자 팠을까요?) 그렇죠. 개인이 판 거죠. 길고, 덜 길은 데도 있고.

(문 : 이 마을 길 좌우가 시장이었나요?) 장은 아니고, 광천이 있응께. 여기는 중간 중간 상간(가게)이라고 있었죠. 배에서 쓰는 거 팔고 있었지. 여관집도 있었고. 여기는 번성지라 술집도 수십 가지 됐고, 사람도 수십 명씩 들어오고. 배가 이삼십 척 수십 대씩 들어오고. 홍어 잡아갖고 들어오고. (문 : 어부들이 고기 넘기고 여기 와서…….) 그렇지. 자기들이 쓰는 거 사가고 막걸리 마시고. (문 : 그러니까 그건 오십 년 전 이야기죠?) 그렇죠. (제보자의 나이가) 한 삼십 서른댓 살. (문 : 그런데 그런 가게들이 이 일대 매립과 함께 사라졌네요?) 그렇죠.

여기는 전부 범선이라, 지금 인천 어디니 큰 항구를 못 갔거든. 여기는 가깝기든. 그러니까 여길 다 갔거든. 자동차도 있으니까. 여기서 많이 가지고 가고. (문 : 도매시장 역할을 한 거네요.) 그렇죠, 도매시장.

(문 : 전에 이 마을에서 장사하던 분들이 고사도 지내고 그랬을까요?) 그렇죠, 여기 이제 뱃고사라고 자기네 배에 무사고 원하고, 배에서 고사지냈지. 뱃고사. (문 : 뱃고사는 어떻게 지내는 건가요?) 가운데 갑판에다가 차려놓고 백기 꽂고, 백기 다 있으니까. 색색으로 다 만들어 놓고 지내는 거지. 풍물치고 놀고 동네사람들 거시기 하면 가서 놀고 그랬지. 동네 사

람이니까 다 그렇게 했지요. (문 : 정초에 이루어졌어요?) 대개 정초가 많았죠. 정초 아니래도, 어디로 갈 때, 조기로 잡으러 갈 때 칠산 바다까지 갈 때.

(문 : 칠산 바다까지 갈려면 배가 컸겠네요?) 그렇죠, 중선배. 작은 건 못가지. 예전에 원산도에서 고기가 많이 났거든요. 조기 뭐 홍어 할 것 없이. (문 : 연평도로도 가나요?) 그렇죠. 조기도 잡고, 홍어도 잡고 여러 가지 잡죠. 지금 이제 많이 잡히는 데가 있거든, 그때를 맞춰서 잡는 거지.

(문 : 홍어가 예전에도 비쌌어요?) 예전에는 쌌죠. 홍어니 뭐니 상어 이런 거 전부다, 명태 북어는 강원도에서 배로 사다가, 엄청 흔하니까.

(문 : 고기를 많이 잡아가지고 배가 들어올 때 혹시 깃발에다가 표시한 것이 있었어요?) 그렇죠. 들어오면서 막 농악치고 춤추고. 보면 저 사람 고기 많이 잡았구나 생각했죠. (문 : 배 위에서 소리도 했나요?) 뱃소리. '아~아~아' 이렇게 하는 거. 기분 좋으니까. (문 : 예전에 그 소리를 봉죽타령이라고 했나요?) 그렇죠. (문 : 뱃기에다가 줄을 매거나 매듭을 만들기도 하고?) 고사지내면 떡이니 북어니 돼지고기를 이렇게 쌓아가지고 배 깃대에 매달았지. (문 : 보자기로 싸서?) 예. 고사지내면 또 그렇게 나가고. (문 : 고기 잡아서 들어올 때는?) 바다에서는 없으니까 나갈 때. (문 : 이 동네에 그런 소리하시는 분 살아계실까요?) 지금은 다 죽었어.

(문 : 배서낭이라고 들어보셨어요?) 배에 침실이 있었는데, 뭔가 해서 선반에다 이렇게 해서 고사도 지내지. (문 : 어떻게 생겼어요?) 별거 아니요. 여기다가 선반내고 쌀이니 북어 같은 거 놓고서 절하는 거지. 배 무사하게 해달라고. (문 : 그릇이 있나요?) 그렇죠, 그릇에 담아 놓지. (문 : 선장이 위하는 거네요?) 그렇죠. 뱃사람도 위하는 거고. [김용봉]

옹암리 당제 · 1

음력으로 정월 초여섯날. 일월 육일날. 여섯시 경에 제물 갖고 올라가서 지내요. 지금은 그냥 몇 분들이, 하는 분들만 (당제를) 하죠. (문 : 그렇게 바뀐 지는 얼마나 됐나요?) 한 삼십년 됐다고 봐야죠. 제물은 돼지머리, 시루떡, 과일. (문 : 비용은 어떻게 준비하나요?) 성의 있는 분들이 얼마씩 내서 하죠. (문 : 전체가 하는 건 아니고요?) 지금은 뭐 그렇게 못하죠. (문 : 제물 구입하는데 몇 십만 원 들어가야죠?) 예전에는 오십만 원에서 백만 원 정도,

지금은 이삼십만 원 정도 들어가죠. (문 : 참여하는 가구 수는 몇 가구냐?) 지금요? 많지 않아요. 참여하는 이삼십 명 밖에 안 돼요. (문 : 이 마을이 몇 호나 될까요?) 백사오십 호 되죠. (문 : 그 중에서 한 이삼십 호?) 그렇죠. 부인들도 참여하죠. (문 : 예전에는 남성 중심이었죠?) 그렇지, 예전에는 다들 남성 중심이지. (지금은 그럼 가게하는 여성들이 중심으로) 예, 여성들이 중심으로.

(문 : 전에 당 안에 있던 그림을 도난당했다고 하던데?) 예. 지금은 다시 그렸죠. (문 : 어떤 분을 모시고 있죠?) 당할머니, 할아버지라고 있고, 산신령 호랑이 타고 있고, 오호장군, 임경업장군, 중국 유비, 관우, 장비.[9]

(문 : 제를 지내고 나면 음복도 하고 그랬었죠?) 그렇죠. 술도 먹고, 옛날에는 밤새도록 하고 아침에 내려왔어요. 근데 요즘은 열두시에 내려와요. 다 잘되라고 고사지내는 건데, 그리고 개인도 인제 설 지나고 축원하는 거. 말하자면 열 사람이 거시기하면 식구들을 셋씩만 잡아도, 축원하고. 협조한 사람들이 그렇게 했으니까. 옛날에는 밤새 했지만 지금은 그 한계 내에서 하는 거지. (문 : 예전에는 만신이 참여해서 했었다는데?) 지금도 있어요. 경 읽는 여자분.

(문 : 당제 지낼 때 깃발 갖다가 당산에다가 꽂고 그랬죠?) 그렇죠. 그때 당제 지낼 때에는 각 섬에서 들어와 가지고, 기 가지고서 진열, 올라갈 때 같이 가서 지냈죠. (문 : 뱃기 가지고 와서?) 그랬죠. 오방이라고 아주 다섯 바퀴 돌고서 꽂고 그랬죠. 먼저 꽂을라고 다들 난리였죠.

(문 : 무당이 기에다가 공수를 내려주네요. 그리고서 다섯 바퀴를 돌고서……) 다섯 바퀴를 돌고서 먼저 배에다가 꽂는 사람이 풍어한다고 해서. (문 : 당산에 마을사람 기도 꽂고, 외지 사람도 꽂고?) 그렇죠.

(문 : 선주들이 당산에다가 돈을 더 내고 그랬나요?) 아니요. 예전에는 걸립이라고 했죠. 걸립이라고 해서 집집마다 걸립하고, 배에서 내고 그랬지. (문 : 여섯시에 당제를 지냈으면, 그 이전에는 기를 꽂나요?) 아니죠, 같이 올라가서 돌고서 오방이라고 다섯 바퀴 돌고서.

제물이 앞에 가면, 제물이 들어가면 (당제가) 그때 막 시작이요. (문 : 뱃기를 꽂고 당제를 지내던 때가 언제까지 일까요?) 한 오십 년 됐다고 봐야지. 한 삼십대 넘어서까지 했지. (문 : 그때는 무당도 여럿 부르고 제물로 소를 잡았나요?) 소 잡고 하는 건 못 봤고, 아주 예전엔 소 잡고 했었대.

(문 : 마을에 장승은 없었어요?) 장승 아베도 있고, 들어오는 입구도 있고, 중간에도 있었고, 당산에도 있었고. (문 : 지금은 없고요?) 없고요. (문 : 없어진 지가 오래로 됐나요?) 한 오십년. 제 지내고 큰당집이라고 큰 느티나무가 있어요. 거기 가서 지내고서 장승. (문 : 그럼 말하자면 북쪽부터) 그렇죠. 당제 지내고 내려오면서. (문 : 느티나무 있는 데를 집은 없는데?) 큰당집. 큰당집이라고 했지. (문 : 장승제 지낸 시간대는?) 아침 여섯시나 (당제가) 끝나면 조금 차려놓고 내려와서 지냈어요. 세 가지(곳) 지내는 거지. (문 : 당제를 밤새도록 해요?) 그렇지. 밤새도록 하고 (장승제를) 아침 여섯시에 시작해서 세 군데. 한 군데에 이삼십 분쯤.

(문 : 좀 전에 밤새도록 당제를 올렸다고요?) 다 했으니까. 전체로. 식구들이 있었고. 사람 식구 대로 하자고 하면 몇 시간하고 그랬지. 당제 했죠. (문 : 소지를 동시에 올려주는 게 아니라 무당이 차례대로 해줬어요?) 그렇지요. 하나하나 순서대로 축 올리고. (문 : 장승제 제물은) 당제 지내고 가져왔죠. (문 : 안 쓴 제물이겠죠?) 아니요, 거기서 쓴 거 가져와서 했죠. [김용봉]

옹암리 당제 · 2

여기서(마을회관 앞) 농악치고, 요 (회관) 앞에다가 황토를 놓고 부정을 타는 사람들 출입하지 말라고 하고. 농악치고 여기 제물, 여기서 (마을회관에서 당산으로), 오르죠. 용대기 앞세우고, 여기 오르죠? 오르고, 용대기 먼저 끼고, 제물 들고 한 바퀴 돕니다. 제물 여기 (당) 안으로 들어와서 차려요, 세군데. 다시 여기 무당 (사진을 보며) 이 양반이 무속인. (문 : 이 분은 초청해 온 분이에요?) 아니요, 마을 분이유. 한 십년 넘었을 거에요 사진 찍은 게.

여기서 사실 원래는 저녁 먹고 어둠 깔리면서 올라와서 (당 주위) 다섯 바퀴를 돌아요. 오방이요, 다섯 바퀴. 그리고서 제

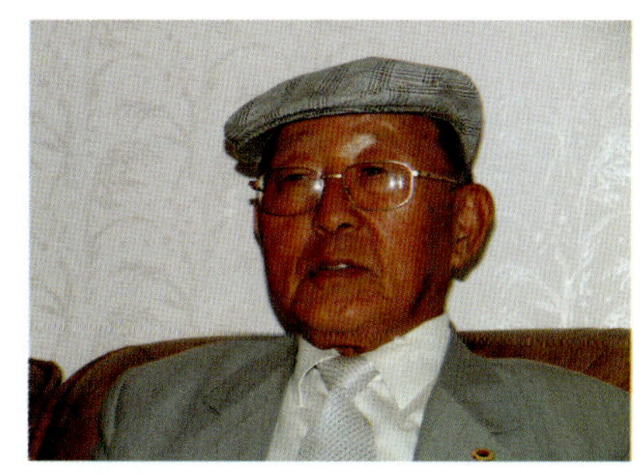

향토사학자 최종돈 선생

사 지내고 (큰당산의 신목 있는 족을 가리키며) 저쪽에서 무속인이 마을 세대주 이름 소지 해가지고 그걸 놓고 주문을 외우4고 하나하나 하는 겨. 그러다보면 밤새 해요. 날샐 무렵이 되면 다 끝나잖유? 그럼 우물에 가서 우물고사를 지내요. 느티나무 다녀서 우서 장승제 지 내고, 중간 내려오면서 장승제 지내고, 하옹에서도 장승제 지내고. 그렇게 해서 마을 전체 의 안녕을 비는 거요. [최종돈,옹암리. 2007. 2. 23]

옹암리 당제 · 3

아래의 내용은 당제를 주도하는 무녀 최정연의 구술이다. 그녀는 옹암 당제를 수 십 차례 주도한 경험이 있는 인물이다. 다만, 아래의 구술은 사건의 선후가 생략되어 있거나 파편적인 내용이 다수 섞여 있다.

이제 배가 안 들오니까…… 예전에 당제 모실 때에는 뱃기를 다 갖다가 놨지. 그리고서 인제 길지하고 고기하고 조금 (나누어) 주면, 막 일등 해야 배 잘 된다고 잘 달리고 그러는 사람은…… (문 : 길지를 선주의 뱃기에 묶어줬어요?) 응. 고기하고 쌀 조금씩 (나누어주 고), 아, 고기를 그냥 끈에다가 묶어서, 여기다 있는 사람은 묶고, 배가 나가서 없는 사람들 은 대문 앞에다가 묶어서 꽂고. 그랬다가 집으로 받아들이고. (문 : 대문 앞에다가 길지하고 고기를 묶은 뱃기를 꽂아놓았다가?) 응. (문 : 집으로 받아들인다는 게 어떤 뜻이에요?) 집 안으로 그걸 받아들인다 그거지.

(문 : 아까 굿을 하면서 신목 가지 사이에 음식을 올려놓으면서 뭐라고 하였죠? 신목 사이 의 북어포를 가리키며) 이거? 만경창파 굽이굽이 풍랑 겪으면 지슥(지숙) 올리니까 다 막아 달라고. 이 나무가 크니까 바람이 많이 불잖아. 바람은 공중에서 불어서 자연으로 사라지니 께 근심걱정 좀 없애주라고 지내는 거요.

여기서 한 육십년 가까이 살았어. 여기 와서 우리 막내딸도 쉰네 살이고, 큰애는 쉰일곱 살이고. (1960년대 이전의 당제 때에는) 사람들 많이 오고, 다 걸립해서, 줄 타고. 할아버지 들 다 갓 쓰고, 그때는 부화주, 금화주, 도화주, 거리당주…… 거리당주라고 상거리 중거리 하거리, 그리고 유황제. 그랬는데 당제를 오늘 지내면 날 훤하면 내려가고 삼일 만에 '삼일 맞이' 라고 밥 해놓고. 예전에는 마스크 쓰고 말도 않고 그랬거든. 근데 뭐 요즘은 시대 따라 유행 따라 하는 거지.

(문 : 삼일맞이를 어떻게 했어요?) 예전에는 그랬지. 메 지어다가 시루, 탕 뭐하고 소지 올려가지고 하얀 눈이 똑 떨어지던지 하는 거지. (문 : 삼일맞이를 누가 하죠?) 여기 인자 당주 도와주고, 여기 난 사람들이 따로 합동으로 지내는 거지. 돈은 가외로 그 사람들이 얼마를 내놓지. (문 : 당제 저내고 삼일 만에 삼일맞이를 지냈다는 말씀이죠?) 응. 이제는 젊은 사람들이 안하지. 이장이 맡아서 잘하더니. 예전에는 경로당 노인들이 했었는데. 경로당 노인들이 나보고 이걸 맡으랴. 그래서 내가 그랬지. 치성은 내가 말로 드려줘도, 제물이나 차리는 건 맡으라고.

(문 : 당제 때 영산당에서 제사 올리는 순서가 어떻게 되죠?) 산신, 본당조부모, 오방대장. 동방청제대장, 남해적제장군 주작대장, 서방백제장군, 북방흑제장군, 이런 중앙황제장군. 근데 중간에 임경업장군도 넣어라, 최영장군도 넣어라 하지만, 그 사람은 옆에서 들어가는 거지. 오방이라는 건 제 방향을 넣어서 하는 거야. (문 : 오방장군을 최영장군, 임경업장군, 관우, 장비, 마초 다섯 장군이라고 다른 분이 말씀하시던데 그건 아니네요?) 아니여. 그건 중간에 얹힌 거지. 청룡백호가 있기 때문에 방향에 따라 있는 거지. 오방대장군이라고. 집이 크건 작건 집임자가 있잖아. 방향에 따라서 하는 거지. 결사에서 이겼다고 중간에 생겨져서 임경업을 넣는지? 아니야.

(문 : 당 안에서는 제사만 지내요?) 제사만 지내지. 당에서도 설의설경 해서……. 병이 들었다던지, 어디 가서 음식 먹고 그랬다거나 하면 엄숙하게 파령이나 읽어주고 그랬지. 그런데 지금은 그냥 간단하게 하지. (문 : 설경도 하였다는 말씀인가요?) 설경설치. 예전에는 설경설치라고 (제당의) 옆에다가……. 육로 길이어서, 육지에서 사람끼리 죽지만, 물에 가는 길은 물에서 죽는 사람이 많잖아. 그러니까 포구 가니까 여기서 많이 받아가지고 육신이 물에 가서 놀지 말고 육지로 나와서 천도하라고 하는 거지. [최정연]

큰 당산 신목의 불만

옹암리 마을 뒷동산에 수백 년 된 당산나무가 있다. 이 당산나무는 이 마을 당제의 신목이었다. 지금과 같이 당이 조성되기 전에 이 당산나무 앞에서 당제를 지냈었다. 그런데 당이 건립되면서 당 내부에 화상을 안치고 그곳에서 당제를 지냈다. 그러자 아래와 같이 큰당산의 신이 나타나 말하였다는 이야기다. 이후로 큰당산의 신목 앞에서도 굿을 하게 되었다.

(문 : 저 나무는 뭐죠?) 예, 옛날에 먼저 저쪽을 위했어. (마을 사람의) 꿈에, 어떤 사람이 꿈을 꾸니까 (큰당산 신이) '왜 먹을거릴 어린아들만 주냐'고 했대. [최정연]

번영회의 당제 인수

올해는 젊은 사람들이 (당제를) 처음 하는 거유. 우리가 인수를 받아가지고 하는 거거든. 내년에는 요거보다 나을 거요. 우리가 느닷없이 맡아가지고 하니까 두서가 없는 거야. (문 : 바로 이전에는 여자 분들이 했다고 하던데?) 아니에요, 본래는 동네에서 자체로 하다가 세월이 흐르다보니까…….

우리가 어렸을 때부터 태어나서 살기 때문에 배가 참 너무 한 거지. 집집마다 기를 꽂아놓고, 그 시절에는 여기 아무나 오지도 못했어요. 목욕해야 올라오고 그랬다고. 나무 하나만 꺾었어도, 그 사람 오래 못살았어요. 거짓말이 아니라. 나무 하나만 꺾어도 이상하게 죽더라고. 옛날에 화장실 거름 퍼다 당 올라오다 그날, 우리말로 지골 맞아 죽었다고 했거든. 그래서 죽었어. 음산했다고, 올라오다가. 그러다가 당산이 부서지고, 그림 같은 게 (당 안에) 많았어요. 그림도 다 도난당하고 허기 시작하고, 교회가 또 마침 생겼다고. 이 교회가. 그때부터 막지 못한 것이 후환을 당한 거야. (당산의 신을) 안 모셨었다고. 그러다보니까 젊은 사람들이 죽거든. 그래서 다시 한 거요.

(문 : 작년에도 제를 지냈죠?) 조금 조그만 사람인데 몇 분이 모신 거요. 그러면, 동네에서 뭐라고 했느냐, 막지는 않을 테니까 해라. 그러다가 지난 11월 30일 날 우리기 (당제를) 인수를 받은 거야. 우리도 하자, 어차피 인수 받은 거. 내년까진 모르고 올해만 한번 해보자. 어제 또 다니다 보니까 호응이 또 괜찮아요. 그래가지고서 내년에도 한번 이거보다 낫게 해보려고.

동네 모든 건 개발위원회에서 하니까. (문 : 개발위원회가 이제 인수를 맡은 거예요?) 그렇죠. 모든 동네 살림살이를 우리가 하는 거지. (문; 번영회는 뭐죠?) 본래 인제, 개발위원회인데, 부르기 쉽게 번영회.

(문 : 당제 지낼 때 당주를 뽑죠?) 옛날엔 했죠. 해가지고 지금 이 풍습을 보면 황도, 황도. 그 시절에는 황도는 게임도 안 됐고. '여기서 하던 걸 지금 황도가 한다.' 이렇게 생각하시면 돼요. (문 : −무녀를 가리키며− 이 마을 분인가요?) 이분은 동네에 바로 요 밑에 사시는 분인데, 제가 태어나서 여지까지 하신 걸로 알고 있어요. 팔십댓 살. 진짜 건강하시죠. 전속 이유, 전속. 우리 동네 전속. (문 : 당주는 없고?) 당주는 없고. 옛날에는 제주를 뽑아가꼬, 아까도 말했지만 황도 하던 식으로 했던 거요. 옛날에는 볼만 했죠. 일킬로 이상 기 들고, 옛날에는 다 들고 와서, 기가 뱃기만 한 오십 개 이상. (문 : 그게 언제 적 이야기에요?) 삼십년, 삼십오 년 전. 한 육십 년 칠십 년대까지는 했죠. 여기서 오방 돌고, 뭐 하고 뭐 하고. 그때 기록이 한참 뭐할 때는, 기록이 지금 케이비에스에서 잡았나. 독배 사람들이라고 해가지고, 새우젓 만드는 과정부터 회관에서 했던 그 기록은 아마 있을 거예요.

(문 : 여기 마을 앞이 전에는 갯벌이었던 거죠?) 이 밑에까지는 안 들어오고, 배가 옆 동네 회관까지. 독배라는 바위 위에서 낚시를 한 거예요. 회관 있는데 저기요. 물이 저렇게 들어오니까 낚시를 했지. [김광식(남, 53), 옹암리. 2007. 2. 23.]

매립지 옹암리

(문 : 예전에 이 근처까지 바닷물이 들어왔었어요?) 저짝에 버스 거기까지 배가 있었지. 매립했어. 지금은 막아서 물도 안 들어와. (문 : 매립한 때가 언제인지 기억하세요?) 어렸을 때. 한 오십 년 됐어. (문 : 어르신 지금 연세가 어떻게 되세요?) 여든 둘. (문 : 젊었을 때면 대략 삼십대 때 매립이 됐어요?) 그렇다고 봐야죠. (문 : 그 이전에 고기를 잡는 분들이 많이 있었겠네요?) 여기서 배 부리는 사람도 있었고, 뱃길 그 원산도 뭐니 섬에서 잡아갔고 들어왔죠. (문 : 광천시장으로 가져갔네요?) 그렇지. 광천시장이고 어디로 팔았지. 예전에는 일루 다 가지고 왔어요. 삼십대 그때만 되면, 전라도서 왔지. 중선이라고 해서. 일루 들어와서 팔고.

(문 : 잡아오 고기는 뭔지 기억이 나세요?) 조기 뭐, 갈치. 없는 거 없지. 서해바다 잡히는 거 다. (문 : 어르신은 젊었을 때 뭐하셨어요?) 생선장사 했지. (문 : 그 내용을 소상하게 알고 계신다고 봐야겠네요?) 그렇죠. [김용봉]

아차산

(마을 뒤편에 위치한) 이건 아차산. 옛날에 개벽했을 때, 산을 들고 갔을 때 놓쳐가지고 아차해서 아차산이라고 했지. (산을) 들구 저리 가다가, 오성산쪽으로. 이제 어디서 자빠졌는지 놓쳤겠지. 다 옛날 속담이지. [김용봉]

60년 전의 옹암리

(문 : 독배의 독바위는 어디 있어요?) 지금은 없어요. (문 : 옛날 바위 위치가?) 여기, (하옹) 중간쯤. (문 : 산기슭에?) 응. (문 : 전에 바닷물이 어디까지 들어왔었어요?) 광천 저기 시내 지내가지고 남산골로 해가지고 그쪽으로, 저기까지 들어가고, 이짝에는 (마을 앞 들을 가리키며) 이쪽까지 저 앞에까지 들어왔었어. (문 : 광남초등학교까지 물이 들어왔던 거네요?) 그렇지. 오천 저쪽에 있었거든요, 그쪽이 다 개벌이었어요. (문 : 그러면 지금은 옹암 같은 경우는?) 아주 옛날에는 없었지. (문 : 배가 이 근처 어디까지 들어왔나요?) 저 앞에다까지 들어왔지. 광천 있는데까지.

(60년 전에) 한 이십 먹었을 때까지. 내가 이십에 좋았지. (문 : 좋았다는 뜻이 무슨 뜻이에요?) 경기도 좋고, 모든 게 좋았지. 해방 전후에 (뒷동산 곧, 당산) 벚꽃이 봄에는 좋았지. 나무가 이거뿐이 아니요. 아주 빽빽이 들었었다구. 벚꽃도 많이 있었는데, 많이 늙었지. 벚꽃도 늙고. (문 : 막걸리 가지고 와서?) 아, 술 가져와서 먹고 놀죠. (문 : 뭐하고 노시나요?) 노래도 하고, 풍장도 치고. 좋았쥬. (문 : 꽃필 때, 노셨네요?) 예. 그렇죠. 봄 꽃 필 때. 여름까지. [김용봉]

옹암리 금광

옹암리에는 일제식민지기로부터 해방 이후까지 지속된 다수의 금광이 존재한다. 현 <옹암영산당>의 동쪽 야산일대가 과거 금을 채굴하던 곳이었다. 이 곳에는 지금도 다수의 광구가 존재한다. 때문에 금광의 내부 터널이 내려앉으면서 지반이 침하되는 예가 발견되기도 한다. 아래는 이러한 금광과 관련된 내용이다.

여기가 도야라고 해서 금광인데. 그럼 한국 사람들이 도야 광산이라고 했는데, 도는 섬 도(島) 자고, 들 야(野) 자 일거에요. 근데 그걸 모르것슈? 다들 도야라고만 했지, 밑이 야인 지 모르것슈. 확실치는 않은데, 사장이 살던 집, 화약고 같은 거 사진 다 찍어갔슈. (문 : 위 치가 어떻게 돼요? 옹암 영산당 동쪽 맞은편 산등을 가리키며) 1 : 여기 소나무 세 개 있죠? 거기유. (청중 : 아니 거기 말고 -동북쪽 저기 집 있죠? 마끼라고 해서 승강기가 있어요.) 아 거기다. (문 : 직선으로 내려갔어요? 청중 : 예, 백메다 들어가서 했어요. 해방 후에도 자 연적으로……) 여기서 광석을 갖다가 전기로 돌려서 광석을 빻서서, 수은으로 잡으면 금이 뭉쳐요. 그렇게 했죠. 도광장이라는 것은 도 자는 방앗간, 광은 광물, 그러니까 '광물을 찧 는다' 라는 뜻이죠. (문 : 그럼 영산당 동쪽편 골짜기 평평한 부분이 작업장이었나요?) 그렇 죠. (문 : 본래 여기가 골짜기였는데, 파낸 흙이 쌓여 평지가 되었네요?) 예에. (청중 : 복새 라고 해가지고 일차로 금을 빻아가지고, 나머지는 세금 가루 같은 걸 탱크에다가 넣어가꼬 약 처리해서 저기 콘크리트 (설치물) 같은 데다가, 예, 약을 넣어가지고 세금을 하는 거요.) 땅속에서 나오는 물가지고 광석을 띄어가지고 금은 거기 가라앉고. (문 : 지금도 옛 광구를 파기만 하면 구멍이 다 있겠네요? 얼마나 좌우로 들어갔는지 모르시죠?) 아마 한 몇 백 메타, 문어발식으로다. 그러니까 여기 땅 속을 보면요, 점토질, 모래층, 자갈층이라고 있는데 밑 에 들어가서 그 마사토도 아니고, 딱딱하면서도 흙도 아니고 모래도 아닌 재질이 나와요. 거 기가 금이 쭈욱 있습니다. (청중 : 여기서는 순 광석, 돌에서, 전체가 돌 아니여. 거기서 금 줄이 이렇게 있어요. 그걸 파내죠. 사람 심줄마냥. 문 : 그게 사람 눈으로 구별이 되나 봐요? 청중 : 광부들이 보며는 구별이 돼요. 문 : 지금 이산이 사유지인가요? 청중 : 국유지죠. 해 방 이후로도 많이 캤어요.) 그리고 일본 애들이 대부분 캐먹었어요. (청중 : 육이오 이후로 도 많이 캤어요.)

 (문 : 금을 캔 사람들이 이 마을사람이에요?) 자본 있는 사람이 이 사람이 하다가, 뭔가 계속 있는 게 아니라 끊겼다가 있고 하니까 그만 두고, 또 자본 있는 사람이 와서 하고 그만 두고. 운 좋으면 그 사람이 금 캐고 그렇지. (문 : 금 채굴이 쉽지 않았네요?) 그렇죠. 석탄도 요, 무연탄도요 한 이삼십 메다 줄로 박힌 데가 있어요. 그런가 하면 둥글게 어느 부분은 있 고, 끊겼다가 하는 것도 있어요. 줄로 박힌 데는 광산에서 어느 정도 타산이 맞아요. 인건비 가 맞는데, 끊겼다 또 발견됐다 하는 데는 중간에 헛 비용을 많이 쓰기 때문에 돈을 얼마 못

버는 거구. (청중 : 이 산은요, 한 이 메다만 파면 금이 있었어요. 지금 지진 나면 이 산은 가라앉아버려요. 벌집마냥 뚫어 놔서. 위에서 일 메다만 파도 금이 나와서 벌집마냥 해놓은 거요. 그래서 땅속은 다 비었어요.) 이제 개발 못해요. 묵은 구덩이가 무너져 내리니까.

광천이 금 생산량이 많았어요. 청양의 구봉광산이라고 금으로 유명하지 않았어요? 그리고 요기 황보광산이라고 요 밑에, 산 너머 큰 게 있었고, 여기 있었고, 이 근처 결성이라고 했었고. 그리고 개울에서도 금이 많이 나와서, 중앙대학교 사금선이 작업을 한 십 년을 했죠. (청중 : 그 사금선 때문에 옹암포구가 망했어요. 한마디로 말해서. 우리가 지금 말씀하시듯, 여기가 금광이 어마어마해서 육이오 때 저기다가 넣다시피 했는데, 일루 내려오는 물이란 말유. 여기서 옹암포구가 잘못된 이유는, 금배가 들어와서 사금을 하는 바람에, 다 바다를 헤쳐 놓아버린규. 물이 흘러가잖아유, 섬 배가 들어오면, 아는 길을 들어오는 사람도 있지만, 모르는 길을 들어오는 사람도 있잖유. 여기로 가야 하는데 저기로 가서 배가 걸려버리는 거야. 얕으니까. 그럼 일주일 동안 기다려야 돼요. 뭐 삽으로 파고 난리를 치고……. 금배가 물길을 다 버려 놓은 거요. 여기서 사람들 금 많이 줏었죠.) 많이 캤죠, 여기서. (문 : 인근 야산의 금이 장마에 쓸려가다 강바닥에 쌓였는데 그걸 배로 캐냈다는 얘기네요?) 그건 인제 사금이라고 하고, 여기는 암석에 베겨(박혀) 있는 금을 캤지. 결성광산은 금하고 납하고. (문 : 금광으로 인해서 마을 분들은 어떤 이익을 보았나요?) 여기 금광에, 어업에 수산물에 관련 있는 분이 있고, 금광에 관련된 사람이 있고……. [제보자 : 최종돈, 청중 : 김용붕]

토굴 새우젓의 시조 윤병원

광천의 토굴 새우젓은 1960년대에 윤병원 씨로부터 시작되었다고 한다. 윤씨는 우연히 젓갈통을 자신이 다녔던 금광에다 저장해두었는데 그 젓살의 숙성과 보존이 다른 것보다 우수했다. 이때부터 토굴 새우젓이 광천 일대에 알려지며 광천이 새우젓 고장으로서의 명성을 얻게 되었다.

(문 : 사진 속의 이 분이 제일 먼저 토굴 새우젓을 시도했나요?) 예, 금광을 이용하셨죠.

"내가 이걸 이용하니까 좋더라. 그럼 우리 토굴 파자"

이랬지. (문 : 금광하고 어떤 연관이 있었나 봐요?) 그러니까 금광을 다니셨어요. 그러니

까 금광 토굴이 (폐광 이후) 묵어 있으니까 (새
우젓을) 다니시던 데 넣었는데, (새우젓이) 변질
이 안 되고 좋은 걸 알았죠. 그래 가지고 토굴 새
우젓이 시작된 거죠. 토굴 새우젓 축제가 시작되
니까 군수한테 이야기 했지. 읍장하고 이야기 하
고 했더니,

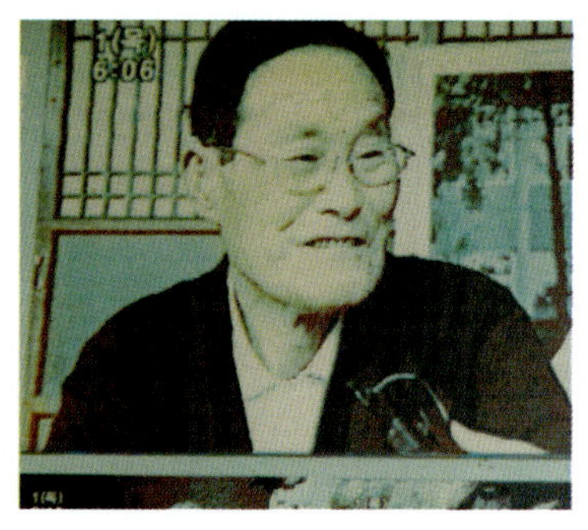

토굴 새우젓의 원조 윤병원 씨

　　"축제에서 공로패 하나 나오자"

　　했더니 공로패가 나온 거지. (문 : 성함이?)
윤병원. 돌아가셨지. (옆의 윤병원 씨 손자를 가
리키며) 이 사람이 할아버지 덕분에 지정을 받은 거지. (문 : 그러니까 광천 토굴 새우젓의
원조네요?) 원조격이죠. (윤병원 씨는) 본래 이곳 태생, 광천. 그러니까 광산 다니다가 해방
되고 새우젓장사를 한 거유. 천구백십삼 년생이실 꺼유. [최종돈]

고기잡이 경험

　　먹고 살게 없어서 내가 종업원 하러 다녔지. 내가 배를 못 허고. (문 : 몇 살 때부터 배를
타셨어요?) 그때 한, 삼십 이쪽쯤인가? (문 : 연세가?) 일흔 여섯이유. (문 : 육십 년대 중반
이네요.) 근데 배를 오래 탄 건 아니고 4~5년 탔지. 먹고 살게 없어서. 새끼들은 있고, 종업
원이랑 똑같지.

　　(문 : 그때 타던 배가 컸어요?) 컸지요. 한 사십 톤.
옛날에는, 지금은 인제 고속엔진인데 옛날에는 야끼
다마라고 그런 배였지. (문 : 야끼다마가 목선에다가
발동기 얹은 배인가요?) 그렇지. 내가 (배를) 타기 전
에는, 옛날에는 전부 돗배였는데, 내가 타면서 돗배가
싹 없어지고 발동기 놓고서…… 그때 내가 사오 년 탔
어요. (어르신 그때가 오일육 뒤죠?) 후지. 아, 박정희
할 때. 그 뒤유. (문 : 주로 뭐 잡는 배였어요?) 중선배
라고 고기 잡는 배였지. 사오십 톤 됐었지. (문 : 배 길

노인회장 오진규 씨

이가 몇 미터나 되는지 기억하세요?) 배 길이가 한 사십 미터가 넘을 걸. 남천 형님 그렇지 않어? 배 길이가 한 사십 미터 넘지? 넘을 겨. 확실히는 모르는데 추측이 그려. (문 : 폭은?) 폭은 인제 배를 제조할 적에 길이가 짧고 하면 폭을 넓히는 배도 있고, 좁히는 배도 있고 그려. 근데 강원도 배는 보통 좁지. 서해안 배는 넓어요. 왜냐하면 고기 잡는 질대라고 있어요. 그물 딸려서 아래위로 하는 거. 그래서 서해안 배는 넓어야 합니다. 강원도 배는 뒤로 하기 때문에 (그물을) 두 틀 세 틀 (놓기 때문에) 좁고.

(문 : 어떤 고기를 주로 잡았어요?) 조기도 잡고, 갈치도 잡고. 응, 철따라. 그때는 연평바다도 주로 조기를 목적으로 하고 가는 거지. (문 : 정초에 고기 잡으러 가는 데가 어디에요?) 제일 처음에 여기 흑산도. 거기서 (조기를) 잡아가면서 저쪽의 연평도가 끝이여. (문 : 흑산도에서 연평도로 가면 몇 월쯤 돼요?) 남천 형님이 아는디? 연평도 잡이가 몇 월 달쯤 됐지? (청중 : 사월 달, 양력으로 오월 달.) 하여가나 개월 수는 모르는데, 거기서 못 벌으면 돈 못 버는 거야. 날수로는.

(문 : 흑산도에서 만선을 하면 목포로 가요?) 그때는 인제 그걸 만선했다고 해서 포구로 가면 늦어. 상선에 팔기도 하고, 조금(물 때) 잡은 배 있잖아? 조금 때 잡은 건 포구 와서 팔구, 사리 때 잡은 거는 포구로 오고 하면 시기를 놓치는 겨. 그러니까 상선에 팔고.

(문 : 그 배에는 몇 분이나 탔어요?) 그때는 아홉~열하나 이렇게 탔죠. (문 : 월급제였나요?) 월급제지. 이제 백만 원 벌으면은 경비를 제하고, 식비를 제하고 선주하고 반 나누는 거여. 그리고 반가지고 (선원들끼리) 나눠 먹는 겨. 그리고 인제 선장이라는 사람은 한집 반을 더 줘. (문 : 오십 퍼센트?) 잉. 더 줘. 선장은 그러고, 그 후로다가 삼칠제를 했었거든. 그것은 선주가 무조건 식비(를 대고), 기구 망가져도 선주가 부담하고, 선주가 칠을 먹고서 선원들은 삼을 먹는 겨. (문 : 그러니까 정비랄지 식비 등을 다 선주가 대고?) 그전 할 때는 기구가 망가질 때나 식권비, 다 선주를 줘. 그리고 반씩 나눈 거고.[10] (문 : 어떤 방법이 선인들한테 유리할까요?) 삼칠제가 나서. 식권비고 기구 하나 장만하면 몇 백만 원 씩 들어가니께. 삼칠제가 낫지. 틀리면 그물이고 뭐고 다 선주가 부담하니까. 그전에는 그 부분은 기구 사면 기구 값 줘야지 식권비 제해야지 했거든. 그래서 그전에는 이제 선원들이 벌이가 없거든. 그래서 선주 측에서 삼칠제가 들어온 거야.

(문 : 한 달에 벌이가 어느 정도나 됐을까요?) 옛날에는 벌이가 좋았어요. 옛날에는 벌이

가 좋았지. 그런디 요즘 물이 마를수록 어렵더라고. 한 달을 따지는 게 아니고 정월달서부터 미리 없는 사람이니까 선용을 쓰는 거여. 마이가리를 쓰는 겨. 없는데 어떡 혀. 다달이 계산하는 게 아니라 봄 한철 이렇게 계산하는 거지. 그리고 다시 또 해서 가을철 따라가면, 없으면 선용 쓰고. 벌이 없으면 선주한테 마이가리를 쓰는 겨. 못 벌어? 그럼 써야지.

(문 : 사월 달에 조기잡이가 끝나면 그 뒤로는 새우 잡으러 가요?) 새우젓. 제일 끝나면 육젓이라고 하고, 잡으면서 갈치 잡이 하고, 가을에 갈치 잡고, 갈치. 그래서 봄 한철에 계산하고, 가을 한철에 계산하고. (문 : 겨울에는?) 겨울에는 안하지. 배가 겨울철에 하면, 겨울 어장 하는 배가 네 척 됐어요. (문 : 어장을 한다는 이야기는 고기 잡으러 간다는 이야기죠?) 그렇죠. 원체 곤란한 사람들이 겨울배 타는 거지.

(문 : 배에 배선왕 모신 예를 보셨어요?) 그때 우덜 헐 때만 해도, 고사라는 걸 연시 지내지. 고기 잡으러 한번 나갔다가 고사지내고. (문 : 배선왕에는?) 선왕이라고는, 내가 할 때는 없었고. 선왕이라고 없었고. 한 사리라고 있었잖아요. 사리 끝나고 들어와서 사람들이 (다시 바다로) 나갈 때 고사 꼭 지내고.

(문 : 포구로 들어오며 풍장을 치는 예도 있나요?) 그것은 연평도나 어디 가서 돈 많이 벌면 기 꽂고 술 먹고 그러는 겨. (문 : 배에서?) 잉, 오면서. 오면 인제 선주가 술 올리고 거기서 사람들 술 먹고 춤추고. (문 : 기를 어디다 꽂았어요?) 이게, 기 꽂는 요령이 있는 겨. 돗대 있잖여? 거기다가도 꽂고. 여기 뒤에다가 두 개도 꽂을 수 있고. 못 벌은 배는 기도 못 꽂고 와. (문 : 뒤에다가 기 꽂는 것은 무슨 의미죠?) 많이 벌었다. (문 : 가운데다가 꽂는 건?) 제일 가운데다가 꽂아요. 돈 많이 벌었다고. 못 벌은 배는 기도 없어. 그럼 벌써 배 들어올 때 딱 보면 저기 보일 거 아냐? 기를 보면 저 배 돈 많이 벌었다 이거지. 그럼 선주 막 그냥 술 올리고 동네사람들 술 먹고 배에서 춤추고. (문 : 선주가 한턱 내내요?) 아, 그럼. 돈 많이 벌었으니까 한턱 내지.

(문 : 선주는 배를 안타나요?) 응. (문 : 선장도 고용하고 기관사도 고용하고?) 그렇죠. 선주가 정월달에 선원을 모으잖어. 선장은 제일 좋은 사람하고, 그럼 선장이 선원을 구하는 거여. 그래서 인제 돈 많은 선주한테는 (선원들이) 서로 갈려고 허여. 왜냐? 마이갈 많이 해주니까. 아, 그래야 미리 마이갈을 많이 받아쓰지. 근데 선주가 시원찮으면 돈이 없슈. 근데 다 갖다 쓰면 어떡허여? 없는 선주한테 가봐야지.

(문 : 옹암에는 배 부리는 사람이 많았어요?) 옛날에 옹암포는 배 부리는 사람이 별로 없었슈. (나는) 원래 여기가 고향이 아니고 보령서 살다 온 지 한 사십년 되는데, 이 옹암포는 배 부리는 사람 별로 없었어. 내가 배를 타봐서 알지.

(문 : 선원들은 각자 역할이 있죠) 그렇지. 선장이 있고, 밥하는 사람이 있고. (밥하는 사람은) 화장, 선장 있고 그럼. 인제 주로 제일 힘만 쓰는 사람이 앞에서 일하는 사람. 주동무. 제일 앞에서 일하는 사람이 제일 역할이 큰 사람이여. 또 고 다음에 나이 많은 사람 있어. 영좌. 나이 많다고 영좌. (기관사는) 그냥 기관사여, 기관사 있고, 기관사 보조는 거시기가 있지. (문 : 거시기?) 기관사 보수, 남방이라고도 하고. (문 : 화장을 돕는 사람은) 없지. (문 : 화장 일이 많았을 텐데?) 화장? 근디 화장 보수가 또 있어. 선장은 인제 한집 반을 더 주고, 돈 조금 더 벌면 화장도 더 주고. 잉, 밥해주고 하니께. 밥해주고 그물 잡을 땐 다하니까. (문 : 밥도 책임지고, 그물도 잡을 땐 잡고?) 아, 그럼. [오진규(남, 76) 옹암리. 2008. 2.]

목도질로부터 고기잡이, 채광작업까지

(문 : 옹암리 목도소리가 산판의 목도소리와 비슷한가요?) 예, 산판 하던 노래는 다 똑같은데 여기가 부두 노조가, 그때 당시만 해도 보통 군에서는 개인들 단체로는 인부가 제일 많은 큰 단체였죠. 여기 부두노조 인원이, 총 인원이 한 팔십 명 됐어요. 그러니까 이제 배로, 그때만 해도 도로 저쪽이는, 지금 집 지은 디가 다 배가 들어왔거든. (배에 실은 물건을) 도로로 하역 작업을 빨리 해야, 도로로 차로 빨리 실어가고…….

인제 여기가 주로 뭐가 많이 들어왔냐? 곡물 몇 가마, 쌀가마 이런 것도 많이 들어왔지만은, 장날은, 그러니까 여기 장이 두 번 있었는데 장 한날은 여기장, 섬에서 장이 다 일루 들어오니까. (문 : 장 한날이 뭐죠?) 장 첫날. 광천장 첫날. 그러니까 광천장이 사일, 구일 서니까 삼일 날은 여기 (옹암 포구)장, 팔일 날은 여기 장 이렇게 되는 거지. 여기 와가지고 여행지서 자고 그 뒷날 광천 장에 가서 물건을 좌악…… 광천 여기 물건을 다 내는 거고, 광천 상

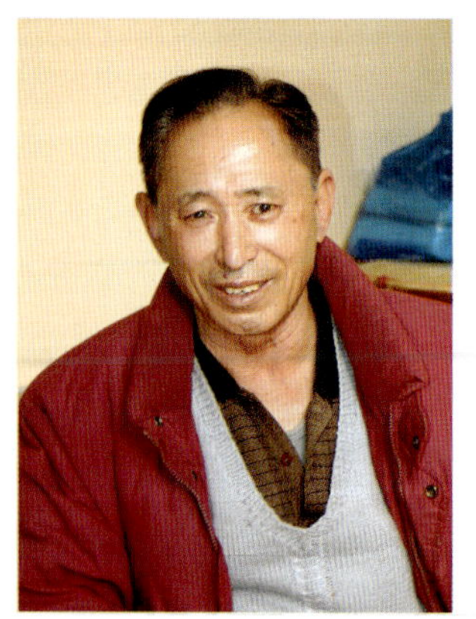

최수복 씨

인들이 와서 다 사가는 거고. 광천장은 인제 필요한 거 그런 거 사가지고 가지. 이제 예를 들면 원산도나 안면도 같은 데서 가게 보는 사람들 있잖여? 그 사람들 전부 여기 와서 소주 맥주 뭐 이런 거. 전부, 지금 알기 쉽게 에이비지구 간월도 있죠? 거기도 전부 일루 와요. 그랬던 덴데…….

근데 목도, 노조 인원들이 왜 목도 필요했냐하면, 안면도에서 벌재, 나무 소나무 벌목 그게 전부 배로다 일루 실어와요. (문 : 목제는 서울이나 대도시로 올라가지 않고?) 예. 그때는 섬이니까. 안면도 연륙교가 없으니께. 전부 배로 실어서 여기로 와야, 여기서 목도해서 하역해서, 또 자기 상차해서, 그렇게 해서 각 지역 제재소로 간단 말야. 그래서 목도가 필요했고. 새우젓 도라무가 알기 쉽게 대충 이백 킬로가 나가요. 이백 킬로 이상이 나가요. 그걸 넷이 목도해서 하역하고, 또 상차해서 보내고, 전부 그러기 때문에 목도소리가 필요했던 거예요. 근데 왜 목도소리가 필요하냐며는, 예를 들어 배가 새우젓을 싣고 들어왔는데 발판을 이렇게 두 개를 놓는단 말여. 넷이 나와야 하니까. 그럼 이 사람을 발판 가을 딛게 되고, 이 사람은 가를 딛게 되고, 뒤에 있는 사람은 이쪽 가를, 이쪽 가를 딛게 된다는 말이죠. 그럼 목도소리를 해서, 말을 맞춰야 발이 안 걸린단 말여. 발이 하나 걸리면 다 떨어지니까. 그렇게 그래서 목도소리가 필요했던 거예요. 발맞추기 위해서.

(문 : 드럼통은 눕혀서 옮기나요?) 아니, 세워서. 응. 눕혀서 할 거 같으면 (젓갈이) 굴러서 나오지.

(말하자면 여기 줄이 있어서, 줄이 이제 나무가 줄에다 묶고 이게 두 개인 셈이네요.) 그렇지 두 개인 셈이지. 목도 여기, 여기. 이렇게 네 사람이 여기를. 이걸 뭘로 채냐면 뚜껑 따면 갈귀 있잖여. 거기를 집게를 꽉 무는 집게가 있어요. 물으면 줄, 와이어 줄, 나일론 줄로 해가지고 목도채를 낀다고요. 그래가지고 네 사람이. 이렇게 멘다면 (종이에 나무막대기를 그리며) 이게 대란 말여. (역시, 배와 지면을 잇는 널판을 그리며) 그럼 발판이 이렇게 돼 있단 말여. 여기는 인제 육지고 여기는 배고. 그러면 배에서 네 사람이 나온다 이 말이여. (발을 잘 맞추어 나와야겠네요. 발을 헛디디면.) 앞뒤 사람은, 이 사람은 이쪽 가를 밟고, 이 사람은 이쪽 가를 밟고, 이 사람은 여기를 밟고, 이 사람은 이쪽을 밟고. 그런데도 목도소리를 안 하면은, 발이 안 맞으면, 나무 사이가 발짝 뛰는 사람이 걸리게 되어 있으니께 목도 소리를 해서 발짝이 정확해야, 예를 들어 뒤에 사람이 맨 앞사람 발을 걸으면은 다 넘어간다, 이

소리지. 그래서 목도 소리가 필요했단 말이지. (근데 하역작업이 참 다양했네요? 곡물부터 시작해서) 그렇죠. (또 아까 목재가 만만치 않았다고?) 그런데 목재가 이렇게 예를 들어서 열두 자면 열두 자, 네 자면 네 자 잘라서 혼자 맬 수 있는 게 많은데 그래 인제 적은 놈 혼자 멜 수 있는 건 메고서 나오지만 큰 거 예를 들어 스무 자짜리 서른 자짜리 배 짓는 데서 필요하다면 그렇게 나온다는 말이죠. 그렇게 되면 그것은 육목도 팔목도 이렇게 메죠. (육모도 팔목도라는 건 사람 수?) 나무 하나에 여섯, 여덟. (보통 사목도를 하는 거죠?) 그렇죠. (둘이 하는 경우는?) 둘이 하는 경우도 간혹 있어요. (둘이 하는 경우는 외줄에다가 하나요?) 그렇죠. 이제 나무 같은 경우는 줄을 집게가 아니고 줄인데 이렇게 걸게 되어 있어요. 꼬는 식이 또 있어요. 고리내서 이렇게, 이렇게 해서 목도채 넣어가지고. (어르신 육목도하면 사람이 말하자면 이게 배라고 하면 이렇게 가나요? 팔목도면 이렇게 한 사람 더 끼고.) 그렇죠. (들 것을 여기에 배치시키고?) 그렇죠. (이때 어떤 소리를?) 이렇게 되면 앞뒤사람이 메기어서 뒤에 사람은 앞사람 하는 대로. (선창하고 나머지 세 사람은 후창하고?) 예. 앞사람 둘 선창, 뒷사람 후창. (앞사람 둘 선창, 뒷사람 둘 후창?) 그렇죠. 그렇게 되고 매는 것도 목도채를 메는 것도 그류. 여기 발 내딛을 사람을 목도채를 끄트머리를 메게 되고, 또 이쪽으로 발딛을 사람은 목도채를 이만큼 남겨놓고 들여 메야여. 이 거리가 맞지요. 이 발판거리하고 맞춰야 하고. 예를 들어 이 사람이나 이 사람이나 이 사람이나 이사람이나 목도 끝을 멘다고 하면 들여 딛고 내딛을 수가 없으니까. 거기가 안 맞으니까. 그렇지 않아요? (왜 일렬로 안 서고 엇갈려 서요? 앞뒤사람이?) 발이 걸리니까. 예를 들어 여기 가고 여기 오는데 앞뒤사람이 가운데는 발판 낭떨어지 아니여. 바닥을 쳐다보고 다니는 거여. 이게 가다가 뒷사람이 앞의 사람 슬쩍 걸리면 바로 떨어지는 거지. 그래서 이제. (소리는 어떻게 해요?) 팔십 명 중에 내가 현장감독을 했는데, 이 전부 작업배체를 누구누구는 무슨 배를 가라, 누구누구는 무슨 배를 가라 배체 시키는데. (배체? 배치?) 예. 배치. 설명을 들어요. 어기여어어하면 뒷사람도 어기여어어 하면서 고개가 들어가고. 근데 어기여어 들어가게 되어 있어요, 앞사람이나 뒷사람이나. 일어설 때 그럼 인제 도라무가 뜨게끔 일어서야 하니까 어기여 어정차 허저 어정차 허저 어정차 허저 앞에 사람 하는 대로. 그러니까 선소리가 어기여 어정차 허정차 허저 발맞추기 위해 하는 거예요. (굉장히 빠르네요?) 예, 빠르죠. 발맞추기 위하니까. 그래야 숱하게 많은 도라무가 배로다 들어내니까. (그 위험한 곳을 발판 빨리 허기영차 허저?) 어정차 허저 이게 발맞추는 소리유, 아무것도 아니유. (허기영차 허저, 그럼 뒤에서 허정차 허저?) 그렇죠. 앞에 사람 하는 대로. 그렇게 해서 들어오는 거. 하역작업 다 하는 거여. (얼마나 하셨어요?) 저 많이 했슈. (지금 연세가?) 저 칠십다섯째. (전 한 오십대로 봤어요.) 남들에 비하면 젊게 산다고 봐야죠. (진짜예요? 성함이?) 최수복이요. (그 대략 목도를 멘 게 몇 살 때인지 기억하세요?) 내가 노조를 부두노조 들어가서 스물세 살 때. (오십 년 전 이야기네요?) 네, 스물세 살에 들어가서 삼십 조금 넘어서 그만뒀죠. (얼마 안하셨네요?) 네. 왜냐면 아 아니죠 사십. 현장감독 이십 년 했으니까. 그때 돈 좀 좀 벌었거든. 다른 벌이 좀 한다고 확 조져버렸지. (스물셋에 들어가서 사십대 초에 나오면 근 이십 년?) 예. 약 이십 년. (약 이십 년간 있으면 주로 목도질을 하신 거예요?) 주로 내가 이 덩치는 적어도 힘이 좋았어요. 주로 초창기 들어오는 사람들 이렇게 해갖고 작업지시를 했지. (그러면서 인제 그 관리직을?) 관리직은 작업부장 따로 있었고, 총무가 따로 있었고. 조합장 하신 분 있고. 조합장도 또 여러 사람이 갈리고 여러 사람이 하고. 제일 마지막까지 했던 사람이 저기 앉아 계신 분. (그래서 주로 목도를 주로 하시고, 그 그걸 아까 하역노조라고 했어요?) 부두노조. (그게 부두라는 게?) 부두노조라는 게, 현재도 부두에 가면 부두노조가 다 있죠. 노조하면은 부두노조인데. (그럼 부두라는 것 자체가 하나의 회사예요?) 아이 포구지. (아 그런데, 부두를 운영하는 하나의 회사가 있냐고요.) 그렇죠. 그러니까 하역 작업은 배에서도 물론 저런데서 들어오면 하역작업을 개인이 하고 싶어도 못하게 되어 있어요. 법적으로, 노조법에, 노동자법에. 그래서 부두노조가 구성되어 있는 데만 하게끔 되어 있어요. (아까 조합장이라는 게 어떤 조합장을 말씀하는 거예요?) 노조 장. 여기 노조가 전국 부두노조 장항 광천지부였어요. (아 부두라는 부두를 운영하는 회사가 있는데 그 회사 내에 부두를 하역하는 노조가 있다 이 말씀이네요?) 그렇죠, 알기 쉽게 여기가 오천, 어항, 이쪽은 그때 부두 노조가 전부 안 되어 있었어요. (그 직원이 아까 말씀하시길 팔십 명?) 예. (그럼 굉장히 큰 포구였다는 말씀인데.) 예. 분교 노조가 구성이 안 되어 있었기 때문에 큰 예, 큰 배가 소금이 몇 백 가마를 싣고 들어왔다, 그럼 하역을 해야 할 텐데 할 사람이 없어요. 그럼 여기서 가서 해줬지. (인근까지 원정을 가서 해줬다?) 그렇지. 어항, 오천, 다 해줬지. (벌이는 어땠어요?) 벌이는 노동하는 사람치고 벌이는 좋았지. (일당 개념으로 받나요? 아님 월급으로 받나요?) 버는 게 하는 대로. 벌어서 지금으로 말하자면 뭐야 뭐야. 이십은 퇴직금 줄 거 그게 장항본사로 들어가고.

(그러면 아하, 천만 원을 벌었다. 그럼 본사는 이백만 원을 떼어주고 나머지 팔백만 원을 가지고 일하는 사람들이 직급별로 나눠 갖는 거예요?) 고것을 인제 할당해가지고 인제 나눠 갖는 거지. 한 달에 한 번씩 나눠갖는거지. 그렇게 되면 인제 그 나중에 여기 다니던 사람이 십 년을 이십 년을 다니다가 그만두면은 본사 가서 퇴직금 받는 거지. (여기 계시면서 하역을 하시면서 주로 하는 일이 어떤 물건을 하역하는 거였어요?) 주로 새우젓 도라무. (새우젓 도라무를 여기에서 말하자면 숙성시키는 게 아니라, 다른데서 해가지고 들어와요?) 이게 왜 냐며는 이 목포 저쪽에서 새우젓 잡는 배가 있잖유. 그 배들은 포구에 절이면서 계속 하고 새우젓을 잡아야 하기 때문에 그러면 인제 상선배가 싣는 배가 도라무 소금 전부 갖고 나가서 새우를 하고 새우젓을 거기서 절이고 여기로 가져오면, 여기서 하역하고. (그러니까 주된 것이 새우젓과 소금이었네요?) 그렇죠. 주된 것이 여기 새우젓, 소금. 이 도서지방에서 생산되는 소금이 다 일루 들어오겠끔. (그 아까 그 안면도 소나무가 들어왔다고 했는데, 그게 실제로 많이 들어왔어요?) 많이 들어왔지. (그게 언제쯤에?) 고것이 우리 내가 고향이 안면도가 고향이었는데, 열아홉 살 먹어서 여기 들어왔는데, 우리 나오고나서만 해도 관리차원에서 관리를 해서 함부로 못했기 때문에 조금 덜나왔는데 팔일오 해방되고는 안면도 나무가 하여튼 베고 없어졌지. 다 벌매해서 군산, 일루. 그래서 그걸 안면도 해변가에 지금 큰 나무가 없는거여. 관리를 안하니까. 먹고 살게 없으니까. 안면도 해변가에 가면 잔솔뿐이지 큰 나무가 없잖아요. (그 당시 나무 크기가 어느 정도 됐을까요? 한아름쯤 됐을까요?) 그렇죠, 넘었죠. (그럼 그런 것이 용도에 따라서 열두 자도 나오고, 열두 자면 큰 길이는 아니죠?) 한 삼십 자짜리도 나오고. 그 인제 위에서 그런 놈만 해오는 배가 있고, 벌목을 하다보면 그렇게 쓸 용도가 있잖아요. (그거를 보통 민물 같으면 뗏목을 만들어서 하는데 여기는) 거리가 머니까, 예를 들어. (배에다가 싣어가지고서 직접?) 그렇죠. 예를 들어 지금으로 말하자면 백 톤급의 배. (그렇게 큰 배가 여기를 들어왔나봐요?) 예. (그 팔일오 이후에 그런 나무가 여러해 거쳐서 꾸준하게 들어왔어요?) 들어왔죠. 그리고 육이오 후로 이 관리소, 산림청이 정비되서 관리하니까 못들어왔죠. (그러니까 적어도 천구백사십오 년부터 십구백오십 년대 약 오 년 사이 벌목이 안면도 나무가 벌목이 된거네요.) 그렇죠. (말하자면 어쨌거나 고객이니까. 하역할 때 임금같은 경우는 선주하고 이쪽하고 별도로 협약에 의해서 별도로?) 이게 인제 임금이 일 년에 한번씩 상인들하고 조합임원들하고 일 년에 한번씩 정하게

되어 있어요. 예를 들어 인프리가 어느 정도 올라간다. 인건비도 올라야지, 예를 들어 도라무 하나에 인건비가 예를 들어 백 원이었었다 하면은 다른 물값도 올라가느데 이것도 올려줘야 하지 않냐 협의해서 일 년에 한번씩 전부. (목도라는 것이 급격하게 사라지게 되는 것이 포구 없어지면서 없어진 건가요?) 포구가 없어져서 없어진 게 아니라 리어카가 생기고, 머리가 자꾸 뭣하니까 리어카가 생기고 레루(레일)가 생기고. 그 전에는 나무로 발판 만들었는데 철 레루가 생기니께 차에다가 싣고 레루가 사다리가 있잖여. 그러니까 지금은 배도 들어오지는 않지만, 차에다가 그 눔 실어서 레루타고 내리고 차에 내릴 때도 레루로 내리고. 지금은 목도 않지. (그 목도가 급격하게 사라진 시기가 그런 것들이 등장할 때가 언제예요?) 그거 사라진 때가 한 이십 년. (그러면 팔십 년대까지는 있었다.) 리어카가 생겨나기 전에는 토굴도 목도로 해서 들어 갔어요. 리어카가 생기면서부터 거기다 싣고서 들어가니까 이제 사람이 필요 없는 거지. (어르신 그렇게 하다가 사십대 때에 목도를 그만두고 뭘 하셨어요?) 저요? 농업. 그때는 돈도 좀 벌고 해서 장고도 가서 어장 좀 해서 돈 좀 벌어볼까 하다가 그게 돈 벌기가 쉬운 게 아니더라고. 있는 돈 다 까먹고 할게 있어야지. 그래서 농업으로. (장고도에 사십대 때 갔어요?) 예. (어장이란 게 뭐예요? 정치망?) 낭장망. (낭장망은 어떤 형태로 되어 있는 건가요? 낭장망은 이렇게 이렇게 나무 세워놓고, 그물 걸어놓는 건가요?) 그거는 주멍이라는 거고. 주멍망이라는 거고. 낭장망은 어떻게 되어 있냐하면, 예를들어 여기가 낭장이 들어갈 자리다, 이렇게 되면 다시라고 있어요. 이렇게해서 와이어로. (아, 닻?) 예. (배 정박 시키는 닻?) 예. 그눔도 쓰는 디 그건 끌려서 안되고, 이 바위덩어리만한 줄로다가 망을 떠서 돌을 넣어요. (쇠망?) 예, 예. 그렇게 해서 돌을 갖다 넣어서 이 자리에다가 넣어서 떨어뜨리면 그럼 줄이 요만큼 매져요. 요렇게 나중에 연결시키죠. 요놈하고 저 양반 아까 중선배 그물한다는 거 똑같아요. 이거 그물 끝을 멘단 말이죠. 가라앉을 거 아니유. 위에는 뭐를 하냐면 질대 대나무 그러는데, 저 스티로폼 이만한 스티로폼 이 구탱이 위에다 달고, 이 구탱이 위에다 달고 하면 그물이 아구지가 딱 벌어지죠. 아구지가 딱 벌어져요. 그럼 물이 확 쓸때, 나갈 때 이 그물이 앞으로 고기가 들어간단말여. 그럼 물보러가는 시간이 있어요. 물이 어느 정도 쓸때는 보러간다. 그럼 가서 고기만 빼오지. (이게 입구면 길게 있는거죠?) 그렇죠. (길이가 얼마나 되요?) 길이가, 한 이백메다. (이게 한 이백메타가 되요?) 예. (한번 들어가면 못나오겠네요?) 예. (그럼 인제 물이 차있을 때 보러가서?) 이게 쓴물이었을 때는. (예. 들어온 물.) 그럼 인제 그물이 이렇게 꼬리가 되는데 그때 고기가 일루 들어간단 말야. 근데 물이 거의 다 썼다. (다 들어왔다.) 그럼 물 보러 가면은 여기 가운데가 이눔이 뚱그렇게 말아져서 줄이 있어요. 그 줄을 잡아 당기면은 그물이 오므라져요. 이 안에 고기는 꼼짝 못하죠. 그 배에다가 끌어가지고 꽁무리를 타겠끔. 끈 놓으면 나가죠. (그럼 이게 나갈 때는, 썰물이 되면?) 썰물이 되면 그물이 홀랑 뒤집혀요. (아하, 이게 돌아가는 게 아니라, 뒤집혀요?) 예. 그렇지. (신기하네.) 홀랑 뒤집어져서 이쪽으로 이렇지. 썰물 들물이라는 게 이렇게 되는 거죠. (그럼 물이 또 다 나가면 이렇게 되겠네요.) 그렇죠. 물이 다 나가서 다 돌지 않을 정도 그 시간 맞춰서 또 나가죠. (그럼 하루 네 번?) 네. (이게 낭장망이구나. 근데 이게 그렇게 비용이 많이 들어가요? 그물비가 많이 들어갈까요? 설치비?) 그때 내가 배하고 이거 두틀하고 주멍망 말짜 두틀하는데 그때 돈으로 천만 원 돈 들어갔어요. (이게 언제 연 도예요? 사십대면? 칠십 년대. 칠십 년대 천만 원이면 큰돈이네.) 큰돈이지. (그럼 주멍망을 두 개, 이것이 낭장망이 두틀, 또?) 그거 있어야지, 또 건조장 창고 있어야지. (잡은 고기 건 조장?) 예. 그리고 잡아서 삶는 건조장 있어야지, 종업원 있어야지, 배 있어야지. 돈 많이 들 어갔슈. (배는 작은배? 몇 톤?) 십 톤. 아니 오 톤. (오육톤?) 오육 톤. (그거는 발동선?) 예, 그때 그런 배들이 놓는 기계가 육상에서 칙칙하는 기계 있었죠. 그거 놓는 사람이 거의 였었 고, 돈 좀 있는 사람은 방아도 찧어먹고 하는 거. (그리고 사람은 한 사람 정도 고용해요? 한 사람 가지고 안 되나요?) 안 되죠. 물 보는 시간만 해도 셋은 필요해. 그러니까 나 말고 두 사람은 둬야 돼. (아, 최소 둘. 그때 종업원 뒀을 때 월급제로 줬어요?) 월급으로 줬지요. (그 당시에 월금 얼마나 줬을까요?) 그때 글쎄 잘 기억 못하겠네요. (오래된 이야기라.) 그것도 잘 잡아야 월금도 잘 주는디, 잘 못했슈. (그 당시만 해도 고기값이 쌌죠? 생선이라는 것이 모든 사람 보편적으로 좋아하던 때가 아니었죠?) 그때는 맨(멸치) 잡을려면 맨만 들어와야 삶아서 건조시켜서 내놓고 그랬는디, 지금은 그때는 잡탱이가 들어오면 다 쏟아 내버려야했 거든요. (골라 내기가 시간이 많이 걸려서?) 예, 시간도 많이 걸리고 인건비도 안 되고 하니 까 쏟아내텨야하는데, 지금은 잡탱이가 생겨도 다 돈 아니유. 액젓공장 들어가니까. (그당 시 주로 잡히던 어종이 뭐였어요?) 가을에는 맨, 봄에는 까나리. (아니 그 숭어나 뭐 이런 것 들은?) 그런 거야 몇 마리씩 들죠. 먹는 거야 실컷 먹지요. 갈치, 아구. 몇 개씩 들어오는 거 많으면 절였다가 육지로 내보내고. (새우는?) 새우는. (주멍망이 정말 그게 꾸준히 잘만 지속됐으면 돈벌이가 됐을텐데. 고기가 들어올 때도 있었잖아요.) 그때 잘잡기만 하면 돈 벌죠. 못 잡아서, 안 들어와서. (이 어망을 설치하는 것도 고기가 다니는 길목하고 굉장히 중요하죠?) 길목이 굉장히 중요하고, 또 고기가 잘 드는 장소가 있어요. (그 장소는 먼저 선점한 사람이?) 그렇죠. 그 사람들은 그전부터 잘 드는 장소를 잡아가지고, 돈을 버는데. 우리내들은 객지서 가서 할려니까 그런 장소를 못차지하고 하니까 울화통 터지지. (혹시 그러면 고기가 잘 드는 장소를 사고 팔기도 하나요?) 사고 팔기도 하죠. 나도 그때 하다하다 안 되서, 거기 사람들한테 배, 건조장 다 팔고 나왔지. 고기가 안드니까 싸게 팔고. (어장은 몇 년 하셨어요?) 이 년. (오래는 못하셨네요?) 못하겠더라고. 고생스럽지. (천만 원을 까먹은 셈이네요.) 거의 다 까먹었지. (그럼 그때가 사십대인데 그럼 다시 옹암으로 나왔어요?) 예. 옹암으로 나와가지고 할게 있대요. 그때 뭐 어디 뭐 갈데가 있어야지. 장사를 하잖니, 밑천이 있어야 하고. 그러다가 성주탄광이 벌이가 좋다고 하더라고. (탄광?) 연탄 탄광. 참 벌이가 좋았어. 거기를 갔지. 거기를 갔더니 벌이가 좋다니까 농촌사람들은 막 들어와가지고 거기를 들어가고 싶은 사람이 징징 빌려가지고 들어갈 자리가 있어야지. 마침 백운 형님이 거기 있다고 어떤 양반이 너 밥 먹을려면 그 양반 찾아가야지, 너 여기 암만 있어 봤자 일 안 붙여준다고. 가보니까 그 양반이 석림유보사항으로 있더라고. 백운 형님이 너 왠일이냐, 나 이러됐는데 애들하고 밥은 먹고 살아야하지 않겠냐고. 그러니까 가서 소장이라고 하는 사람 시켰더라고. 소장이라는 사람이 작업준비 다 해가지고 왔냐구, 그래서 안 해갖고 왔다니까, 집에 가셔서 작업준비 해가지고 오슈. 그래서 광천장 가가지고 돈 갖은 걸로 장화사고 작업복사고 전부 다. (그걸 개인이 해요?) 예. 갔더니. 여제나 부르려나, 저제나 부르려나 하는데 불러야지. 근데 삼 일만인가 부르더라고. 제일 돈벌이 좋은데를 붙여줄려고 기다렸더라고. 그래 딱 들어가니께 소장이, 만약에 같이 일하는 사람이 당신 누구백으로 들어왔냐고 물어보걸랑, 여기 소장이 군대 친구라든가 이렇게 핑계를 대시오. 아니나 다를까 뭘 할 줄을 아나 일을 해봤나. 그런게 물어보는 겨. 그래서 아 왔더니 소장이 군대 같이 나왔다고. 그러면 그렇지. 거기는 딴 노부리는 삼교대로 들어가고 들어가고. (딴 노부리?) 딴 노부리. 노부리가 수백 개거든요. (굴이?) 예. 땅 속으로 들어가서 거기가 탄을 캐내는 구녕이 수백 개라구. 그런디 제일 좋은 탄 많이 나오는데는 딴 사람도 없더라고요. 딴데서는 여덟 시간 캐야 뭐 그때 그 사람들도 돈 잘 번다고 했는데, 밤새해야 칠천 원 팔천 원 끌고 나오는데 나 하는디는 붙여주지도 않어. 거기는 놀면서 해도 몇만 원씩 해갖고 온단 말여. 거기서 일 년 했는데 돈 막 벌어지더라고. 근데 더 있었을텐데 한 이 년 하다보니까 사고가 많아서 연방 사람이 죽어나가는데, 아이고 못하겠더라고. 그냥 그 길로 농업으로. (연탄 탄광이 어디예요?) 대천 성주. (대천 성주? 성주에 있어요?) 예. (성주탄광. 그리고 인제 성주탄광 회사지만 고용된 사람들이 각자 캐온 양을 가지고서 재서 임금을 주는 거예요?) 구르마가 있슈. 탄 싣는 구르마가 있슈. 한 구르마에 얼마. (그러면 그것이 한 갱부에 몇 명이 들어가요? 세 명?) 다섯이유. (그러면 다섯 명이서 그날 한걸 날라가지고 똑같이 나눠요?) 들어가면은 잘하는 사람은 구멍 뚫어서 발파시키는 사람들, 탄 캐서 내려주면은 구르마로 받아서 실어내는 사람. (한 조에 다섯 명?) 예. 그렇게 딴데는 몇 시간씩 해야 몇 개 구르마 캘지말지인데 잘 캐지는 거여. 계속. (그래서 하루에 캔 양을 가지고서 양을 나누는 거예요?) 거기가 인제 다섯이 열구르마를 캤다. 한 구르마당 얼마 아닙니까. 그럼 열구르마 다섯이 나눠갖기. (그게 그날 일당이 아니라 월?) 예. (한 달에 만약에 우리 그룹이서 백구르마를 캐냈다?) 그렇죠. (그래서 그게 얼마다, 똑같이 나누내요?) 그렇죠. (그럼 임금 차이가?) 여덟 시간 들어가면은 자기 카드에 한 구르마에 백 원이다 열구르마를 캤으면 천 원 아닙니까. 천 원당 다섯 사람들이 각 개 해서 찍혀 나눠요. 그리고 나서 그 카드에 한 달 하고 나서 그렇게 해서. (이 년을 했어요?) 돈도 논 샀으니까. (좀더 하실 수도 있었는데?) 아이구, 위험해서 사고나고 그러니까 나중에는 식구들이 하지말라고. (그때 탄광왔을 때 가족들은 장고도에 있었어요?) 아니요, 여기 있었죠. (아, 가족들은 애초에 여기 있었고? 나만 혼자 장고도 가서 일하고?) 예. (다시 또 성주탄광 가서 일하고?) 예. (그 뒤로 사십대부턴 농사만 짓고?) 예. 다른 건 안 해요. 취미생활로 그냥 누가 국악연예인.광천 주부 모임인데 초창기 내가 가르쳤지. 저는 다른 게 아니고 우리 회원들도 많지만은 회원들은 거의 다 인저 타면, 구항면이라든가 장고면 이런 디 주부 모임들, 또 개인들 배우고 싶다는 사람들 가르치고 배워요. (그러면 농사벌이는 전답이 어느 정도나?) 많이 없앴슈. 나 늙고 못하게 생겨서 가지고 있는 게, 한 이천 평 가지고 있지. (논?) 예. (그러면, 지금도 사실 그 연세에 비교한다면 얼마지기 농사짓는 것도 쉬운 건 아니죠?) 그냥 심심풀이로 애들이 하지 말라고 하는데. 애들 더군다나 근래에 대수술을 두 번 받았어요. 애들이 못하게 하는데 안하면 심심해서 어떡혀. 그런거라도 슬슬 뭐. (농사는 벼농사하시고, 어떻게 보면 농사도 농사지면 풍물단 국악…… 공식 이름이? 홍성?) 이게 내가 애초에 창설했을 때는 홍성 홍주골 풍물패라고 했다가 자꾸 거기와서 배우는 사람들 이런 사람들이 떨어져 나가고 자기들이 조직을 또 하고 이래서 안 되겠다 해서 홍성풍물연구회를 한 이십 년 하다가 지금은 바꾼지 얼마 안 됐어요. 홍양풍물단이라고. (홍양풍물단?) 홍양풍물단. (단원이 몇 분이나?) 정회원은 18명 되는데 거기서 인제 자꾸 배우러오는 사람이 느니까 배우는 사람도 초급반 중급반 나눠서 가르쳐요. (네, 인제 그 홍양풍물단은 중심이 광천이에요?) 홍성. (참 좋은 말씀 너무 많이 들었어요.) [최수복(남, 76). 옹암리. 2008. 2.]

60년대의 고기잡이

　(문 : 몇 살 때부터 배를 탔나요?) 스물한 살. (문 : 한참 청년일 때에?) 빠르죠. 내가 원래 이발산데, 맹장 걸려가지고 배타고 나갔는데, 기관사가, 기관사가 술 먹고 땡강을 놓는 거여. (기관사가 도중에 배에서) 내려버렸거든. 기계를 볼 줄 알아야 (집으로) 올 거 아냐? 지금. 그때 (배 운전을) 해보니까 되더라고. (문 : 아, 한 번 배운 적이 없는데?) 한번 봤지, 시동 거는 거. 그 뒤부터 내가 한 거여. 그래 인저 기관사 시험 봐서 합격하고. (문 : 먼저 실전부터 겪고, 면허 따고? 그 당시도 면허가 있었어요?) 있었지. (문 : 독학으로 그럼 운전 배우고 그러셨겠네요?) 그렇지. 그래서 인제 야끼다마라고 국산 통통배, 통통기계가 나왔다고. 기계가 나와서 이제 그거 배우고…….

　(문 : 목선을 타셨다고 하셨는데 목선에도 기관실이 있어요?) 예, 있어요. (문 : 돛으로 가는 배가 아니고요?) 아니, 그때는 목선도 기관실이 있었어요. 지금 철선처럼 배를 지은 거여. 지금 철선마냥 지은 모습이 그때 만드른 거여.

　(문 : 듣기로 여기 옹암포에 배 짓는 공장이 있다고요?) 공장 있었어요. 조선공장. 그래서 조선, 홍용삼 씨라고 그 양반이, 지금은 돌아가셨는데, 그 양반이 좋은 나무로 배를, 원배만 삼십오 톤, 사십 톤 지었었어요. 지어가지고, 그래가지고 그걸 첨이 배를 지어가지고 진수식하고 흑산도를 기니까 제일 크더라고. 배를 많이 지었어요. 지금 여기 교회 하나 있거든요. 거기가 원래 조선소 있었어요. 고 밑으로도 또 있었고, 세간디나 있었어요. 세간디 했지요. 거기서 인제 하나씩 없어지는 바람에 한간디 있다가, 한간디 없어지고.

　(문 : 고기잡이는 철마다 다른 어종을 잡나요?) 철철마다, 여기는 몇 월 달이면 무슨 고기

가 나온다. 인저 연평도 끝나면은 새우젓 잡으러 간다 그식이지. (새우젓 잡으러) 전라도로 가요. 칠산 앞바다 이런 데로 가요. (문 : 큰 배를 가지고 새우젓도 잡나요?) 그럼요.

(문 : 배타고 고기를 잡아서 선주하고 분배할 때, 선원 개개인한테 돌아오는 돈이 어느 정도나 됐어요?) 그때는 얼마 안됐어요. 고깃금이 싸고 하니까. 한번 갔다 와서 잘 부르면은 사오십만 원. (문 : 잘 벌면 사오십만 원?) 예. 못 부르면 아예 못 부르요. (문 : 아주 없을 때도 있어요?) 예. 그날 보름 동안 다녀온 경비 그것만 제하고 없을 때가 있어요. 그것도 적자날 때가 있어요.

(문 : 기본 경비는 무엇이죠?) 기름, 먹는 거, 인저 얼음 같은 거. (문 : 먹는 것도 선주가 사서 주네요?) 그렇죠. 다 대줘요. 그리고서 인저 그전에는 반반씩 노나 먹었는데 이제 삼칠제로. (문 : 아주 예전에는 반반씩 하다가⋯⋯.) 나중에는 삼칠제. (문 : 삼칠제를 하던 시기가 언제쯤이에요?) 그건 인제, 한 지금 사십 년쯤 된 거 같아요. (문 : 육십 년대 후반, 칠십 년대?) 그렇죠. 만약에 고기 잡다가 그물이 고장 나면, 없어지면, 파도에 쓸려가지고, 태풍에 쓸려가지고 없어지면 보상을 선주하고 선원하고 똑같이 했었지. (문 : 그물은 선주 소유인데 없어지면 고기를 팔아서 그거를 탕감해버리네요?) 예. (문 : 조금 전에 사오십만 원 벌었다는 것이 시기로 따지면 언제쯤이에요?) 육십오 년도 고때. 이제 그때는 기관장, 선장들이 백만 원도 가져갔어.

(문 : 큰 배는 먼 바다에 나가고 작은 배는 인근에서 고기를 잡나요?) 똑같아요. 십오 톤이나, 십 톤이나, 삼십 톤이나 똑같이 가서 잡았어. (문 : 그 당시에 그물은 뭘로 만들었대요?) 그 당시에 나일론 실로 해가지고 만들었어. (문 : 나일론 나오기 이전에는?) 목이라고 실. 실로 짜가지고 인저 부유한 집들은 돼지 피, 입힌다고. (문 : 실로 짜가지고 돼지 피를 입혀요?) 갈물이라고. (문 : 갈물?) 옹, 갈물. 그러면 오래가기 때문에. 오래가라고. (문 : 돼지 피 말고 또 다른 것이 있었나요?) 갈이라니까. 골탄 같은 거. 골탄이라고 그런 거, 같은 거. 기름 같은 거 거기다 꺼내고 넣고. 그런 거. 그런 물을 입혀가지고 오래가라고.

(문 : 혹시 조기가 많이 들어가지고 그물이 터진 일은 없었어요?) 많아. 그물이 조금 오래 된 거, 싱싱한 거는 오래 간다고. 오래 된 거는 많이 들어가며는⋯⋯ 돈 못 버는 사람들, 선주가 이제 그물도 좀 오래 쓰고, 돈이 좀 있는 사람들은 새로 쓰고. (문 : 고기 잡으러 가서, 정말 대박 나서 많이 잡아본 적 있어요?) 많이 그랬슈. 고기를 다 못 싣고 올 때. 고기를 많

이 잡아서. 만선 났다고 하지. 만선하면은 보름하고 갔다가도 그 뒷날에는 들어와야 돼.

그때는 고기 사러 다니는 배가 기관 달고 다녔지. 옛날부터 달고 다녀서 거기까지 갖다 줬어. (문 : 바다에서 고기를 팔면 제값을 받았어요?) 만약 거기서 십 원이면 (포구) 여기서 는 십오 원이었지. 밑질 때도 있고. (포구에) 배가 많이 들어오면 밑져. (문 : 배에서 고기 사 고 팔 때 현금거래를?) 현금. 응.

(문 : 조기 말고 다른 고기도 잡았어요?) 갈치. 여기 서해바다. 격렬비도. 흑산바다에서도 잡고. (문 : 옛날에는 씨알이 어땠어요?) 알이 좀 굵고. 지금 뭐 아구 같은 거 그거는 다 버려 버렸어. 고기가 흔허니까. (문 : 잡은 고기는 배에서 잡으면 염장을 하나요?) 그때는 염장도 하고, 얼음도 하고. 돌아다니는 배들은 얼음도 하고. 여기 (옹암포에) 냉동 공장이 크게 있 었어요. 여기가 있어요. 지금은 인저 폐지 됐지. 여기가, 여기가 샘이 나오는 물이, 얼음 만 드는 물이 최고였어요. 동네 물이었는데 대한민국에서 최고였어. 그래서 여기서 얼음 만들 어서 전국으로 배급 나갔어. 얼음 만들면 전국으로 다. 동지내(동지나해)라는데 갈치 잡으 러 가는데 여기 내가 어선 타고 나갔어요. 여기가 갈치가 많이 난다고 하더라고. 흑산도에 갔는디. 스물여섯 시간 가봤유. 양자강 앞에. 거기를 가서. 그 배 무전 친 것만 보고 따라간 거여. 갔는데 한 시간을 그물치고 했는데 만선 된 거야. 그때는 고기가 얼마나 많은지. 한 시 간 잡아갔고 여기 와봤어요. 여기 내려가면 경로회장님이 배를 많이 타셨어요.

(문 : 그렇게 배를 스물한 살에 타서……) 십오 년 살았어요. (문 : 서른여섯 살 때 배를 그만 두셨네요. 그 다음에는?) 노동일. (문 : 서른여섯 살 무렵에 배를 그만 타신 거는 여기 포구가 없어져서 그런 거예요?) 그렇지. 포구도 없어지고, 시원찮고. 나와서 내가 고만두고 저 아래 냉동공장에 있었고, 냉동공장 그 옆에 김치공장에는 십 년 있고. 김치공장 십 년, 냉 동공장 삼 년 있었어요. 그래서 나이 먹어서 우리 두 식구 살으니까. (문 : 아이는 몇이나 두 셨어요?) 애덜이요? 삼남매. 아들 둘, 딸 하나. 딸은 서른한 살 먹고, 아들은 서른세 살. 저 막내는 스물여덟.

내가 갖고 다니는 배는 고기 잡아오나 안 잡아오나 옹암리에 치고 들어와야 했어. 할아버 지가, 선주가 그랬어요. 그래서 아주 돈을 못 벌어도 옹암리를 들어와야 돼. 옛날에 여기 조 기 (손바닥을 펴 보이며) 이런 거 다 내뻐렸어, 여기다. 지금은 안 그러지.

내가 마지막 배 탈 때는 원산도에 어느 한배가 돈을 제일 못 버는 배가 있었어요. 우리 젊은 사람 몇이 짜가지고, "야 우리 저 배 한번 갖고 가서 돈 좀 벌어주자." 몇이 짰지. 나는 기관사, 그 사람은 선장, 내 친구. 또 기관사 이렇게 몇이 가서, 그때 또 서해바다 간첩사건 나가지고 아홉 명인가 와서 굉장히 컸어. 그날 고기 잡고 목포 와서 팔고, 기계 고장 나서 한 닷새 동안 떠다니다가 여기 오니까 간첩사건 났더라고. 못나가고 말았어요. 그때 현찰 삼천육백만 원 만들었어. (문 : 고기 판 돈이?) 예. 목포를 딱 들어가니까, 우리 없을 때 고기가 많아서 (다른 배들이 고기잡이를 안 나가) 배가 쏙 들어갔어. 목포에 들어가니까 뭐냐고 하냐면, 저 배 저 배 물 들어가게 배 깔아지게 생겼다고 그러더라고. 선주, 중매인 하나 만나서 딱 가서 내가 내려가서 중매인 만나서, 배에 고기가 이빠이(가득) 들었다, 내일 새벽 몇 시까지 나오슈. 그게 기가 막히거든. 때도 아닌 배가 고기 한배 다 갖고 왔으니까. 그때는 인천에 아줌마들이 목배 많이 했어요. 밤에 배 지켜주는 거. 배 지켜주면 고기 한상자 주고. 그런 아줌마들이 배 지키고, 선원들보고 자고, "자고 두시에 나와라." 약속을 해요. 피로 풀어줄라고. 나는 인제 책임자니까 배로 가야 하고. 아침 해 동이 뜨니까 선원들이 난리가 난거요. 삼천육백 이러니까. 한 번에 (삼천육백만 원어치 고기를) 잡으니까. 조기 갈치. 그때 삼천육백 돈을 손에 딱 들으니까 기가 맥힌 거유. 돈 못 벌던 사람들이, 젊은이들이. 또 한 번 갈려다가 간첩사건 나가지고 배를 출항을 안 해서. (문 : 몇 년도 이야기예요?) 자세히 모르겠네. (내가) 한 서른넷쯤 됐었지.

(문 : 예순 여덟이라고 하셨죠? 그러면 1974년도네요?) 응. 그때 (바다에서 고기를 잡은 뒤) 여기 오기 전에 (뱃전에서) 풍물 쳐가지고 우리 떴다 하면 술집서 난리 났었어. 그런디 우리들은 그랬는데, 외지 사람들, 우리는 지방이니까 못하지.[11] (문 : 잘못하면 혼나니까?) 그렇지. (문 : 객지에서 배타는 사람들도 술집에 돈 많이 갖다 줬겠네요?) 많이 줬지. (술값을 치르지 못하여) 잡혀서, 돈도 없고 나오지도 못한 사람도 있었어요. 그럼 우리가 가서 책임지고 데리고 오지. 다음에 갖다 준다고. (마을 전면 상가 쪽을 가리키며) 요 앞이 집 있는 데가 배 닿던 데라고. 매립해가지고. 오천이라는데 거기를 막아놔서 뱃물(바닷물)이 안 들어와요.

(문 : 여기 새우젓이 유명하게 된 때가 언제죠?) 육십 년대부터. 처음에는, 새우젓은 도라무에(드럼통)다 안 담고, 잡으러 가서 여기 소금 싣고 가서 직접 절였어요. 바다 위에서. 절여가지고 배 속에다가 담은 거예요. 돌아와 가지고 독이라고, 옹기그릇에다 담아 가지고 팔

있는데, 여름에는 상하잖아? 옛날에 광산 하던 디가 커요. 전국의 (새우젓) 육십 프로가 여기 광천…… 광산, 여기 노인네 한분이 새우젓을 담아 가지고 거기다 너 봤어. 맛도 좋아지고 변하질 않거든. 그때부터 유씨 할아버지라고, 여기 손자가 있어. 손자가 가게를 하여. 그때부터 유씨 할아버지가 자기 집집에다 토굴을 판 거여. 되니까 여러 사람이 파버렸어. 이렇게 유명해졌어.

　　나도 삼십 년 전에 새우젓 장사 시장에서 했어요. (문 : 이문이 많았나요?) 지금은 많이 남죠. (문 : 옛날에는?) 옛날에는 안 남았어요. 막 퍼주기 때문에. 덤, 덤. 지금은 오백만 원짜리 같으면 백만 원은 남아요. 그전에는 킬로로 안 팔았으니까. 얼마치 달라고 하면 주고 그랬으니까. 지금은 킬로로 팔면 딱 맞으니까. (문 : 인심이 좋아서 이익이 시원찮았네요?) 지금 한 상자가 이백오십 킬로 아녀? 그럼 오백만 원이면, 오백만 원짜리가 이백오십 킬로거든? 일 킬로가 삼만 원씩만 하면 이백오십이면 얼마여? 이제 그거 남는 겨. 이백 킬로는 본전이고 오십 킬로 남는 거여. 오십 킬로면 많이 남는 거지. [익명(남, 68) 옹암리. 2008. 2.]

(박 종 익)

주(註)

1) <祭享祝文> 惟歲次 某年 某月 某日 三所任某姓名 / 成服 齋明 以享以祀 乃戀一洞大小人民 敢昭告于 / 堂山尊神 巖巖堂山 龍抱虎衛 磅薄秀氣 浦闊潮回 / 挺立勢雄 慰蒼松檜 民之祝福 / 鎭我村閭 惟神攸止 百千斯祀 / 牲肥酒香 降福楢祿 一村生靈 / 洋洋來格 惟一不足 共齊壽域 / 世置唐虞 門成鄒魯 疾病患厄 / 父老安樂 子弟孝友 泡滅雪消 / 吉慶禎祥 幽稼委菌 楚航吳舶 / 雲興川至 石凜是庫 波斯大開 / 民愚曷識 一炷香炯 歆此薦裸 / 賴神之賜 肅然基風 陰馬無窮 / 尙 饗 (박종익, 「홍성군의 당제」, 『放送文化』, 충남대학교 방송국. 1989. 78쪽.)

2) <上中下 巨里祭祝> 惟歲次 某年 某月 某日 三所任某姓名 / 宿齋沐敢以薄具謹告于 / 土主地神 五方五帝 神位之下 / 惟我村衙 生齒旣繁 義和授時 / 背山臨滸 千百其口 仲결司令 / 呵襟不祥 呼儵憂櫻 伏惟 尊靈 / 剋施威德 遠屛夜又 神明所及 / 保亮生靈 永制狼星 百鬼隱屛 / 斯乃 謹奉牲香 敢陳衆情 伏願 (박종익, 「홍성군의 당제」, 『放送文化』, 충남대학교 방송국. 1989. 79쪽.)

3) <大神感此信誠> 東方靑帝將軍使無伐木動土疾病落馬之厄 / 南方赤帝將軍使無染病回祿紅箭朱雀之厄 / 西方白帝將軍使無官災口舌廚牢鬪獄之厄 / 北方黑帝將軍使無盜賊魔魅溺水落胎之厄 / 中央黃帝將軍使無距里橫數水旱餓饉之厄 / 消滅千災 貨泉商舶 錢神田祖 / 逐送萬病 輻湊前汀 旣同護宅 / 吉日惟午 敬饒淸酌 伏乞 / 諸靈飮此 尙 饗 (박종익, 「홍성군의 당제」, 『放送文化』, 충남대학교 방송국. 1989. 79쪽.)

4) 이들 그림은 1976년 도난당했다. 그리고 그림의 도난과 함께 당제가 단절되었다.

5) "우리 어려서 무당들이 삼원육각(삼현육각; 피리2, 대금, 해금, 장구, 북 각 하나로 편성)을 갖추고 십여 명이 불고, 치고 이렇게 해서 왔었지. (문: 그게 언제죠?) 우리 어려서. 한 열댓 살까지 봤어요. (문: 당산 올라갈 때?) 그렇죠. 거기서 놀고. 무당이라고 해야죠. 남자가 했지. 남자 무당. [김용봉(남, 82)], 옹암리, 2007. 2. 14."

6) 이에 대한 제보에 있어서 시간상의 차이를 보인다. 그런데 대부분의 제보자는 4~6시 사이라고 하였다.

7) 최정연(여, 1922), 홍성군 광천읍 옹암리 상옹 거주

8) 이 일대에는 제물을 '지숙, 지슥, 제숙' 이란 말로 표현한다. '제수' 에서 나온 방언으로 추정된다.

9) 당에 비치된 다섯 장군은 오방대장군으로 다섯 방위의 신이다. 그런데 마을 주민 가운데에는 이 다섯 장군을 제보자와 같이 생각하는 사람들이 있다.

10) 수익금에서 선주가 들인 비용을 먼저 제한다는 뜻이다. 곧, 식비를 비롯하여 헤진 그물 값이나 배의 고장 수리비 등을 모두 제한 뒤에 나머지 금액을 가지고 선주와 선원이 반반씩 나누어 갖았다. 그리고 이들 가운데 선장과 기관사에게는 일반 선원의 50%를 더 주었다고 한다.

11) 옹암리에 적을 둔 어부들은 술집에서 소란스럽게 술을 먹었지만 외지에서 들어온 선원들은 그렇게 하지 못했다는 주장이다.

충남대학교 충청문화연구소 마을연구단 (2006.9~2007.8)

연구책임자　김필동 (충남대학교 사회학과 교수, 사회학)

공동연구원　김상기 (충남대학교 국사학과 교수, 충청문화연구소장, 한국사)

　　　　　　김수태 (충남대학교 국사학과 교수, 한국사)

　　　　　　김　준 (전남발전연구원 해양관광팀 연구위원)

　　　　　　김창민 (전주대학교 교양학부 교수, 인류학)

　　　　　　박걸순 (충북대학교 사학과 교수, 한국사)

　　　　　　박찬승 (한양대학교 사학과 교수, 한국사)

　　　　　　윤종빈 (충남대학교 철학과 강사, 한국철학)

　　　　　　조재곤 (경원대학교 겸임교수, 한국사)

전임연구원　권병욱 (충남대학교 충청문화연구소 연구교수, 사회학)

　　　　　　권선정 (충남대학교 충청문화연구소 연구교수, 지리학)

　　　　　　김현숙 (충남대학교 충청문화연구소 연구교수, 한국사)

　　　　　　박종익 (충남대학교 충청문화연구소 연구교수, 민속학)

　　　　　　유보경 (충남대학교 충청문화연구소 연구교수, 사회학)

　　　　　　이연숙 (충남대학교 충청문화연구소 연구교수, 한국사)

연구보조원　김도균 (충남대학교 대학원 사회학과 박사과정 수료)

　　　　　　문광철 (충남대학교 대학원 국사학과 박사과정 수료)

　　　　　　한국보 (충남대학교 대학원 사회학과 박사과정)

　　　　　　정상화 (충남대학교 대학원 기록보존학과 석사)

　　　　　　김민석 (충남대학교 대학원 국사학과 석사과정 수료)

　　　　　　송기중 (충남대학교 대학원 국사학과 석사과정 수료)

　　　　　　오보경 (충남대학교 대학원 국사학과 석사과정 수료)

　　　　　　윤애리 (충남대학교 대학원 국사학과 석사과정 수료)

　　　　　　주계운 (충남대학교 대학원 국사학과 석사과정 수료)

　　　　　　문광균 (충남대학교 대학원 국사학과 석사과정)

　　　　　　장수정 (충남대학교 대학원 국사학과 석사과정)

　　　　　　이현희 (충남대학교 인문대학 국어국문학과 졸업)

　　　　　　장지선 (충남대학교 인문대학 국어국문학과 졸업)

　　　　　　송영임 (충남대학교 사회과학대학 사회학과)

　　　　　　오안나 (충남대학교 사회과학대학 사회학과)

* 소속은 2008년 9월 현재를 기준으로 하였음.

빛깔있는 책들 501-10

충남 지역 마을지 총서 ⑨ 홍성군 광천읍 옹암리

홍성 독배마을

초판 1쇄 인쇄　2008년 12월 24일
초판 1쇄 발행　2008년 12월 31일

글·사진　충남대학교 마을연구단

발 행 인　장세우
편　　집　황병욱
마 케 팅　강승일
관　　리　김인태, 정문철, 김영원

발 행 처　주식회사 대원사
　　　　　주소 140-901 서울 용산구 후암동 358-17
　　　　　전화 02. 757. 6717~9
　　　　　팩스 02. 775. 8043
　　　　　등록번호 제3-191호

http://www.daewonsa.co.kr

값 8,500원

이 책은 한국학술진흥재단의 2006년도 연구비 지원과
홍성군의 출판보조금 지원에 의해 출간되었습니다.

Daewonsa Publishing Co.,Ltd.
Printed in Korea 2008

ISBN　978-89-369-0270-4　　　04380

빛깔있는 책들

민속(분류번호:101)

1 짚문화	2 유기	3 소반	4 민속놀이(개정판)	5 전통 매듭
6 전통 자수	7 복식	8 팔도굿	9 제주 성읍 마을	10 조상 제례
11 한국의 배	12 한국의 춤	13 전통 부채	14 우리 옛악기	15 솟대
16 전통 상례	17 농기구	18 옛다리	19 장승과 벅수	106 옹기
111 풀문화	112 한국의 무속	120 탈춤	121 동신당	129 안동 하회 마을
140 풍수지리	149 탈	158 서낭당	159 전통 목가구	165 전통 문양
169 옛안경과 안경집	187 종이 공예 문화	195 한국의 부엌	201 전통 옷감	209 한국의 화폐
210 한국의 풍어제	270 한국의 벽사부적			

고미술(분류번호:102)

20 한옥의 조형	21 꽃담	22 문방사우	23 고인쇄	24 수원 화성
25 한국의 정자	26 벼루	27 조선 기와	28 안압지	29 한국의 옛 조경
30 전각	31 분청사기	32 창덕궁	33 장석과 자물쇠	34 종묘와 사직
35 비원	36 옛책	37 고분	38 서양 고지도와 한국	39 단청
102 창경궁	103 한국의 누	104 조선 백자	107 한국의 궁궐	108 덕수궁
109 한국의 성곽	113 한국의 서원	116 토우	122 옛기와	125 고분 유물
136 석등	147 민화	152 북한산성	164 풍속화(하나)	167 궁중 유물(하나)
168 궁중 유물(둘)	176 전통 과학 건축	177 풍속화(둘)	198 옛 궁궐 그림	200 고려 청자
216 산신도	219 경복궁	222 서원 건축	225 한국의 암각화	226 우리 옛 도자기
227 옛 전돌	229 우리 옛 질그릇	232 소쇄원	235 한국의 향교	239 청동기 문화
243 한국의 황제	245 한국의 읍성	248 전통 장신구	250 전통 남자 장신구	

불교 문화(분류번호:103)

40 불상	41 사원 건축	42 범종	43 석불	44 옛절터
45 경주 남산(하나)	46 경주 남산(둘)	47 석탑	48 사리구	49 요사채
50 불화	51 괘불	52 신장상	53 보살상	54 사경
55 불교 목공예	56 부도	57 불화 그리기	58 고승 진영	59 미륵불
101 마애불	110 통도사	117 영산재	119 지옥도	123 산사의 하루
124 반가사유상	127 불국사	132 금동불	135 만다라	145 해인사
150 송광사	154 범어사	155 대흥사	156 법주사	157 운주사
171 부석사	178 철불	180 불교 의식구	220 전탑	221 마곡사
230 갑사와 동학사	236 선암사	237 금산사	240 수덕사	241 화엄사
244 다비와 사리	249 선운사	255 한국의 가사	272 청평사	

음식 일반(분류번호:201)

60 전통음식	61 팔도 음식	62 떡과 과자	63 겨울 음식	64 봄가을 음식
65 여름 음식	66 명절 음식	166 궁중음식과 서울음식		207 통과 의례 음식
214 제주도음식	215 김치	253 장醬		

건강 식품(분류번호 : 202)

105 민간 요법	181 전통 건강 음료

즐거운 생활(분류번호 : 203)

67 다도	68 서예	69 도예	70 동양란 가꾸기	71 분재
72 수석	73 칵테일	74 인테리어 디자인	75 낚시	76 봄가을 한복
77 겨울 한복	78 여름 한복	79 집 꾸미기	80 방과 부엌 꾸미기	81 거실 꾸미기
82 색지 공예	83 신비의 우주	84 실내 원예	85 오디오	114 관상학
115 수상학	134 애견 기르기	138 한국 춘란 가꾸기	139 사진 입문	172 현대 무용 감상법
179 오페라 감상법	192 연극 감상법	193 발레 감상법	205 쪽물들이기	211 뮤지컬 감상법
213 풍경 사진 입문	223 서양 고전음악 감상법		251 와인	254 전통주
269 커피				

건강 생활(분류번호 : 204)

86 요가	87 볼링	88 골프	89 생활 체조	90 5분 체조
91 기공	92 태극권	133 단전 호흡	162 택견	199 태권도
247 씨름				

한국의 자연(분류번호 : 301)

93 집에서 기르는 야생화		94 약이 되는 야생초	95 약용 식물	96 한국의 동굴
97 한국의 텃새	98 한국의 철새	99 한강	100 한국의 곤충	118 고산 식물
126 한국의 호수	128 민물고기	137 야생 동물	141 북한산	142 지리산
143 한라산	144 설악산	151 한국의 토종개	153 강화도	173 속리산
174 울릉도	175 소나무	182 독도	183 오대산	184 한국의 자생란
186 계룡산	188 쉽게 구할 수 있는 염료 식물		189 한국의 외래·귀화 식물	
190 백두산	197 화석	202 월출산	203 해양 생물	206 한국의 버섯
208 한국의 약수	212 주왕산	217 홍도와 흑산도	218 한국의 갯벌	224 한국의 나비
233 동강	234 대나무	238 한국의 샘물	246 백두고원	256 거문도와 백도
257 거제도				

미술 일반(분류번호 : 401)

130 한국화 감상법	131 서양화 감상법	146 문자도	148 추상화 감상법	160 중국화 감상법
161 행위 예술 감상법	163 민화 그리기	170 설치 미술 감상법	185 판화 감상법	
191 근대 수묵 채색화 감상법		194 옛 그림 감상법	196 근대 유화 감상법	204 무대 미술 감상법
228 서예 감상법	231 일본화 감상법	242 사군자 감상법	271 조각 감상법	

역사(분류번호 : 501)

252 신문	260 부여 장정마을	261 연기 솔올마을	262 태안 개미목마을	263 아산 외암마을
264 보령 원산도	265 당진 함덕마을	266 금산 불이마을	267 논산 병사마을	268 홍성 독배마을